2023年度全国会计专业技术资格考试辅导教材

高级会计资格

高级会计实务案例

财政部会计财务评价中心　编著

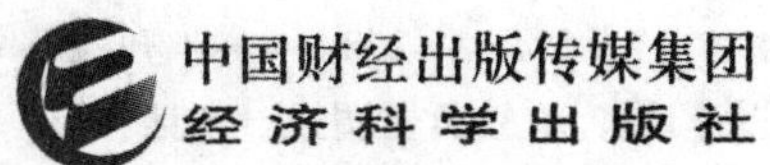
中国财经出版传媒集团
经济科学出版社

图书在版编目（CIP）数据

高级会计实务案例/财政部会计财务评价中心编著
. --北京：经济科学出版社，2022. 11
2023 年度全国会计专业技术资格考试辅导教材
ISBN 978 -7 -5218 -4258 -6

Ⅰ. ①高…　Ⅱ. ①财…　Ⅲ. ①会计实务 - 资格考试 - 自学参考资料　Ⅳ. ①F233

中国版本图书馆 CIP 数据核字（2022）第 214937 号

责任编辑：黄双蓉
责任校对：齐　杰
责任印制：李　鹏　邱　天

防伪鉴别方法

封一左下方粘贴有防伪标识。在荧光紫外线照射下可见防伪标识中部呈现红色“会计”二字。刮开涂层获取防伪码，该防伪码可通过扫描二维码或者登录网站（http：//www.cfeacc. cn）进行考试用书真伪验证。正版图书可享受免费增值服务。

2023 年度全国会计专业技术资格考试辅导教材
高级会计资格
高级会计实务案例
GAOJI KUAIJI SHIWU ANLI
财政部会计财务评价中心　编著
经济科学出版社出版、发行　新华书店经销
社址：北京市海淀区阜成路甲 28 号　邮编：100142
总编部电话：010 - 88191217　发行部电话：010 - 88191522
天猫网店：经济科学出版社旗舰店
网址：http：//jjkxcbs. tmall. com
河北眺山实业有限责任公司零五印刷分公司印装
787 × 1092　16 开　16. 5 印张　380000 字
2023 年 1 月第 1 版　2023 年 1 月第 1 次印刷
印数：00001—20000 册
ISBN 978 - 7 - 5218 - 4258 - 6　定价：38. 00 元
（图书出现印装问题，本社负责调换。电话：010 - 88191510）
（打击盗版举报热线：010 - 88191661，QQ：2242791300）

前 言

为帮助考生全面理解和掌握全国会计专业技术资格考试领导小组办公室印发的2023年度高级会计专业技术资格考试大纲，更好地复习备考，财政部会计财务评价中心组织专家按照考试大纲的要求和最新颁布的法律法规，编写了《高级会计实务》《高级会计实务案例》辅导教材，并对《全国会计专业技术资格考试参考法规汇编》作了相应调整。编写和调整所参照的法律法规截止到2022年10月底。

本考试用书作为指导考生复习备考之用，不作为全国会计专业技术资格考试指定用书。考生在学习过程中如遇到疑难问题，可登录全国会计资格评价网咨询答疑栏目提出问题，并注意查阅有关问题解答。

书中如有疏漏和不当之处，敬请指正，并及时反馈我们。

财政部会计财务评价中心
二〇二三年一月

目录

第一章　企业战略与财务战略

【例1－1】京麦科技，全称北京京麦科技有限责任公司，由在国内外知名通讯公司工作过的顶尖高手组建，成立于2011年6月1日，是一家专注于手机硬件和电子产品研发的移动互联网公司，同时也是一家专注于高端智能手机、互联网电视以及智能家居生态链建设的创新型科技企业。麦聊、豆聊、京麦手机是京麦科技的三大核心产品。京麦在中国出海品牌中表现突出，仅次于华为和小米等一线品牌。

一、京麦的战略目标

京麦CEO王宇说过：我们的目标是成为全球领先一步和最酷的科技公司。至于如何理解这个“酷”，王宇认为，用户认同的便是酷的。京麦希望做让国人骄傲的全球品牌。应用互联网开发模式开发产品的模式，用极客精神做产品，用互联网模式去掉中间环节，致力于让全球各国居民都能享用来自中国的优质科技产品。在研发环节强调“极致的产品态度”，制造环节强调“真材实料”，服务环节强调“和用户交朋友”，定价环节追求“硬件成本价”。

短期目标（1～3年）：不以硬件盈利，而以硬件提升品牌知名度，与国内运营商合作为运营商定制产品，推动京麦用户规模的增长。

中期目标（3～5年）：自主研发新的软件，和国内外巨头互联网公司合作，整合互联网用户和互联网产品，抢占市场份额。

长远目标（5～10年）：开发多元化的智能手机产品，抢占高、中、低端智能手机市场，做国产智能手机王者。

二、京麦手机差异化战略

（1）京麦手机搭载的基于Android系统深入开发的京麦系统更符合国人的使用习惯。

（2）在市场营销方面，相对于一般手机厂家采用的诸如电视宣传、户外广告等常见营销方式，京麦手机主要针对手机发烧友，综合采用了多种营销手段。①口碑营销。京麦一直将“为发烧而生”作为口号，催生了一大批“麦粉”，众多“麦粉”口口相传，取得了不错的效果，并为公司节省了大笔的广告费用。②事件营销。京麦手机的宣传非常成功，会在每次新品推向市场前召开发布会，利用京麦手机的高配低价吸引媒体关注。并且，关于京麦手机的信息一经发布，就蹿至各大网站手机版块的头条。③微博营销。由于京麦团队是先做系统后做手机，在做手机之前已经拥有百万客户，这些客户是京麦手机的潜在客户。京麦科技通过微博、论坛等新型互联网信息传播渠道宣传京麦手机，并让这些客户参与京麦手机的开发环节，为京麦手机的开发提出了大量中肯的意见。④饥饿营销。尽管CEO王宇否认京麦采用类似于苹果的“饥饿营销”，解释其定期开放购买的原因是产能不足，但实际上，京麦通过这种营销方式赢得了国内市场。京麦手机进行了工程机先上市的营销策略，这在手机市场来说尚属首例。

(3) 在客户服务上，京麦力争离客户近一点，服务更细一点，体现了其“为用户省一点心”的服务理念。京麦现在采用的是互联网销售模式，其绝大部分商品使用凡客诚品如顺风达的配送体系进行配送，京麦的网络直销模式使消费者体验了自主购物，也适应了现在网购的潮流。并且，通过各大论坛及微博为网友提供了很好的交流平台，客户可以及时反馈意见，让京麦的服务尽量做到完美。

(4) 京麦科技是由曾在微软、摩托罗拉等国内外知名IT企业工作过的优秀软件工程师组建的，在技术上具有明显的优势。并且，京麦的员工中大多为具有十年以上经验的工程师，同时也吸纳了少数刚毕业的研究生，因此京麦是一个既有经验又有活力的团队，怀揣创业的梦想是这个团队所有成员的共同特点。

(5) 京麦获得超高利润，而且是源自硬件销售的暴利，这是不争的事实。京麦获得的超高利润，其实源自备受争议的期货模式（预订模式）。手机产业链的物料价格，会随着时间失衡不断大幅下降。

(6) 京麦凭借电商预订模式，做到了以销定产。京麦早早拿到终端消费者巨额的预付款，同时“挟巨额订单以令上游供应链”，获取最优原料、加工价格，又没有传统手机渠道商压货占款之虑，京麦现金流优势明显。

要求：

1. 根据资料一，指出京麦手机确定了哪些战略目标。说明京麦战略目标的不足之处并给出完善京麦手机战略目标体系的建议。

2. 根据资料二中的(1)~(6)，分别指出差异化战略的具体类型。

解析：

1. 京麦手机确定了产品目标和市场竞争目标；也确定了产品和市场发展的长远、中期和短期战略目标。

不足之处：只有定性目标，没有定量目标；只有产品和市场目标，没有盈利和社会责任目标。

完善建议：应制定企业盈利目标、社会责任目标。

2. 资料二中的(1)~(6)差异化战略具体类型分别为：产品质量差异化、营销差异化、服务差异化、人才差异化、利润获取方式差异化和供应链差异化。

【例1-2】 M公司润滑油业务覆盖全球100多个国家和地区，员工近10 000人，产品6 000多种。全球润滑油市场年销售总量约为4 000万吨，整个行业年增产率为1%~2%，M公司的目标定位于中、高端客户。目前，润滑油行业的规模要求越来越高。由于润滑油属于石油化工中的成品油业务，大多数国家和地区都有不同程度的政府管制。同时，各地区的消费者对各大石油公司的产品存在不同的品牌偏好。

润滑油作为一种特殊的石化产品，广泛应用于内燃机（约占50%）及多种工业设备的润滑，虽然遇到全球能源紧张和生态环保方面的压力，但就目前的技术水平而言，尚未找到一种良好的替代品。润滑油的购买者主要可分为以下两大类：车用油购买者（占60%）和工业用油购买者（占40%）。

全球润滑油行业的竞争厂商数以万计。其中，M公司、N公司、P公司、Q公司、S公司五大石油公司占据了全球40%的市场份额，全球各地的国家石油公司占据了当地业务份额的50%。润滑油行业的供应商主要是基础油（90%的原材料构成）生产厂商和添加剂（10%的原料构成）生产厂商。其中，基础油厂商主要是M公司等五大石油公司和各地国家石油公司的油品冶炼机构。因为油品的价格受各种因素（政治、军事、经济等）的影响较大，各油品公司的不同部门之间都执行独立核算的事业部制，所以，在同作为供应商的基础油生产厂商的谈判过程中，润滑油企业谈判力较小，而添加剂公司主要由A、B、C、D四家公司垄断经营。添加剂对润滑油的质量、性能起重要的决定性作用。

要求：

根据上述资料，运用迈克尔·波特的五力模型，简要分析M公司面临的行业环境并指出行业盈利能力状况。

解析：

1. 现有企业之间的竞争。润滑油行业的竞争者有三大阵营：第一阵营是M公司等全球五大石油公司；第二阵营是各地国家石油公司；第三阵营是各国中小企业。没有任何一家占据行业绝对优势，但五大石油公司在各地各有优势，由于行业增长缓慢，为取得更大市场份额，全球润滑油行业的竞争日益加剧。

2. 潜在新进入者的威胁。潜在新进入者带来的竞争威胁严重程度主要取决于进入壁垒和现有厂商对新进入者的预期反应两个因素。从进入壁垒来看，润滑油行业规模经济的进入门槛要求越来越高，五大石油公司拥有和垄断了大部分的润滑油核心技术，M公司品牌的客户忠诚度较高且在全球分销渠道优势明显，各国政府管制较严。从M公司等五大公司对新进入者预期的反应看，它们都致力于各自市场地位的改善和提升，抵御新进入者的入侵。由此可见，新进入者是一种微弱的竞争力量，对M公司等现有企业威胁不大。

3. 替代品的威胁。从目前技术水平看，替代品威胁较小。

4. 供应商的议价能力。无论是作为其供应商的基础油生产厂商，还是添加剂厂商，对于润滑油企业来说都是一种强势的竞争力量。

5. 购买者的议价能力。一方面，润滑油的购买者数量较多，对购买产品有相当的决策权；另一方面，购买者也会尊重原始设备制造商的推荐及相关专业人士的建议。因此，购买者在润滑油行业中的竞争力量属于中等。

综上所述，润滑油行业竞争程度日益加剧但由于潜在进入者和替代品威胁不大，且供应商议价能力较强，所以，行业盈利能力依然较强。

【例1－3】博大公司是位于Q省S市的一家医药生产和销售企业，凭借主打药品维C银翘片和感冒胶囊等感冒药品，于2010年9月25日在上海交易所上市，注册资本5.9亿元，主营中成药系列产品。公司上市之后中药材价格全面上涨，受此影响，其主打产品的原料上涨近1倍，博大公司面临成本上升的风险。为了应对危机，博大公司开启了“多元化投资战略”。2015年6月，与希尔顿合作斥资10亿元在S市修建五星级酒店；同年10月，进军胶原蛋白饮料产业，生产饮料和口服液；2015年11月，宣布投资建设年产2万吨的中药残渣综合利用生产、生物有机肥示范项目；等等。截至2020年上半年，该公司多元化投资项目的业务模块基本处于亏损或停滞状态。

博大公司主营医药生产与销售。2020年8月18日披露了2020年半年报，虽然营业收入和净利润都同比增加10%，但值得注意的是，应收账款大幅度上升。这意味着博大公司上半年的盈利指标“看上去很美”却质量不高，经营状况不容乐观。其半年报还显示，上半年的经营性现金流仅为7 160万元，公司多元化投资项目如肥料、饮料、口服液和中药材的销售营业额对经营业绩的贡献较小，实现销售额分别为1 573.15万元、1 268.66万元和2 399.89万元，占主营业务收入的比例分别是0.96%、0.77%和1.46%。有分析称，这与博大公司盲目的“多元化”投资战略有关，近些年，公司不断扩张，导致其营业成本也不断上升，资金链日趋紧张。

要求：

1. 指出博大公司实施的战略类型，并作简要分析。

2. 从财务角度指出博大公司可以选择的投资战略。

3. 指出公司应在什么情况下选择多元化投资战略，针对博大公司的多元化投资战略提出改进建议。

解析：

1. 博大公司战略类型：成长型多元化战略。简要分析如下：

博大公司在上市伊始，面临原材料成本上升的态势，走规模扩张战略的思路是正确的，但投资方向的选择，即多元化投资战略是值得商榷的。在投资方向上全面撒网，四面出击，导致资源分散，削弱了核心竞争力，造成成本增加，现金流量减少，经营质量下降，尤其是饮料业和酒店业对主营业务的发展带来了不利影响。

2. 博大公司应当着力围绕主营相关业务进行投资，可以选择的投资战略有：

（1）实施规模效益的投资战略。将资源集中于主业规模扩大方面，实现规模效应，可以有效消除原材料成本上升的不利影响。

（2）采用提高技术进步效益的投资战略。博大公司可以利用其行业影响，通过技术发行、技术改进和技术创新，推广医药品牌，扩展医药系列产品，夯实核心竞争力基础，取得行业竞争优势。

3. 实施多元化投资战略时机：博大公司可在面临较大的外部环境威胁时相机选择。

建议：博大公司应当适时调整投资战略，收缩不相关业务，增强可持续发展能力。

【例 1-4】云龙乳业集团股份有限公司是中国乳业中规模较大、产品线较全的企业。其前身是 X 市乳制品总厂，1995 年 11 月，云龙乳业集团向社会公开发行 1 715 万股普通股股票。2006 年，云龙乳业集团主营业务收入达 163.39 亿元，同比增长 34.20%，连续四年保持行业第一，当年纳税达 10.32 亿元，同比增长 17.40%，高居中国乳业榜首。云龙乳业集团在为国家和社会创造大量财富的同时，表现出良好的盈利能力。权威机构调查数据显示，云龙乳业集团的品牌价值从 2012 年的 152.36 亿元飙升到 2016 年的 167.29 亿元，雄居中国乳业第一方阵。这意味着云龙乳业集团在经济影响力、技术影响力、文化影响力、社会影响力等方面已经展示了行业领导者的潜在优势。在一份国际研究期刊发布的《2016 年全球乳业 20 强》排名报告中，云龙乳业集团名列全球乳业 20 强。

但是，2008～2010 年，云龙乳业集团曾处于相对衰退时期，财务状况变差。2008 年，由于“三聚氰胺”事件的发生，云龙乳业集团受到很大冲击，销售额大幅度下降。该年营业收入为 216.59 亿元，营业成本为 372.86 亿元，导致营业利润为 -20.50 亿元，净利润为 -17.37 亿元。2009 年，云龙乳业集团的利润虽然同比略有增长，但应收账款增长了 10.66%，表明盈利质量较差。与此同时，客户的预付账款从 2007 年的 4.97 亿元下降到 2008 年的 2.84 亿元，说明公司与客户之间多年的良好关系遭到破坏，失去消费者信任使之未来发展举步维艰。2008～2009 年，云龙乳业集团的短期贷款变动不大，但略有减少，长期借款大幅度增长，达 100.86%，“三聚氰胺”事件的影响导致云龙乳业集团不得不大幅度增加长期负债以抵销短期贷款带来的财务风险。

衰退阶段的云龙乳业集团利用有限资金进行重点投资，谨慎地进行资本运作，有效规避风险。为消除“三聚氰胺”事件的恶劣影响，云龙乳业集团非常重视社会声誉和企业形象。因此，该公司在奶制品新品种研发上狠下功夫，对产品质量要求极为苛刻。与此同时，云龙乳业集团也投资了各地的分项目，如 J 省 G 项目、S 省 W 项目，强化了地区形象。此外，云龙乳业集团还赞助体育事业，成为安特卫普冬奥会国家体育代表团专用乳制品，提高了国际知名度，挽回了企业形象。最后，云龙乳业集团积极推进节能环保技术，深受大众支持。

在股利分配政策方面，云龙乳业集团在 2008 年 5 月 22 日实行了 10 转增 2 的股利分配政策，使总股数从 66 610.229 万股增加到 79 932.275 万股，对缓解财务危机起到一定作用。2008～2010 年，云龙乳业集团采用了不分配、不转增的股利政策，最大限度地保证了留存收益，为财务状况逐步改善创造了条件。

要求：

从投资战略、融资战略、收益分配战略等角度，对处于衰退时期的云龙乳业集团的公司战略进行简要分析。

解析：

衰退阶段的云龙乳业集团，财务管理目标定位于“现金流量最大化”，财务战略具有“高负债、重点投资、不分配”防御收缩型特征，实践证明这一战略是成功的。

这一阶段的投资战略是采用了“重点投资”思路，在投资期限上进行了长短配合。长期投资包括J省G项目、S省W项目等，短期投资包括赞助国家体育事业。同时，在奶制品新品种研发上狠下功夫，采用了提高技术进步效益的投资战略。

这一阶段的融资战略是按照高负债思路，内部融资与债务融资相结合。仅2009年，长期借款同比增长了100.86%，较好地缓解了资金运转困难的局面。2008～2010年，连续提高留存收益，以积累内部力量，寻求新的发展机会。高负债融资战略有利于逐步恢复云龙乳业集团盈利能力，改善财务结构。

在股利分配方面，云龙乳业集团发放了少许股票股利，不进行现金分配。这既安抚了现有股东，稳定了股价，增强了股东的信心，又保留了大量现金流量，增强了财务实力。

【例1－5】 W公司成立于1984年5月，1988年进入房地产行业，1992年正式决定以大众住宅开发为核心业务。1991年1月，W公司的A股股票在深圳证券交易所上市；1993年3月，发行4 500万股B股股票，该股票于当年5月在深圳证券交易所上市。目前，W公司已成为中国最大的专业住宅开发企业之一，连续15年保持盈利并快速成长。

1999～2009年，W公司的股利政策可以分为两个阶段：第一阶段是1999～2001年，该阶段我国房地产市场处于低谷时期；第二阶段是2002～2009年，该阶段我国房地产市场一路高歌猛进。有关数据如下：

（1）W公司第一阶段（1999～2001年）股利政策如表1－1所示。

表1－1　　1999～2001年W公司股利分配

年份	每股收益（EPS）（元）	股利支付率（%）	每股派现（元）	每股送股（股）	每股转增股（股）
1999	0.49	34.76	0.1703	0	0
2000	0.48	34.50	0.1656	0	0
2001	0.59	35.75	0.2109	0	0

在这一阶段，W公司采用的股利支付方式主要是现金股利，没有发放股票股利，平均股利支付率35%，远高于市场平均水平。这一股利政策与W公司专业化战略目标息息相关。虽然该阶段房地产市场处于低谷，但是1998年我国福利分房政策走向终结，W公司高层管理者对未来房地产行业的发展有良好的预期。为集中资源优势，W公司于2001

年实现对其拥有的J百货股份有限公司股权转让，退出零售行业，成为专一的房地产公司，至此W公司的专业化战略调整得以顺利完成。与此同时，W公司的房地产业务稳健而富有成效地不断扩张，加大了不同区域投资布局。按常理，在转型与扩张的关键阶段，急需提高内部资金积累，但W公司却以较高的股利支付率回报了广大股东，这充分体现了股利政策中的信号理论。在1999～2001年市场低速的情况下，W公司通过高额的股利分配，使得投资者对W公司的未来充满信心，不仅提升了W公司的股票价值，而且为后续融资提供了机会。

W公司在融资方面：一是重视拓展融资渠道，通过配股为公司住宅业务发展及改善公司财务状况提供了良好的条件，2000年2月，W公司每10股配2.727股，配股价格每股7.5元，筹得资金6.25亿元，全部用于北京、上海、广州三地的房地产项目；二是把转让J公司获得的4.2亿元现金全部投放于房地产业务。

（2）W公司第二阶段（2002～2009年）股利政策如表1－2所示。

表1－2　　2002～2009年W公司股利分配表

年份	每股收益（EPS）（元）	股利支付率（%）	每股派现（元）	每股送股（股）	每股转增股（股）
2002	0.61	32.79	0.20	0.1	1
2003	0.39	12.82	0.05	0	0
2004	0.39	12.82	0.05	0	0
2005	0.36	13.89	0.05	0	0
2006	0.49	10.20	0.05	0	0
2007	0.73	34.25	0.25	0.2	0.6
2008	0.37	13.51	0.05	0	0
2009	0.48	10.42	0.05	0	0

2002～2009年，W公司采用股利支付方式主要是现金股利和转增股本。W公司发行的各类可转债的高溢价，使其积累了高额的资本公积，从而有实力向股东进行5年的高比例高频率的转增。2002～2007年，房地产市场开始腾飞，W公司需要大量的资金扩大业务规模，有效占领市场。但其股利政策仍然秉承原先的高股利分配，给投资者传递了企业股利良好且未来可持续发展能力强的信息。

W公司的股利政策，也为其融资提供了便利。在资本市场上，W公司凭借一贯的良好形象，融资更为便利。即使在房地产金融环境趋紧的2004年，W公司顺利发行19.9亿元的可转债。此外，W公司还与中国建设银行累计签署了300多亿元的授信额度。2006年，伴随着公司扩张，W公司再次增发了4亿股，每股价格10.5元，筹得资金42亿元，用于新开发的房地产项目。

2008年，全球金融危机爆发之际，W公司管理层认为我国房地产市场发展过热，累积风险不断增加。W公司开始走向谨慎，股利发放较上年大幅度降低，为企业应对危机做好准备。

要求：

1. 根据上述资料，简要分析W公司股利分配战略的类型。
2. 指出影响W公司分配战略的因素有哪些。
3. 简要说明W公司股利战略的优缺点。
4. 简要说明W公司股利分配战略的目标。

解析：

1. W公司第一阶段大致遵循固定支付率（35%）的股利政策，3年的实际股利支付率在34.50%~35.75%之间波动，平均支付率为35%。第二阶段则大致遵循低正常股利（每股0.05元）加额外股利政策，2002年和2007年两年盈余较高，额外发放了较多的股利。

2. 影响W公司分配战略的因素主要有：

（1）公司管理层对未来发展的良好预期；

（2）良好的融资能力；

（3）专业化战略调整获得的大量现金流；

（4）股利信号传递理论的影响；

（5）注重股利政策与融资策略的配合运用。

3. W公司一贯以高额股利分派给投资者，一方面，可以增强投资者的信心，树立了良好的市场形象，提升了公司价值，降低了融资资本成本；另一方面，会降低企业的资金储备，在面临好的投资机会时，可能会由于资金不足而无法投资，从而被迫降低企业的股利水平。

4. W公司的股利战略，较好地实现了促进公司发展保障股东利益、稳定股价的战略目标。

【例1-6】 甲公司是一家专注于智能电子自主研发的移动互联网公司，定位于中低端市场。公司主营产品包括手机系列：迷彩手机秦系列、迷彩手机汉系列、迷彩手机唐系列、迷彩手机宋系列、迷彩手机元系列、迷彩手机明系列、迷彩手机清系列、迷彩手机华系列。其他电子系列：迷彩电视、迷彩耳机、迷彩盒子、迷彩移动电源、路由器。

（1）迷彩秦、汉、唐系列目前市场份额较小，正在陆续退出市场，处于保本或亏损状态。

（2）迷彩宋、元、明系列目前市场占用率较大，已进入成熟期，销售量大，利润高，但增长趋势缓慢。

（3）迷彩电视等其他电子系列产品销售额高速增长，但市场占有率较低。

（4）迷彩手机华系列一经推出，市场份额迅速攀升，仅仅一年工夫便进入我国手机市场第一方阵，销售额快速增长。

要求：

1. 根据波士顿矩阵模型分别指出资料（1）~（4）的业务类型。
2. 针对不同业务类型，说明如何进行财务资源合理分配。
3. 为甲公司如何选择竞争战略提出建议。

解析：

1. 资料（1）~（4）的业务类型分别是：瘦狗产品、金牛产品、问题产品、明星产品。

2. 瘦狗产品：减少批量、逐渐退出，将剩余资源向其他产品转移。

金牛产品：该类产品属于厚利产品，由于增长率低，无须增大投资，重在回收资金，支持明星产品。

问题产品：进行具体分析，对于经过改进极有希望成为明星产品的要重点投资，提高市场占有率；对于将来有希望成为明星产品的，在一定时期内加以扶持；对于前景不妙的产品要予以放弃。

明星产品：加大投资，支持其迅速发展。

3. 战略建议：一是更加注重技术创新，采取差异化战略，丰富自己的产品矩阵。

二是开拓年轻人市场和高收入人群市场，采取集中化战略。

【例1－7】 神洲商业贸易公司下设五个分部，分别经销A、B、C、D、E五类商品。2022年有关资料如表1－3所示。

表1－3　神洲商业贸易公司分部情况

商品	营业收入（万元）	百分比（%）	净利润（万元）	百分比（%）	市场占有率（%）	业务增长率（%）
A	60 000	37	10 000	39	80	+15
B	40 000	24	5 000	20	40	+10
C	40 000	24	2 000	8	10	+1
D	20 000	12	8 000	31	60	－20
E	5 000	3	500	2	5	－10
合计	165 000	100	25 500	100	—	—

要求：

1. 在波士顿矩阵中标示A、B、C、D、E五类业务的位置，并分别指出其业务类型。
2. 指出公司根据不同的业务类型，可能作出的战略选择。
3. 指出波士顿矩阵的主要优点以及公司在对业务组合管理时的努力方向。

解析：

1. 波士顿矩阵图（见图1－1），其中A为明星类业务；D为金牛类业务；B、C为问题类业务；E为瘦狗类业务。

市场占有率（高 → 中 → 低）；业务增长率（高 → 中 → 低）

业务增长率 \ 市场占有率	高	低
高	A 明星类业务	B、C 问题类业务
低	D 金牛类业务	E 瘦狗类业务

图1－1 波士顿矩阵

2. 公司对于A明星类业务可以采用前向、后向和水平一体化、市场渗透、市场开发、产品开发战略，以便保持或加强其在市场上的主导地位。

对于D金牛类业务可以采用产品开发或多元化战略，以提高品牌强势地位的金牛类业务的吸引力。不过，当金牛类业务转向弱势时，公司应当考虑收缩战略。

对于B、C问题类业务的战略选择取决于公司对该类业务发展前景的判断。若预计乐观则可以采用市场开发或产品开发战略加以强化；若预计悲观则可以采用收缩战略，剥离出售。

对于E瘦狗类业务，由于无论是在公司内部，还是在外部市场，这类业务都处于不受重视的地位，因而往往是进行清算、剥离的对象，因而收缩战略可能是最佳选择。

3. 波士顿矩阵的主要优点在于该方法促使人们关注公司各个分部业务的现金流、投资特性及其需求。许多公司的分部都会随着时间的推移而变化：多数情况下，按逆时针方向循环发展，即形成瘦狗类→问题类→明星类→金牛类→瘦狗类的运动轨迹。少数情况下，可能顺时针方向发展，即形成明星类→问题类→瘦狗类→金牛类→明星类的运动轨迹。在某些公司中，上述循环模型并不明显。随着时间的推移，企业应当努力使自身的业务组合都能转变成各分部所在行业的明星类业务。

【例1－8】 乐美公司20世纪80年代初率先进入个人电脑市场，在随后的十多年里一直独步天下。90年代中期以后，由于众多PC厂商兴起，乐美公司个人电脑业务销售额不断下挫，亏损日增。2005年5月1日，乐美公司将其全部PC业务转让给中国LX公司，转而进入一些高价值产业领域。如今，乐美公司的发展变得更为均衡、更有效率，实现了收益的稳定增长，提升了自身的竞争力。乐美公司向LX转让PC业务，并不是LX公司“蛇吞象”或“逼宫”，而是乐美公司的主动选择。

乐美公司的优势：乐美公司创建于1914年，技术完善且实力雄厚，拥有一流的优秀人才和无与伦比的企业精神。自20世纪90年代组织改造后，乐美公司完成了战略转型和重新定位。乐美公司不再以计算机硬件公司自居，而是提供给顾客完整的解决方案，积极进入顾客服务领域，成立了全球服务部门，扩大软件服务。服务部门和软件部门逐渐成为乐美公司的优势，也构成了公司现金流来源的主要渠道。

乐美公司的劣势：PC部门采取的外包和开发系统战略无法形成乐美公司的长久竞争优势。虽然生产乐美公司兼容计算机，但其致命弱点是易于模仿。乐美公司计算机与其他计算机的唯一差异在于是否挂上乐美公司品牌。正是由于兼容机的出现，乐美公司品牌优势渐渐褪色，PC业务盈利率下降。最大的挑战是PC运行速度越来越快，使用界面越来越好，功能越来越强大。在使用的性能上，乐美公司大型计算机无法与之抗衡。当时，大型计算机正是乐美公司的摇钱树，毛利率高达70%，然而好景不长，逐渐受到个人计算机的侵蚀，盈利逐渐衰退，其PC部门明显成为乐美公司的劣势部门。

乐美公司的机会：机会是组织外部环境的积极趋势。当今客户的需求正在转移，具体表现在：从零散的系统转为业务解决方案；从各自独立运作转向整合的基础设施；从专属转向开放的标准；从维护信息系统运营转向更加专注于业务创新；从手工操作变为向自动化和自感式方向发展。在这样的趋势下，剥离PC业务后，乐美公司便把战略重点放在更高的价值领域，乐美公司直面市场和客户需求的变化趋势，进一步加强系统科技、软件和服务能力，帮助客户实现价值。

乐美公司面临的威胁：威胁是组织外部环境的负面趋势。PC业务市场竞争日益激烈，利润非常微薄。

要求：

1. 根据上述资料，列示乐美公司业务SWOT分析图。

2. 指出乐美公司应当采取哪种类型的公司战略，并简要说明该种战略给乐美公司带来的影响。

解析：

1. 将乐美公司的主要业务和内外影响置于SWOT模型十字图上，如图1－2所示。

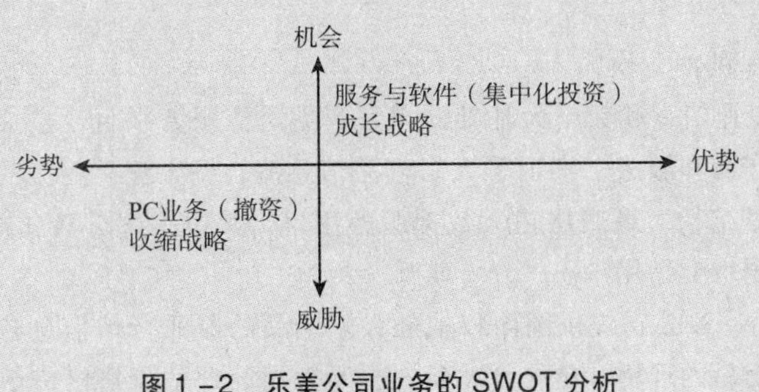

图1－2　乐美公司业务的SWOT分析

2. 由于服务与软件业务处于优势和机会区域，所以应当采取成长战略，整合资源，专注于服务与软件的推广和开发。

PC 业务处于劣势和威胁区域，因此乐美公司应采取收缩（退出）战略。通过退出，乐美公司达到了三大目的：一是放弃一项越来越不适合自身发展的业务，减少了损失；二是直接遏制了几大竞争对手，如英特尔、微软等，即使成就了相对较弱的 LX 集团，也不高价出让给对手；三是与 LX 集团结盟，也将在中国这个全球最大新兴经济体市场上获得更多的回报。对于乐美公司来说，剥离 PC 业务的战略选择是正确的。

【例 1－9】 X 网络科技股份有限公司，注册资本为 1.5 亿元，专注大宗产品电子商务，是中国领先的大宗产品 O2O 电子商务平台之一，公司业务覆盖石油、煤炭等 10 余个种类，拥有 90 多万家企业用户，经营团队有较强的凝聚力和执行力。

在大宗产品电子商务领域，公司拥有电子支付、交易所及信用保险等金融牌照，率先实现了信息流、资金流、物流的三流合一，为大宗产品产业链的各方参与者提供大数据服务、现货交易、网络融资等全方位电子商务解决方案。据权威资料显示，2016 年 X 公司在电子商务行业的市场份额占全国第五位。在公司高管层召开的战略研讨会上，公司提出，在未来五年市场份额和盈利能力争取进入行业前三名的目标，同时积极推进公司在 A 股或新三板上市。经过多年的积累，X 公司具有较高的市场品牌美誉度，开创了适合自身发展的商业模式，建立了领先的网络融资平台和较为科学严密的风险监控体系，形成了以大宗产品 O2O 电子商务平台为核心，全面整合原材料供应商、金融机构、物流仓储、贸易商、终端用户的全新大宗产品生态系统。但总体而言，业务拓展偏于保守，宣传力度欠缺。上游金融机构信用政策的变化和下游大宗产品交易波动在一定程度上给公司业绩造成了不利影响。

（1）大宗产品 O2O 电子商务平台。

利用互联网开放、高效、信息对称和空间无限的特点，结合线下标准化的大宗产品物流节点，把线下的孤岛连成网，把线上的大宗产品业务落地，形成线上线下一体化交易平台。

（2）三流合一的商业模式。

X 公司是以专业信息和数据为基础的大宗产品增值服务平台，包括现货交易、网络融资、大数据等产品和服务，实现了大宗产品信息流、资金流、物流的三流合一。由此构建了一个金字塔结构，最底层是大数据服务用户，其中一部分转化成网络融资用户，另一部分转化为现货交易用户。

①大数据服务。X 公司提供国内权威的大宗产品的专业行情信息与市场分析，致力于成为大宗产品交易的现货、价格评估标准。X 公司的评估价格已广泛进入大型石化企业的定价体系，同时也成为众多市场交易者用于交易结算的价格标准。

②网络融资。X 公司“网络融资”业务于 2009 年上线，开创了金融互联网先河，

由 X 公司与金融机构、物流服务商三方合作，为交易商提供全流程网络即时融资服务，具有“单笔大、放款速度快”的特点。该业务实现了标准化、批量化，并通过闭环交易进行风险控制，已分别与中国建设银行、广发银行、招商银行等金融机构实现系统对接，累计提供网络放款 450 多亿元，但网络融资有时会受上游金融机构银根收紧的影响。

③现货交易。X 公司的现货交易主要是集合采购模式。集合采购是一种以客户需求为驱动通过 O2O 平台重构大宗产品产业链，持续提高业务集中度的现货交易新模式，并在对产业链的整合与全程监管过程中，实现资金流、物流的封闭运行。公司现货交易尚处于起步阶段，市场前景极为广阔。其交易原理是：上游把货卖给中间商，中间商再把货卖给下游，而中间的服务商，比如金融机构提供融资服务，仓储物流商提供仓储物流服务，质检机构提供检验服务。X 公司作为平台方，提供网络交易平台、交易规则和网络化的标准交割单。因此，上述各方都能够围绕 X 平台进行交易，从而极大地提高了产业效率。

（3）根据国家对“互联网 +”产业政策的支持与鼓励，加之活跃的投融资市场，X 公司拟从市场融资 2 亿元：一部分用于扩展现货交易模式，租赁港口码头，构建以重要港口为节点的大宗商品交易模式链，覆盖全国煤炭交易商；另一部分用于对业内电子商务企业的并购。

X 公司近 3 年来业务和利润迅速增长，主要财务指标如表 1 - 4 所示。

表 1 - 4　　X 公司财务指标　　单位：万元

项目	2020 年	2021 年	2022 年	2023 年	2024 年	2025 年
营业收入	15 780	16 963	20 356	—	—	—
净利润	3 650	7 275	9 979	11 500 *	25 300	37 950
资产	294 590	389 730	519 421	—	—	—
负债	103 000	138 870	181 797	—	—	—
所有者权益	191 590	250 860	337 624	—	—	—

注：* 其中含政府一次性政策补贴 1 500 万元。

要求：

1. 指出 X 公司实施的战略类型，并简要说明该种战略的适用条件。

2. 运用 SWOT 模型原理，具体指出 X 公司的优势、劣势、机会和威胁。

3. 已知“可比企业”平均市盈率为 15 倍，根据可比企业分析法和 2023 年预计净利润计算公司价值，指出此处“可比企业”的内涵，并分别从业务（营运）和财务角度至少列示三项常用的可比企业选择标准。

解析：

1. X 公司应当实施成长型财务战略。

适用条件：(1) 宏观经济环境较好；

(2) 政策鼓励；

(3) 资源获取能力强；

(4) 良好的企业文化。

2. 优势（S）：(1) 拥有电子支付、信用保险等金融牌照；(2) 市场份额领先；(3) 利润快速增长。

劣势（W）：(1) 业务保守；(2) 宣传推广不足。

机会（O）：(1) 政策支持；(2) 投融资市场活跃。

威胁（T）：(1) 金融机构信用政策；(2) 大宗产品交易波动。

3. X 公司价值 =（11 500 - 1 500）×15 = 150 000（万元）

“可比企业”是指在营运上和财务上与被评估企业具有相似特征的企业。

营运方面：企业规模、产品、服务范围、服务的市场等。

财务方面：销售利润率、流动比率、存货周转率、产权比率、销售增长率等。

【例 1 - 10】 H 电器公司的前身是 L 省 Q 市无线电二厂，1979 年更名为 Q 电视机厂，5 年后引进了松下的生产设备和技术。1994 年，该厂改名为 H 电器股份有限公司，并于 1997 年在上海证券交易所上市，组建股份有限公司——H 电器股份有限公司。截至 2010 年末，公司的总股本为 57 776.78 万股，其中有限售条件的流通股 12 600 万股，股东总数 98 890 户。数据显示，2011 年，H 公司电视的销售和销售额双双高居行业榜首，并已连续多年获此殊荣。在全球，H 公司生产的电视机已进入 80 多个国家和地区，在质量和名气方面享誉全球。截至 2011 年 9 月，H 公司总资产已达 136 亿元，净资产 61.7 亿元。

1993 年，随着我国经济体制由计划经济向市场经济转型，企业管理者开始自主决定企业的产出。这时为追求规模效益，各个企业不断通过贷款扩大产量，H 公司也是如此。H 公司为了追求发展速度制定了每年翻番的增长指标，采用高负债率的财务政策（70% 以上），规模扩张很快，资产负债率曾一度达到 84%，1998 年，亚洲金融危机涉及日本、韩国，大宇、八佰伴等国际知名企业相继崩溃。H 公司进行了深刻反思，开始关注其过高的资产负债率，并努力提高应收款项和存货周转速度。H 公司管理层认为，应当改变过去企业的快速增长模式，如果企业依旧只重视发展的数量而非质量，那最终企业将变成“空壳”。于是将当年销售增长 100% 的目标降为 50%。之后，H 公司严格控制资产负债率，一直将其控制在 50% 左右，并对代理商一律不再赊销，不允许使用应收账款，严格控制各个子公司的大额贷款。这些措施使企业逐步恢复了财务状况的健康状态，并彻底消灭了可能存在的财务危机。集团总裁亲自兼任 H 集团的财务中心主任一职，重视财务工作，并在各种场合反复强调健康财务的重要性，对于子公司一把手的要求就是必须懂财务。

这一年，虽然H公司的增长速度只达到50%，但其期末存货和应收账款下降速度均超过了30%，资产负债率下降到42.69%，资产周转率达到1.03次，提高了1倍，企业发展质量显著改善，财务风险大大降低。

针对各项重大投资，H公司在投资之前先对投资企业进行充分的市场调研，把规避投资风险放在首位，先考虑投资带来的财务风险，然后选择恰当的投资方式。如H公司在1999年曾放弃了一家南方彩电公司，虽然该公司的地产价值高，但财务状况不透明、法律纠纷很多、财务风险较大。其次，H公司倡导先将主业做强，然后寻找相关领域多元化投资项目，以降低财务风险。回顾H公司20世纪90年代的投资历程，主要是围绕彩电行业进行收购、兼并，以增加彩电的产量，达到规模效应，先后通过控股收购了淄博电视机厂、贵阳华日电器、辽宁金凤电视机厂；通过债转股收购了临沂的山东电讯厂等。进入21世纪，在H公司电视的市场占有率逐步稳定的条件下，开始围绕家电行业最先进的技术进行相关多元化投资过程中，H公司主要通过技术上的合作进入新的领域（如与三洋合作进军生产和与惠而浦合作等），以便更好地利用它们的先进技术和经验，降低新产品的生产成本，保证投资资金的尽快回收，降低投资风险。此外，H公司也谨慎投资一些非相关多元化领域，如房地产行业，H公司十分重视低成本扩张，多年来通过极少量资金控制了大量的资产。

要求：

1. 根据上述资料，指出H公司自成立以来采取了哪种类型的财务战略，并分别进行简要分析。

2. 简要说明H公司是如何做到财务管理体系稳健与健康的。

解析：

1. H公司自成立以来分别采用了扩张型财务战略和稳健型财务战略。

（1）H公司建立初期配合公司一体化战略，采用了扩张型财务战略。在扩张方式上采用了对外收购与兼并等方式的外延式扩张；在扩张方向上实施横向一体化扩张；在扩张速度上实现调整扩张；在扩张资本来源上采用高负债率的债务融资扩张。

（2）最近十多年来，H公司采用了稳健型财务战略。在发展速度上下调而不急于冒进；在财务上控制负债率水平；在对外投资上主要集中于核心业务领域，慎重进入业务（如空调业务等）领域；在并购上主要围绕彩电行业，慎重进入多元化领域等。

2. H公司一直把财务的健康作为培育企业核心竞争力的基础。H公司财务管理体系的稳健与健康，保证了H公司合理的资产负债率水平，较高的资金运营能力，保持了良好的财务状况。也就是说，H公司财务管理追求两个重要指标：一是合理的资产负债率；二是极高的资金周转率。宁可牺牲规模速度，也要保持财务健康。

【例1-11】 E公司是一家公共事业公司，在政府政策指导下运营，它有义务保障广大居民客户的电力供应，拥有较大的电力专营权。因此，电力经营为 E 公司创造大约 90% 的总营业收入，且能在较长时期保持比较平稳的收入和现金流。传统上，长期负债一直是 E 公司资本结构中非常重要的部分。2022 年，E 公司基于市场价值的资本结构如表 1－5 所示。

表 1－5　　　　E 公司资本结构

资本结构	金额（亿元）	比重（%）
债务	16.9	55.96
优先股（权益型）	6.7	22.19
普通股	6.6	21.85
总计	30.2	100.00

E 公司在过去很多年里，一直是在一个受管制的非竞争性的环境里缓慢发展，投资机会较少。公司每年支付大量股利，它的许多资产是以传输、分配和发电系统的形式存在的有形资产。以下是 E 公司执行副总裁杨总与财务部经理在公司财务专题会议上的对话。

杨总：为什么 E 公司的一贯做法是依赖较高的财务杠杆？

财务经理：这是一个低成本的资金来源，而且我们具有伴随着稳定收入现金流极强的负债能力、适度的高质量资产以及规范化管理。正如您所知道的，债务具有抵税效应。如果我们不用纳税，情况将会不同，纳税环境下税盾效应相当重要。

杨总：E 公司只有一个目标杠杆比率吗？

财务经理：是的，有一个大致的资产负债率区间，即 40% ~60%，我们需要下属每一个子公司都要做好进入债务市场的准备，因此，使公司信用保持在 AA 等级之上是至关重要的。低于 AA 等级将使公司取得新的借款更加困难。现在的差距是最低限度的，目前最大的问题是资金的可获得性。

要求：

1. 根据上述资料，指出 E 公司具体战略类型，并说明理由。

2. 从公司投资角度指出其应当选择的融资战略类型，并说明理由。

解析：

1. 稳定型战略。

理由：E 公司属于传统企业，其内外环境没有发生重大变化；企业并不存在重大的经营问题或隐患，不需要进行战略调整。

2. 低增长和积极融资战略。

理由：

（1）E 公司是低增长型企业，没有足够的投资机会。在此情况下，增加负债可以为股东创造更多价值。创造价值的途径包括：获取所得税利益以及提高管理层激励动机等。

（2）E公司能在较长时期保持平稳的现金流，从而为增加长期负债或回购股票增加财务杠杆创造了有利条件，采用债务融资会大大降低资本成本。

（3）E公司很大比例的资产是有形的，财务风险较小，因此E公司能够维持较高的负债率，采用债务融资战略是可取的。

【例1－12】亦城控股投资有限公司是一家国有大型投资公司，主要从事战略新兴产业股权投资业务。2022年末，总资产1 150亿元，负债471.5亿元。公司最佳资本结构下设定的资产负债率上限为45%。2023年初，公司召开投融资专题工作会，融资部经理工作汇报要点如下：

（1）根据公司2021～2025年投资业务战略规划，未来3年公司融资需求主要采取债务融资方式，公司申报的中期票据融资额度为100亿元，已于2021年12月25日批复并注册登记。2022年7月10日，本公司簿记建档发行10亿元中期票据，期限3年，年利率3.11%，截至目前，批文额度尚余90亿元。

（2）资金现状分析。截至2023年初，公司可用资金合计为56亿元。

资金回流预测：预计股权投资项目退出和股票减持回收资金32亿元。

资金支出预测：预计项目投资和基金出资等约100亿元。

资金缺口：预计至2023年末资金缺口12亿元，其中，2023年8月末资金缺口3亿元。

（3）预计债券市场利率波动率约为±12%，建议择机发行中期票据满足公司融资需求。

假定不考虑其他因素。

要求：

1. 根据资料（1）判断该公司基于融资方式的融资战略类型。

2. 根据资料（1）～（3）融资战略选择原则，假定采用发行中票融资，请从融资规模成本和期限为该公司设计初步融资方案。

3. 判断融资部的建议是否恰当并说明理由。

解析：

1. 债务融资战略。

2. 融资战略选择的原则主要有：（1）低成本原则；（2）规模适度原则；（3）结构优化原则；（4）时机最佳原则；（5）风险可控原则。

全年资金缺口＝100－32－56＝12（亿元）

利率变动上限＝3.11%×（1＋12%）≈3.48%

据此拟定初步融资方案如表1－6所示。

表 1－6　　中票发行方案

发行金额	期限	利率	用途
12 亿元	3 年	不高于 3.5%	补充流动资金和项目投资

3. 融资部建议恰当。

理由：

（1）符合公司融资战略和融资战略选择原则。

（2）充分利用中期票据发行额度。

（3）发行后，资产负债率 =（471.5 + 12）÷（1 150 + 12）× 100% = 41.61% 小于最佳资本结构下设定的资产负债率 45% 的上限。

第二章　企业全面预算管理

【例2-1】甲公司是一家在上海证券交易所上市的汽车零部件生产企业，近年来由于内部管理粗放和外部环境变化，公司经营业绩持续下滑。为实现提质增效目标，甲公司决定从2021年起全面深化预算管理。有关资料如下：

（1）在预算编制方式上，2021年之前，甲公司直接向各预算单位下达年度预算指标并要求严格执行；2021年，甲公司制定了"三下两上"的新预算编制流程，各预算单位主要指标经上下沟通后形成。

（2）在预算编制方法上，2020年10月，甲公司向各预算单位下达了2021年度全面预算编制指导意见，要求预算单位以2020年度预算为起点，根据市场环境等因素的变化，在2020年度预算的基础上合理调整形成2021年度预算。

（3）在预算审批程序上，2021年12月，甲公司预算管理委员会办公室编制完成2022年度全面预算草案；2022年1月，甲公司董事会对经预算管理委员会审核通过的全面预算草案进行了审议；该草案经董事会审议通过后，预算管理委员会以正式文件形式向各预算单位下达执行。

假定不考虑其他因素。

要求：

1. 根据资料（1），指出甲公司2021年之前以及2021年分别采取的预算编制方式。

2. 根据资料（2），指出甲公司全面预算编制指导意见所体现的预算编制方法类型，并说明该预算编制方法类型的优缺点。

3. 根据资料（3），指出甲公司全面预算草案的审议程序是否恰当，如不恰当，说明理由。

解析：

1. 甲公司2021年之前的预算编制方式：权威式预算。

甲公司2021年采取的预算编制方式：混合式预算（或：上下结合式预算）。

2. 甲公司全面预算编制指导意见所体现的预算编制方法类型：增量预算法。

增量预算法的主要优点：编制简单，省时省力。

增量预算法的主要缺点：预算规模会逐步增大，可能会造成预算松弛及资源浪费。

3. 不恰当。

理由：年度全面预算草案经董事会审议通过后，还需要股东大会批准。

【例2-2】甲公司为一家国有大型企业M公司的全资子公司，主要从事水利电力工程及基础设施工程承包业务，涵盖境内、境外两个区域市场。近年来，甲公司积极推进全面预算管理，不断强化绩效考核，以促进公司战略目标的实现。相关资料如下：

（1）甲公司的组织架构为“公司总部—分公司—项目部”，拥有6家分公司、100余个项目部。预算编制时，甲公司要求各分公司对每个项目部均单独编制项目收入、成本费用、利润等预算，再逐级汇总至公司总部。

（2）2017年初，甲公司对2016年的预算执行情况进行了全面分析，其中，2016年度营业收入预算执行情况如表2-1所示。

表2-1

单位：亿元

业务（产品）类型	境内业务		境外业务		合计	
	预算金额	实际金额	预算金额	实际金额	预算金额	实际金额
水利电力工程业务	85	79	50	51	135	130
基础设施工程业务	45	52	20	16	65	68
合计	130	131	70	67	200	198

（3）2017年7月，M公司对甲公司2017年上半年预算管控情况进行了检查，发现以下主要问题：①对年度营业收入、管理费用、利润总额等重点预算指标未按季度或月度进行分解、控制，出现“时间过半，收入、利润指标只实现年度预算的40%，而管理费用却达到年度预算的63%”等问题，公司“保增长”压力大，提质增效工作成效不明显；②对应收款项、存货、现金流量等关键性监控指标，未进行分析预测且未采取适当控制措施，导致应收款项及存货资金占用增大，事前控制能力有待提高。

假定不考虑其他因素。

要求：

1. 根据资料（1），指出甲公司采用了哪种预算编制方法，并说明该种方法的主要适用条件。

2. 根据资料（2），采用多维分析法，以区域和产品两个维度相结合的方式，分析指出甲公司2016年度营业收入预算执行中存在的主要问题，并说明多维分析法的主要优点。

3. 根据资料（3），指出甲公司未遵循哪些预算控制原则，并据此提出预算控制的改进措施。

解析：

1. 编制方法：项目预算法。

适用条件：从事工程建设的企业以及一些提供长期服务的企业。

2. 主要问题：境内水利电力工程业务及境外基础设施工程业务未完成年度预算目标。

主要优点：分析者可以从多个角度、多个侧面观察相关数据，从而更深入地了解数据中的信息与内涵。

3. 未遵循的预算控制原则：加强过程控制和突出管理重点。

改进措施：严格执行销售预算、生产预算、费用预算和其他预算，并将年度预算细分为月度预算和季度预算。

抓住预算控制重点，对重点预算项目严格管理；对关键性预算指标的实现情况按月、按周，甚至进行实时跟踪，并对其发展趋势作出科学合理的预测，提高事前控制能力。

【例2-3】甲公司是一家集规划设计、装备制造、工程施工为一体的国有大型综合性建设集团公司。2017年初，甲公司召开总经理办公会，提出要进一步提升“战略规划—年度计划—预算管理—绩效评价”全过程的管理水平。会议主要内容如下：

（1）会议提出要贯彻落实董事会制定的以“国际业务优先发展”为主导的密集型战略。公司应积极响应国家“一带一路”建设规划，在“一带一路”沿线国家（包括已开展业务和尚未开展业务的国家）争取更多业务订单，一方面提高现有产品与服务的已有市场占有率；另一方面以现有产品与服务积极抢占新的国别市场。

（2）会议审议了公司2017年度经营目标。公司发展部从公司自身所拥有的人力、资金、设备等资源出发，提出了2017年新签合同额、营业收入、利润总额等年度经营目标并经会议审议通过。

（3）会议听取了公司2016年度预算执行情况的报告。财务部就公司2016年的预算执行情况进行了全面分析，并选取行业内标杆企业M公司作为对标对象，从盈利水平、资产质量、债务风险和经营增长四个方面各选取一个关键指标进行对标分析（相关对标数据如表2-2所示），重点就本公司与M公司在某些方面存在的差距向会议做了说明。

表2-2　单位：%

企业名称	营业收入净利率	总资产周转率	资产负债率	营业收入增长率
甲公司	3.93	68.36	82.79	16.23
M公司	3.92	75.88	78.53	22.84

假定不考虑其他因素。

要求：

1. 根据资料（1），指出甲公司采取的密集型战略的具体类型，并说明理由。

2. 根据资料（2），判断甲公司确定年度经营目标的出发点是否恰当，并说明理由。

3. 根据资料（3），针对四个关键指标，指出甲公司与M公司存在的差距，并提出相应的改进措施。

解析：

1. 甲公司采取的密集型战略的类型：市场渗透战略及市场开发战略。

理由：提高现有产品与服务的市场占有率属于市场渗透战略；将现有产品与服务打入新国别市场属于市场开发战略。

2. 不恰当。

理由：企业年度经营目标的制定必须从企业的战略出发，而不是从企业所拥有的资源出发，以确保年度经营目标与公司战略、长期目标相一致。

3. 甲公司与M公司的差距：甲公司的总资产周转率及营业收入增长率低于M公司、资产负债率高于M公司。

改进措施：加快总资产周转速度，提高资产质量；提高营业收入水平，加快经营增长；合理控制资产负债率，防范债务风险。

【例2-4】 甲集团公司（以下简称“集团公司”）下设A、B两个事业部，分别从事医疗化工和电子设备制造业务。2017年7月10日，集团公司召开上半年工作会议，就预算执行情况及企业发展的重要问题进行了专题研究，会议要点如下：

（1）预算执行方面，集团公司财务部汇报了1～6月份预算执行情况，集团公司2017年全年营业收入、营业成本、利润总额的预算指标分别为500亿元、200亿元、100亿元；上半年实际营业收入200亿元、营业成本140亿元、利润总额30亿元，财务部认为，要完成全年预算指标，压力较大。

（2）预算调整方面，集团公司全面预算管理委员会认为，努力完成全年预算目标仍是本年度的主要任务；在落实任务过程中，既要强化预算的刚性，又要切合实际进行必要的调整。

（3）成本管控方面，A事业部本年度对X药品实施了目标成本管理。目前，A事业部X药品的单位生产成本为9万元/吨，市场上主要竞争对手的X药品平均销售价格为8.8万元/吨，A事业部要求X药品的成本利润率为10%。

假定不考虑其他因素。

要求：

1. 根据资料（1），计算集团公司2017年1～6月份有关预算指标的执行进度，并指出存在的主要问题及应采取的措施。

2. 根据资料（2），指出集团公司预算应坚持的原则。

3. 根据资料（3），依据目标成本发展的基本原理，参照主要竞争对手同类产品的平均销售价格，分别计算A事业部X药品的单位目标成本及单位成本降低目标。

解析：

1. （1）营业收入预算执行率 = 200 ÷ 500 = 40%

（2）营业成本预算执行率 = 140 ÷ 200 = 70%

（3）利润总额预算执行率 =30÷100 =30%

存在的主要问题是：营业收入和利润总额预算执行率较低，营业成本预算执行率较高。

应采取的措施：集团公司应进一步增加营业收入，加强成本管理，提高盈利能力。

2. 集团公司预算调整应坚持的原则：

（1）预算调整应当符合企业发展战略、年度经营目标和现实状况，重点放在预算执行中出现的重要的、非正常的、不符合常规的关键性差异方面；

（2）预算调整方案应当客观、合理、可行，在经济上能够实现最优化；

（3）预算调整应当谨慎，调整频率应予以严格控制，年度调整次数应尽量减少。

3. X 药品的单位目标成本 =8.8÷（1 +10%）=8（万元/吨）

X 药品的单位成本降低目标 =9 -8 =1（万元/吨）

或：X 药品的单位成本降低目标 =［（9 -8）÷9］×100% =11.11%。

【例2-5】 甲公司为国有大型集团公司，实施多元化经营。为进一步加强全面预算管理工作，该集团正在稳步推进以“计划—预算—考核”一体化管理为核心的管理提升活动，旨在“以计划落实战略，以预算保障计划，以考核促进预算”，实现业务与财务的高度融合。

（1）在 2016 年 10 月召开的 2017 年度全面预算管理工作启动会议上，部分人员发言要点如下：

总会计师：明年经济形势将更加复杂多变，“稳增长”是国有企业的重要责任。结合集团发展战略，落实董事会对集团公司 2017 年经营业绩预算的总体要求，即：营业收入增长 10%，利润总额增长 8%。

A 事业部经理：本事业部仅为特殊行业配套生产专用设备 X 产品。本年度，与主要客户签订了战略合作协议，确定未来三年内定制 X 产品 200 台，每台售价 800 万元。本事业部将进一步加强成本管理工作，力保实现利润总额增长 8% 的预算目标。

财务部经理：2016 年 4 ~ 10 月，公司总部进行了流程再造，各部门的职责划分及人员配备发生了重大变化；2017 年的预算费用项目及金额与往年不具有可比性。因此，总部各部门费用预算不应继续采用增量预算法，而应采用更为适宜的方法来编制。

采购部经理：若采购业务被批准列入 2017 年预算，为提高工作效率，采购业务发生时，无论金额大小，经采购部经理签字后即可支付相关款项。

（2）甲公司 2016 年预算分析情况如表 2 -3 所示。

表2-3 金额单位：亿元

项目	2015 年度实际数	2016 年预算目标值		2016 年预计实际可完成值	
		金额或比率	较上年实际增减(%)	金额或比率	较上年实际增减(%)
营业收入	700	760	8.57	765	9.29
利润总额	70	71	1.43	72	2.86
营业利润率（%）	10.00	9.34	—	9.41	—
项目	2016 年初实际数	2016 年末预算数		2016 年末预计数	
		金额或比率	较年初增减（%）	金额或比率	较年初增减（%）
资产总额	3 000	3 400	13.33	3 600	20.00
负债总额	1 800	2 350	30.56	2 550	41.67
资产负债率（%）	60.00	69.12	—	70.83	—

假定不考虑其他因素。

要求：

1. 根据2016年有关预算指标预计实际可完成值及董事会要求，计算甲公司2017年营业收入及利润总额的预算目标值。

2. 根据资料（1），指出A事业部最适宜采用的成本管理方法，并简要说明理由。

3. 根据资料（1），指出甲公司2017年总部各部门费用预算应采用的预算编制方法，并简要说明理由。

4. 根据资料（1），判断采购部经理的观点是否正确，并简要说明理由。

5. 根据资料（2），指出甲公司在经营成果及财务状况两方面分别存在的主要问题，并提出改进建议。

解析：

1. 2017年营业收入预算目标值 = 765 × (1 + 10%) = 841.50（亿元）

2017年利润总额预算目标值 = 72 × (1 + 8%) = 77.76（亿元）

2. A事业部最适宜采用目标成本法。

理由：X产品未来的销售价格及要求的利润水平已经确定，A事业部应按照"目标成本 = 销售价格 - 必要利润"的方式，倒推出预期成本，从而开展目标成本管理工作。

3. 甲公司2017年总部各部门费用预算应采用的预算编制方法：零基预算法。

理由：2017年的预算费用项目及金额与往年不具有可比性，因此，应采用零基预算法编制总部各部门费用预算。

4. 采购部经理的观点不正确。

理由：预算费用不等于必须投入的资源，即使是预算内的费用，也需要经过相关的审批程序方可支付。

5. 甲公司存在的主要问题：

经营成果方面：收入增长快于利润增长，营业利润率逐年下降，增收不增利。

财务状况方面：资产、负债规模快速增长，资产负债率明显提高，财务风险加大。

改进建议：降本增效，提高盈利能力；控制资产负债率，防范财务风险。

【例2-6】甲公司是一家生产经营多种电子元件的大型企业，下辖A、B、C三个事业部。2016年，甲公司开展预算管理工作的部分情况如下：

（1）甲公司总经理认为，预算工作是财务部门职能的一部分，应该由财务部负责公司预算管理的所有工作。

（2）在预算执行过程中，由于市场环境较年初预计时发生了重大变化，与年初预算存在较大差异，但A事业部负责人认为，既然制定了预算，就要维护预算的严肃性和权威性，必须严格按预算执行。

（3）B事业部负责人不赞成A事业部负责人的观点，认为预算也要根据需要随时进行调整，超出预算的费用经负责人审批后即可开支。

（4）C事业部负责人在编制本部门预算时认为，弹性预算较为灵活，因此，在前一年度固定预算的基础上规定一个0.5～1.5的系数，以实际执行数是否落在上下限之间来判断预算执行是否正常。

假定不考虑其他因素。

要求：

根据资料（1）～（4），指出甲公司及其事业部在预算管理中存在的问题，并简要说明理由。

解析：

1. 资料（1）中存在的问题：预算管理组织体系不健全。

理由：没有成立专门的预算管理委员会和预算管理委员会办公室，而是由财务人员兼任预算管理人员，预算的权威性不够。公司应该成立预算管理委员会，预算的编制、调整应经过预算管理委员会的审核。

2. 资料（2）中存在的问题：过于强调预算的刚性。

理由：当企业运营的外部环境发生重大变化时，管理者应及时、主动地调整预算。

3. 资料（3）中存在的问题：预算管理流于形式，重编制、轻执行，调整随意。

理由：对预算进行调整，必须按照一定程序进行。预算调整包括分析、申请、审议、批准等步骤。

4. 资料（4）中存在的问题：对弹性预算的认识错误。

理由：弹性预算是与固定预算相对应的一种方法，即基于弹性的业务量编制预算的一种方法。简单地用固定预算指标乘以两个弹性系数作为预算的上下限范围，这种做法并不是弹性预算。并且，C事业部弹性系数的确定太随意，缺乏科学依据。

【例2-7】甲公司是一家在上海证券交易所上市的集团公司，实施全面预算管理已经多年，并制定了全面预算管理办法，部分内容如下：

（1）预算管理组织体系。公司设立预算管理委员会，预算管理委员会主任由公司法定代表人担任，经营及财务的分管领导担任副主任，成员由专项业务部门的负责人构成。预算管理委员会下设办公室，办公室设在财务部。年度预算方案经预算管理委员会及总经理办公会审议通过后，提交董事会审批后下达执行。

（2）预算编制流程。公司的预算编报流程如图2-1所示。

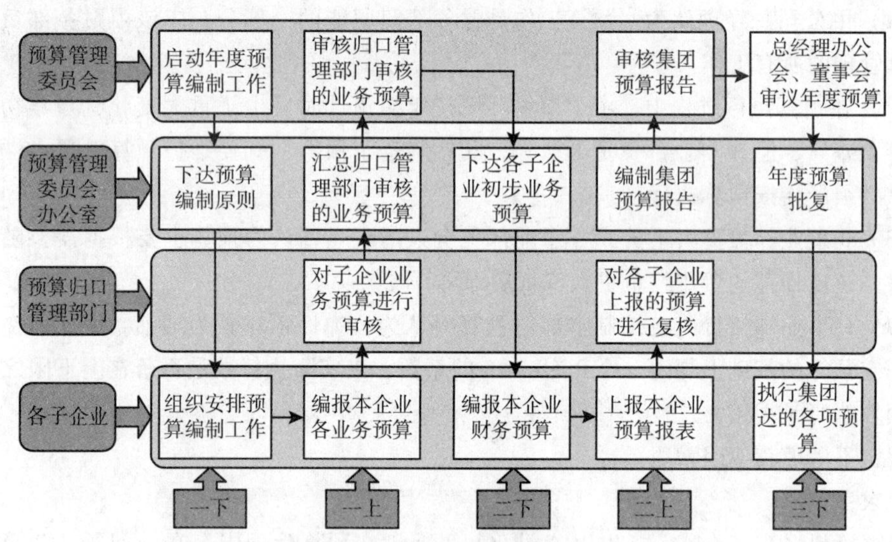

图2-1 公司预算编报流程

（3）预算执行。年度预算一经确定，任何部门和个人不得超越权限随意调整、变动预算方案。年度预算细分到季度、月度控制执行，要求各子公司层层分解落实年度预算目标，保证预算目标控制执行落地。各子公司应严格执行集团公司下达的预算指标，强化预算控制，特别是投资、融资及资金支付等预算管理，必须按照授权审批程序执行。

（4）预算考核。预算考核分为预算指标考核和预算管理工作情况考核两部分。预算指标考核统筹兼顾预算导向和控制作用，将激励业绩与预算控制偏差率相结合进行考核。预算管理工作情况考核主要包括预算管理制度制定及执行情况、预算工作组织、预算报表编报质量和时效性、预算执行控制和分析等。

假定不考虑其他因素。

要求：

1. 根据资料（1），指出甲公司的预算决策程序是否恰当，并简要说明原因。

2. 根据资料（2），指出甲公司所采用的预算编制方式，并简要说明该预算编制方式的主要特点。

3. 根据资料（2），指出预算编制流程主要包括哪些环节。

4. 根据上述资料，指出全面预算管理主要包括哪些流程。

解析：

1. 甲公司的预算决策程序不恰当。

理由：股东大会是全面预算管理的法定权力机构。《中华人民共和国公司法》规定，股东（大）会负责审议批准公司的年度财务预算方案、决算方案。甲公司为上市公司，年度预算方案应由董事会进行审议，提交股东大会审批后下达执行。

2. 甲公司所采用的预算编制方式：混合式预算。

主要特点：上下结合、分级编制、逐级汇总。

3. 预算编制流程主要包括以下环节：下达预算编制指导意见、上报预算草案、审查平衡、审议批准、下达执行。

4. 全面预算管理流程：全面预算管理是一个持续改进的过程，分为预算编制、预算执行和预算考核三个阶段。

【例2-8】 甲公司为一家智能制造业集团公司，2018～2021年的营业收入和利润总额情况如表2-4所示。

表2-4　　单位：亿元

期间（n）	年份	营业收入	利润总额
0	2018	91	6.0
1	2019	118	7.3
2	2020	137	8.9
3	2021	153	10.4

根据预测，2022年甲公司的营业收入预计较2021年增长15%，营业收入利润率预计较2021年下降0.1个百分点。

此外，根据甲公司自身发展和分红政策等需要，预计2022年甲公司需新增未分配利润4亿元，支付股利分配额3.2亿元。甲公司的盈余公积提取比例为净利润的20%，所得税税率为25%。

假定不考虑其他因素。

要求：

1. 根据上述资料，采用利润增长率法预测甲公司2022年的目标利润。
2. 根据上述资料，采用比例预算法预测甲公司2022年的目标利润。
3. 根据上述资料，采用上加法预测甲公司2022年的目标利润。
4. 指出预算目标确定应遵循的原则和应考虑的因素有哪些。

解析：

1. 利润总额增长率 = $\sqrt[3]{\frac{10.4}{6.0}} - 1 = 20\%$

预计 2022 年的目标利润 = 10.4 ×（1 + 20%）= 12.5（亿元）

2. 预计 2022 年营业收入 = 153 ×（1 + 15%）= 176（亿元）

预计 2022 年营业收入利润率 =（10.4 ÷ 153）× 100% − 0.1% = 6.7%

预计 2022 年利润总额 = 176 × 6.7% = 11.8（亿元）

3. 净利润 =（4 + 3.2）÷（1 − 20%）= 9（亿元）

预计 2022 年利润总额 = 9 ÷（1 − 25%）= 12（亿元）

4. 预算目标确定应遵循的原则：先进性原则、可行性原则、适应性原则、导向性原则、系统性原则。

预算目标确定应考虑的因素：出资人对预算目标的预期、以前年度实际经营情况、预算期内重大事项的影响、企业所处发展阶段的特点等。

【例 2－9】 甲公司是一家集团公司，A、B、C 公司分别为其全资子公司。相关预算编制资料如下：

（1）A 公司 2022 年营业收入预算目标如表 2－5 所示。

表 2－5　　2022 年营业收入预算目标　　单位：亿元

2022 年第一期预算 预算编制日期：2021 年 12 月 25 日		2022 年第二期预算 预算编制日期：2022 年 3 月 25 日	
季度	金额	季度	金额
2022 年第一季度	20	2022 年第二季度	16
2022 年第二季度	16	2022 年第三季度	15
2022 年第三季度	15	2022 年第四季度	22
2022 年第四季度	22	2023 年第一季度	21

（2）B 公司为一家 2021 年 12 月刚成立的公司，因没有以往会计期间所发生的费用项目和费用金额作为参考，所以一切从实际需要和可能出发，然后逐项审议预算期内各项费用的内容及开支标准是否合理，在综合平衡的基础上编制了 2022 年费用预算。

（3）C 公司为一家高端制造业企业，生产销售 X 产品。2022 年预计 X 产品销量为 1 000～1 200 件，销售单价预计为 100 万元/件，单位变动成本为 75 万元/件，固定成本为 10 000 万元。2022 年收入、利润预算目标如表 2－6 所示。

表 2－6

项目	情形 1	情形 2	情形 3	情形 4	情形 5
销售量（件）	1 000	1 050	1 100	1 150	1 200
营业收入（万元）	100 000	105 000	110 000	115 000	120 000

续表

项目	情形 1	情形 2	情形 3	情形 4	情形 5
变动成本（万元）	75 000	78 750	82 500	86 250	90 000
边际贡献（万元）	25 000	26 250	27 500	28 750	30 000
固定成本（万元）	10 000	10 000	10 000	10 000	10 000
利润（万元）	15 000	16 250	17 500	18 750	20 000

假定不考虑其他因素。

要求：

1. 根据资料（1），指出 A 公司采用的是哪种预算编制方法，并说明该种预算编制方法的优缺点。

2. 根据资料（2），指出 B 公司采用的是哪种预算编制方法，并说明该种预算编制方法的优缺点。

3. 根据资料（3），指出 C 公司采用的是哪种预算编制方法，并说明该种预算编制方法的优缺点。

解析：

1. A 公司采用的预算编制方法：滚动预算法。

滚动预算法的主要优点：通过持续滚动预算编制、逐期滚动管理，实现动态反映市场、建立跨期综合平衡，从而有效指导企业营运，强化预算的决策与控制职能。

滚动预算法的主要缺点：一是预算滚动的频率越高，对预算沟通的要求越高，预算编制的工作量越大；二是过高的滚动频率容易增加管理层的不稳定感，导致预算执行者无所适从。

2. B 公司采用的预算编制方法：零基预算法。

零基预算法的主要优点：一是以零为起点编制预算，不受历史期经济活动中不合理因素影响，能够灵活应对内外环境的变化，预算编制更贴近预算期企业经济活动需要；二是有助于增加预算编制透明度，有利于进行预算控制。

零基预算法的主要缺点：一是预算编制工作量较大、成本较高；二是预算编制的准确性受企业管理水平和相关数据标准准确性影响较大。

3. C 公司采用的预算编制方法：弹性预算法。

弹性预算法的主要优点：考虑了预算期可能的不同业务量水平，更贴近企业经营管理的实际情况。

弹性预算法的主要缺点：一是编制工作量大；二是市场及其变动趋势预测的准确性、预算项目与业务量之间依存关系的判断水平等会对弹性预算的合理性造成较大影响。

【例2-10】 甲公司是一家在上海证券交易所上市的集团公司，A公司为其全资子公司。2017年初，甲公司对A公司2016年的预算管理情况进行了专项检查，检查发现的主要问题如下：

（1）A公司在合并层面编制了年度预算，但其所属子公司及分支机构均未编制年度预算，且合并层面的主要预算目标是依据总经理的个人意见确定。A公司虽然成立了预算管理委员会，但其并未实际履职，预算管理委员会形同虚设。

（2）A公司在收到甲公司的预算批复后，并未将预算目标进行层层分解，也未定期对预算执行情况进行分析。

（3）A公司2016年的管理费用预算目标为3 000万元，实际发生数为3 800万元，超预算额度800万元。A公司2016年无预算列支对外捐赠100万元。

假定不考虑其他因素。

要求：

根据《企业内部控制基本规范》及其配套指引的要求，指出A公司预算管理中的主要风险，并提出整改措施。

解析：

1. A公司预算管理中的主要风险：

（1）不编制预算或预算不健全，可能导致企业经营缺乏约束或盲目经营。

（2）预算目标不合理、编制不科学，可能导致企业资源浪费或发展战略难以实现。

（3）预算缺乏刚性、执行不力、考核不严，可能导致预算管理流于形式。

2. 整改措施：

（1）建立和完善预算编制工作制度，明确编制依据、编制程序、编制方法等内容，确保预算编制依据合理、程序适当、方法科学，避免预算指标过高或过低。全面预算草案的编制工作应当在预算年度开始前完成。

（2）根据发展战略和年度生产经营计划，综合考虑预算期内经济政策、市场环境等因素，按照上下结合、分级编制、逐级汇总的程序，编制年度全面预算。

（3）企业预算管理委员会应当对预算管理工作机构在综合平衡基础上提交的预算方案进行研究论证，从企业发展全局角度提出建议，形成全面预算草案，并提交董事会。

（4）加强对预算执行的管理，明确预算指标分解方式、预算执行审批权限和要求、预算执行情况报告等，落实预算执行责任制，确保预算刚性，严格预算执行。

（5）全面预算一经批准下达，应当认真组织实施，将预算指标层层分解，从横向和纵向落实到内部各部门、各环节和各岗位，形成全方位的预算执行责任体系。应当将年度预算细分为季度、月度预算，通过实施分期预算控制，实现年度预算目标。

（6）加强与各预算执行单位的沟通，运用财务信息和其他相关资料监控预算执行情况，采用恰当方式及时向决策机构和各预算执行单位报告、反馈预算执行进度、执行差异及其对预算目标的影响，促进企业全面预算目标的实现。

（7）建立预算执行情况分析制度，定期召开预算执行分析会议，通报预算执行情况，研究、解决预算执行中存在的问题，提出改进措施。

【例2－11】甲公司是一家从事电子设备制造的国有控股上市公司，拥有A、B两家子公司。为提高管理水平和战略执行效果，甲公司管理层决定加强全面预算管理。有关资料如下：

（1）提高预算编制质量。2018年10月，甲公司向各子公司下发2019年度全面预算编制指导方案。

①2018年3月，为探索产业转型和多元化经营，甲公司并购了A公司。A公司是一家从事生命技术服务业务的企业，并购前A公司的业务与甲公司的电子设备制造业务彼此没有关联。鉴于A公司以前年度经济活动中存在较多的不合理费用开支项目，指导方案要求A公司以零为起点，从实际需要出发分析预算期内各项经济活动的合理性，经综合平衡后形成年度预算方案。

②因B公司的产品年度产销量存在较大不确定性，指导方案要求B公司采用弹性预算公式法编制年度预算。B公司编制X产品生产成本年度预算的相关资料为：年度固定成本为0.65亿元，弹性定额为每件0.25万元，弹性定额适用的产量为30万～35万件。

（2）加强预算过程管控。为强化预算责任、加强预算控制，甲公司决定从2019年开始对预算内、预算外和超预算审批事项均严格按同一审批流程进行控制。

假定不考虑其他因素。

要求：

1. 根据资料（1）中的第①项，指出甲公司要求A公司2019年采用哪种预算编制方法；判断采用该方法是否恰当，并说明理由。

2. 根据资料（1）中的第②项，如果预计X产品2019年度产量为32万件，计算确定X产品2019年度生产成本的预算目标；如果预计X产品2019年度产量为29万件，采用弹性预算法编制预算时应如何进行处理。

3. 根据资料（2），指出甲公司的做法是否恰当，并说明理由。

解析：

1. 预算编制方法：零基预算法。

采用该方法恰当。

理由：A公司以前年度经济活动存在较多的不合理性。

2. 2019年度生产成本预算目标 $=0.65+0.25\times 32=8.65$（亿元）

处理措施：修正、更新弹性定额，或者改为列表法编制预算。

3. 甲公司的做法不恰当。

理由：预算内审批事项，应简化流程，提高效率；预算外审批事项，应严格控制，防范风险；超预算审批事项，应执行额外审批流程。

【例2-12】甲公司是一家国务院国资委下属的中央企业，在国内拥有31家子公司，业务遍及全国。为强化内部控制，整合其他管理手段，公司从2010年起在全系统推行全面预算管理，制定了预算管理制度，有关规定如下：

（1）预算组织体系。公司总经理对公司的预算管理工作负责。各职能部门具体负责本部门业务涉及的业务预算的编制，子公司负责本单位预算的编制，在此基础上，财务部门汇总形成公司年度预算草案，提交总经理办公会讨论通过后，下达各部门及子公司执行。

（2）预算编制范围。涵盖财务预算、业务预算、资本预算、筹资预算，共同构成公司的全面预算。

（3）预算管理的基本任务。确定公司的经营方针和目标并组织实施；明确公司内部各个层次的管理责任和权限；对公司经营活动进行控制、监督和分析；保证公司预算的全面完成。

（4）预算调整流程。预算一经正式批复下达，一般不予调整。如果在执行中由于市场环境、经营条件、政策法规发生重大变化，致使预算的编制基础不成立，或者将导致预算执行结果产生重大偏差的，可以调整预算数据。公司接到各子公司的预算调整报告后，应进行审核分析，根据分析结果编制预算调整方案，提交公司总经理办公会审议批准后下达子公司执行。

假定不考虑其他因素。

要求：

1. 指出甲公司的预算组织体系是否合理，并简要说明原因。
2. 判断甲公司的预算结构是否完善，并简要说明原因。
3. 甲公司的预算管理的基本任务中“保证公司预算的全面完成”是否合理？
4. 判断甲公司预算调整审批流程是否存在缺陷，并简要说明理由。

解析：

1. 甲公司预算组织体系不合理。

理由：预算组织体系应由预算决策机构、工作机构、执行机构三部分组成。一般预算决策机构是预算管理委员会，其成员包括公司的总经理和其他高管；而该公司由总经理办公会代替，总经理负责。预算组织机构是预算管理办公室，应由主管财务的副总兼任；而该公司的预算组织由财务部门负责。预算应由董事会进行审议，提交股东会审批后下达执行。

2. 甲公司预算结构比较完善。

理由：全面预算管理的内容主要包括经营预算、专门决策预算和财务预算。经营预算，是指与企业日常业务直接相关的一系列预算，包括销售预算、生产预算、采购预算、费用预算、人力资源预算等；专门决策预算，是指企业重大的或不经常发生的、需要根据特定决策编制的预算，包括投融资决策预算等；财务预算，是指与企业资金收支、财务状况或经营成果等有关的预算，包括资金预算、预计资产负债表、预计利润表等。该公司的全面预算涵盖了业务预算、资本预算、融资预算和财务预算。

3. 甲公司预算管理的基本任务中“保证公司预算的全面完成”不合理。

理由：预算管理制度不能够“保证公司预算的全面完成”，只能通过预算管理最大限度地实现预算目标。

4. 存在缺陷。

理由：公司预算调整流程是由预算执行单位向预算管理办公室提出预算申请，而该公司是由预算执行单位直接向总经理办公会（预算管理委员会）审议批准，财务部门（预算管理办公室）没有发挥应有的作用。

【例2－13】甲公司是一家智能家用设备制造企业，自2015年起实施全面预算管理，并以此为平台逐步嵌入关键绩效指标法、经济增加值法等绩效管理工具，形成了完整的预算绩效管控体系。2017年10月，甲公司召开预算管理专题会议，研究分析2017年前三季度预算执行情况并安排部署2018年度预算编制工作。有关资料如下：

（1）研究分析2017年前三季度预算执行情况。会议认为，2017年前三季度公司净利润、经济增加值指标的预算执行进度未完成阶段性预算目标（75%），但管理费用指标已接近年度预算目标。会议要求，第四季度要打好“提质增效”攻坚战，对于净利润、经济增加值指标，要确保总量完成年度预算目标；对于管理费用，要对业务招待费、会议费、差旅费等项目分别加以控制。

2017年前三季度预算执行分析报告摘录如下：①实现营业收入51.6亿元，为年度预算目标的75.9%。②实现净利润5.2亿元，为年度预算目标的61.2%。③实现经济增加值2.5亿元，为年度预算目标的58.5%。④发生管理费用4.8亿元，为年度预算的95.8%，其中研究开发费1.5亿元。⑤发生财务费用0.52亿元，其中利息支出0.5亿元。另据相关资料显示：甲公司考核经济增加值指标时，研究开发费、利息支出均作为会计调整项目，企业所得税税率为25%，前三季度加权平均资本成本为6%。

（2）安排部署2018年度预算编制工作。会议要求：①预算编制方法的选择要适应公司所面临的内外部环境。公司所处行业的运营环境瞬息万变，应高度重视自主创新，各项决策要强调价值创造与长远视角，预算要动态反映市场变化，有效指导公司营运。②预算目标值要保持先进性与可行性。预计公司2017年实现营业收入68亿元、营业收入净利率为10.5%。基于内外部环境的综合判断，2018年预算的营业收入增长率初步定为25%、营业收入净利率为10.8%。③为确保预算目标的实现及预算的严肃性，2018年主要预算项目的目标值在执行过程中不得进行任何调整。

假定不考虑其他因素。

要求：

1. 根据资料（1），指出甲公司预算管理专题会议要求中体现了哪些预算控制方式。

2. 根据资料（1），结合经济增加值法，计算甲公司2017年前三季度的税后净营业利润，以及2017年前三季度的平均资本占用。

3. 根据资料（2）中的第①项，指出最能体现甲公司内外部环境及相关要求的预算编制方法，并说明理由。

4. 根据资料（2）中的第②项，采用比例预算法确定甲公司2018年净利润的初步预算目标值。

5. 根据资料（2）中的第③项，指出是否存在不当之处，并说明理由。

解析：

1. 预算控制方式：总额控制和单项控制。

2. 税后净营业利润 = 5.2 + (1.5 + 0.5) × (1 − 25%) = 6.7（亿元）

平均资本占用 = (6.7 − 2.5) ÷ 6% = 70（亿元）

3. 滚动预算法。

理由：滚动预算法主要适用于运营环境变化比较大、最高管理者希望从更长远视角来进行决策的企业，能够动态反映市场变化，有效指导企业营运。

4. 2018年净利润初步预算目标值 = 68 × (1 + 25%) × 10.8% = 9.18（亿元）

5. 存在不当之处。

理由：当内外战略环境发生重大变化或突发重大事件等，导致预算编制的基本假设发生重大变化时，可进行预算调整。

第三章　企业风险管理与内部控制

【例3－1】A公司是一家主业为节能减排、环境保护的企业。主要业务包括：风电场运营、风电设备制造、城市供水、污水处理、垃圾焚烧发电、生物质发电、煤矸石发电、节能减排咨询、节能减排设备制造、保温墙体材料等。2022年初，该公司制定了发展战略目标，力争2026年发展成为国内节能环保领域最具影响力的投资控股公司，战略目标和战略实现路径如表3－1和图3－1所示。

表3－1

A公司战略目标和战略实现路径	
资产规模	2024年达到437.84亿元，2026年达到831.14亿元
收入规模	2024年达到188.41亿元，2026年达到275.52亿元
利润总额	2024年达到28.45亿元，2026年达到56.85亿元

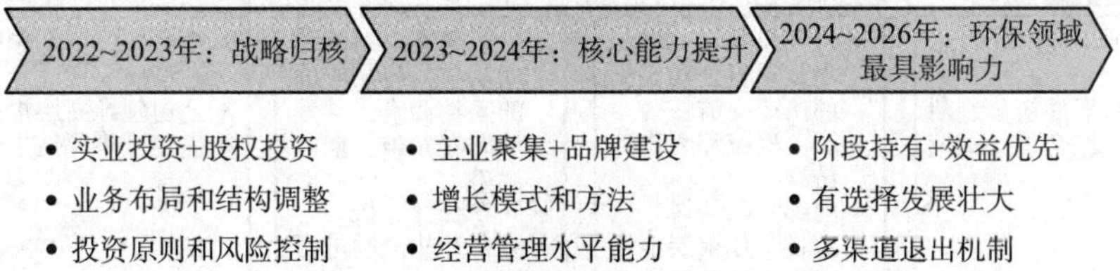

图3－1

A公司战略目标能否实现取决于战略路径的选择，同时受到内外部不确定性的影响。鉴于此，A公司结合其战略目标，开展了全面风险评估。

（1）风险评估。

①评估范围与方法。参与风险评估的各管理层级人员覆盖公司总部6个职能部门，下属8个二级公司以及6个项目公司的主要领导干部和员工。实施访谈53人次，发放问卷70份。

②风险分析框架。风险评估过程中，采取了如图 3－2 所示的风险分析框架，力求全面辨识 A 公司实现战略目标过程中可能面临的风险因素。

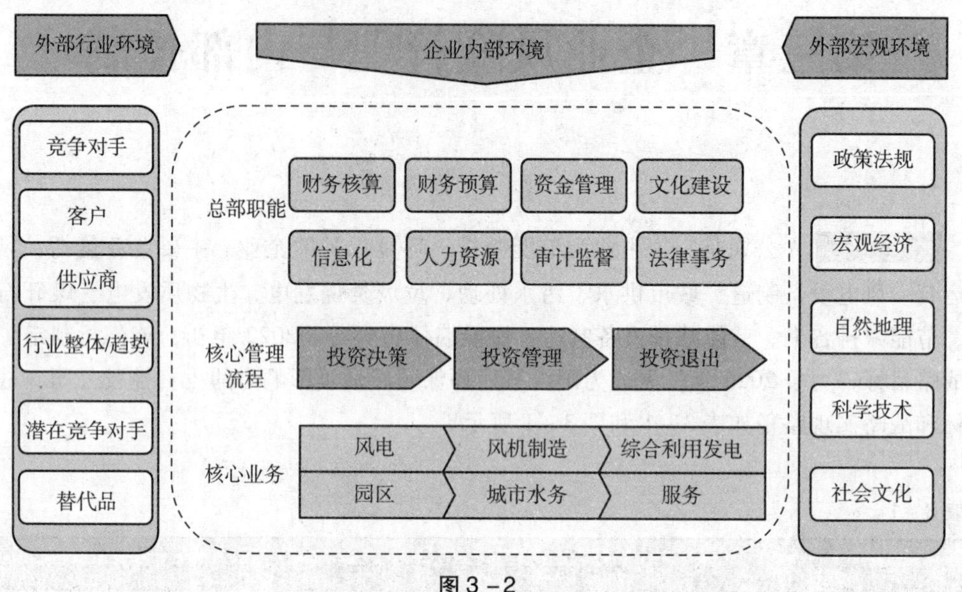

图 3－2

③评估过程。风险评估过程如图 3－3 所示。

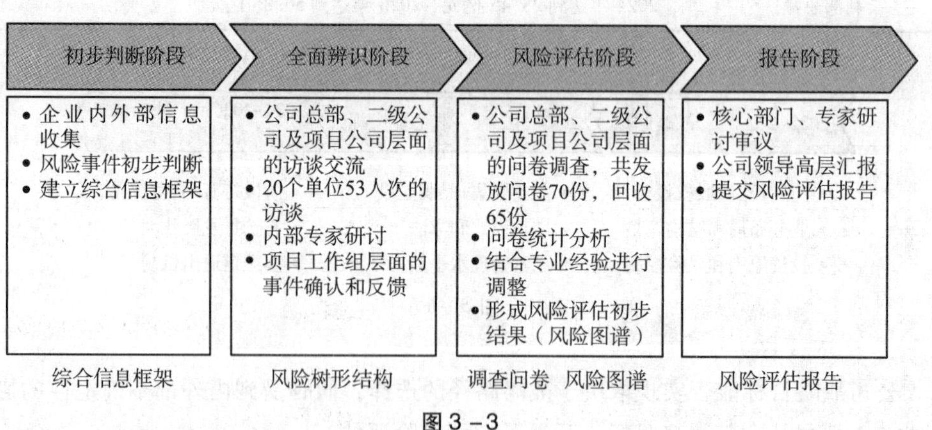

图 3－3

④评估结果。在战略规划执行过程中，A 公司面临的主要风险是融资和资本运作、投资决策、法律事务管理、子公司管理、人力资源、行业和市场竞争以及现金流中断。高等级的风险清单及排序如图 3－4 和表 3－2 所示。

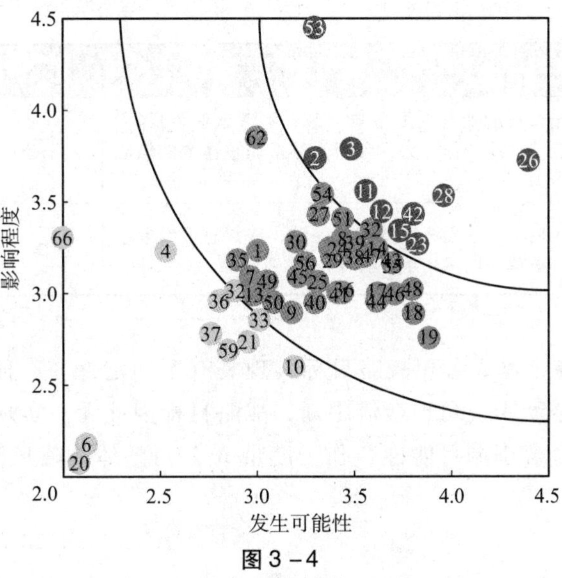

图 3-4

表 3-2

风险等级	序号	风险事件	风险因素	风险分类
高	2	公司内部财务状况不佳，外部资金供给紧张，融资环境恶化	现金流	财务层面
高	3	过快、过大地扩张规模，无视资金风险、项目投资回报周期以及发展过程中越来越高的市场风险，资金链紧张	现金流	财务层面
高	11	可行性研究流于形式	投资决策失误	战略层面
高	12	缺乏有效的风险评估	投资决策失误	战略层面
高	15	竞争对手在资金、技术等方面实力雄厚，通过非盈利性的扩张，抢夺资源、项目和市场	行业和市场竞争	市场层面
高	26	自有资金积累无法满足项目开发和规模扩张对资本金的需求	融资和资本运作	财务层面
高	28	国家项目投资和建设融资政策发生变化，提高融资难度和成本	融资和资本运作	财务层面
高	23	缺乏熟悉行业产业发展趋势，掌握商业运作模式的经营管理人才	人力资源	运营层面

续表

风险等级	序号	风险事件	风险因素	风险分类
高	42	各子公司的业务发展各自为政，不考虑整体目标，缺乏协作或协作不力，公司无法形成整体上的核心竞争力	子公司管理	运营层面
高	53	公司内部各层面法律认识不一致，法律意识参差不齐，法律手段多用于事后补救	法律事务管理	法律层面

上述多种风险将导致A公司战略目标实现具有不确定性。一种极端的情况是，各种风险的影响可能导致A公司现金流中断，战略目标因此无法实现。以“战略目标实现可能性”和“现金流中断可能性”作为度量A公司整体战略风险大小的两个指标，如图3－5所示。

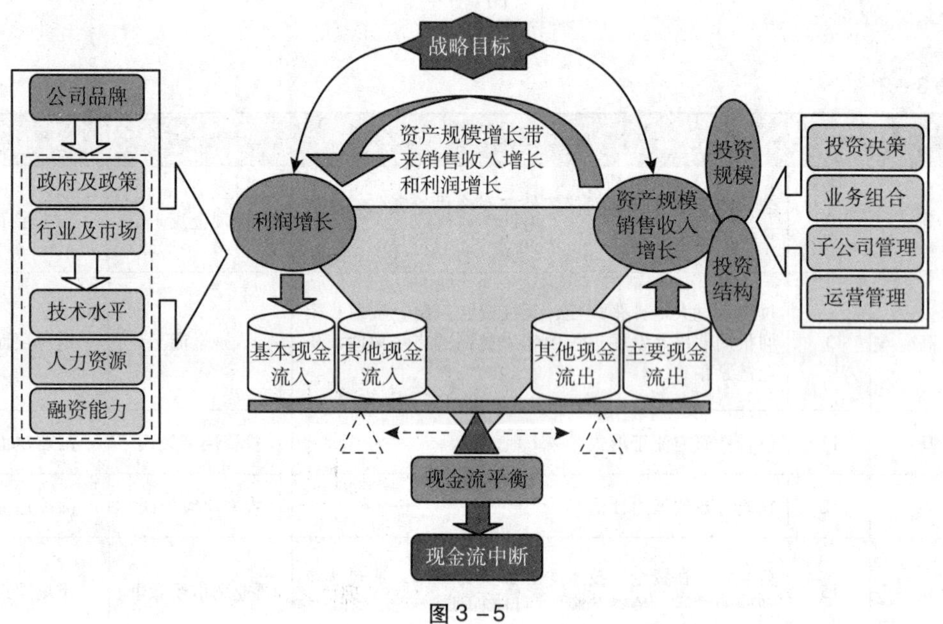

图3－5

（2）分析整体战略风险大小的计算方法及路径。

确定主要风险因素和关键假设条件，以战略目标确定的收入目标为初始条件，综合考虑各种风险因素对有关财务指标的影响，确定风险因素的波动特征和概率分布，结合公司过去3年财务报表反映的财务指标间比率关系，对关键财务指标进行预测和估算，计算出风险调整后的利润规模及其概率分布情况，以及用利息保障倍数概率分布来表示的现金流中断可能性等主要结论，作为公司整体战略风险的量化表达，如图3－6所示。

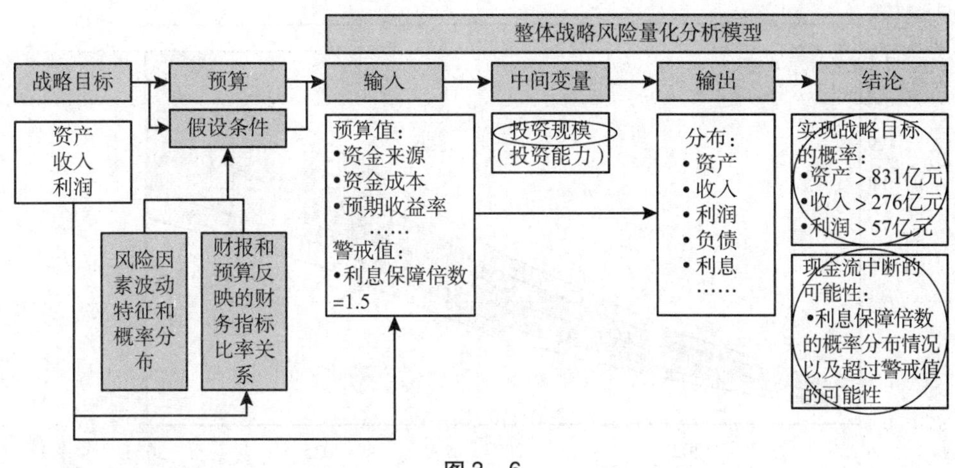

图 3－6

（3）分析结果。

在既定的假设条件下，考虑公司核心业务板块涉及的关键风险因子，经过建模量化分析，结果如图 3－7 所示。

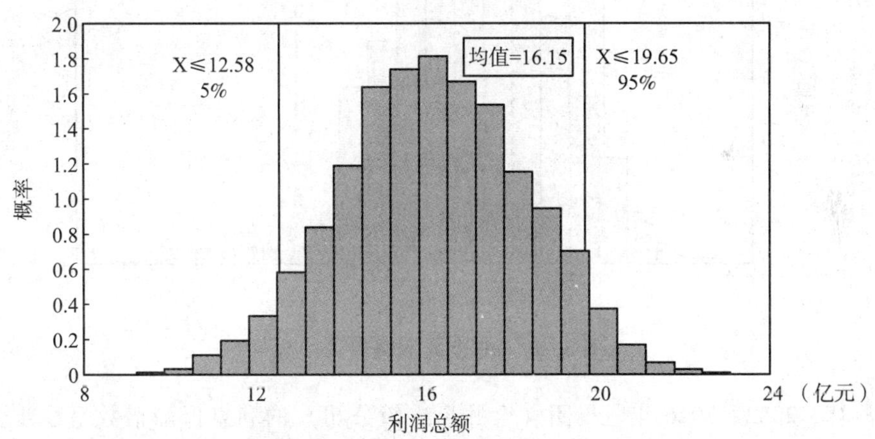

图 3－7　公司测算的 2026 年利润总额实现概率进行模拟的结果

2026 年公司利润总额均值为 16. 15 亿元，有 90% 的概率在 12. 58 亿 ~ 19. 65 亿元波动。

在各种条件比较理想的情况下，公司 2026 年可实现的最大利润总额为 19. 65 亿元，低于战略规划 56. 85 亿元的利润总额目标 37. 2 亿元，由此可见，综合考虑战略规划执行过程中的风险因素，公司利润目标实现难度较大。

从现金流中断可能性角度分析，根据评级机构惯例，选取利息保障倍数作为现金流风险的度量指标，根据该指标测算结果，反映战略风险的整体水平，如图 3－8、图 3－9 所示。

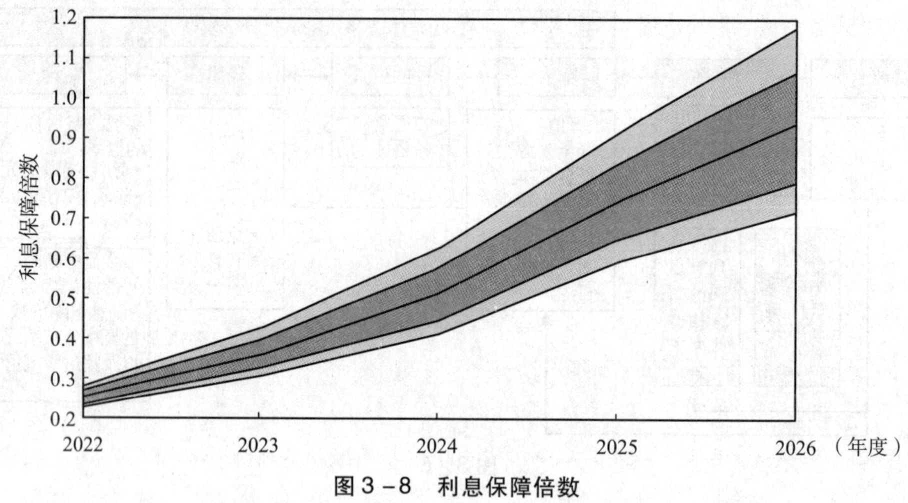

图 3－8　利息保障倍数

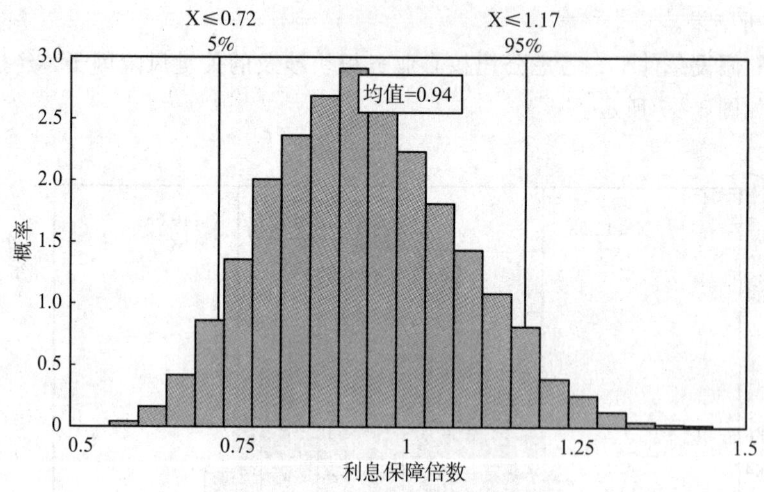

图 3－9　2026 年利息保障倍数

经测算，2022～2026 年，集团（合并至二级公司）的利息保障倍数呈稳步上升趋势，其平均值从 0.25 上升至 0.94，但始终低于 1。2022～2026 年的利息保障倍数低于 1 的概率分别为：100%、100%、100%、99.26%、69.54%。2026 年利息保障倍数平均为 0.91；最大为 1.4，最小为 0.6。

要求：

1. 结合案例，简述风险评估的程序、常见方法及关注点。

2. 根据 A 公司风险模拟分析，可以得出什么结论？

解析：

1. 风险评估一般经过目标设定、风险识别、风险分析、风险应对。其常见方法有调查问卷、定量和定性方法，其中，定性技术包括列举风险清单、风险评级和风险矩阵等方法；定量技术包括概率技术和非概率技术等方法。

风险评估时重点关注影响战略目标实现的风险事件及其对战略目标的影响：通过发生可能性和影响程度两个维度对风险事件进行分析，确定影响企业战略目标的重大风险。本例中选取利润和利息保障倍数作为评估对象。

2. 通过A公司现金流风险模拟分析，可以得到以下结论：

一是利息保障倍数始终低于1，意味着日常经营不能产生足够的现金流用于偿还利息，公司需要另行筹资用于偿还利息。如果用借新债还旧债的方式解决资金缺口，则会进一步恶化资金链状况（包括新增贷款加重利息负担、负债率上升会降低外部信用评级、银根紧缩导致贷不到款，进而引发资金链断裂）。二是资金链断裂的风险很大，2022～2026年的利息保障倍数低于1的概率分别为：100%、100%、100%、99.26%、69.54%。2026年利息保障倍数平均为0.91；如果各方面因素都比较有利，利息保障倍数最大为1.4；如果各方面因素都比较不利，利息保障倍数为0.6。出现财务困难的可能性比较大。

通过A公司2026年利润总额的模拟分析，可以得到以下结论：

公司在2026年利润总额的90%置信区间为［12.58亿～19.65亿元］，远低于设定的预定战略目标56.85亿元。这说明基于原定的战略规划和发展路径无法实现战略目标，公司需要下调战略目标，或者修改战略规划和路径以提高实现战略目标的可能性。

【例3－2】 B公司是一家大型能源化工企业，其下属的甲公司以油气勘探开发业务为主。油气勘探开发是高风险领域，为降低投资风险，提高油气勘探开发成功率，该公司加强风险管理，制定了油气产能项目可研报告编制规定等规章制度，要求自项目立项和编制可行性研究报告开始，应当开展风险识别，可研报告中风险分析融入各章节，针对财务指标进行不确定性分析，方法主要是盈利能力分析、单因素敏感性分析、基准平衡分析等，如表3－3～表3－5及图3－10所示。

表3－3

序号	财务评价指标	测算结果	
		189元/吨	
		税前	税后
1	内部收益率（%）	23.37	15.42
2	净现值（ic＝15%）（万元）	401	172
3	静态投资回收期（年）	3.47	4.29

表 3－4

序号	主要变化因素	评价值	变化率（%）	基准平衡点
1	油价	189	－23	144
2	评价期累计产量	27.4	－24	20.84
3	新增建设投资	1 478	35	1 996
4	评价期总经营成本	1 469	41	2 078

表 3－5　　风险评估汇总

风险类别	主要风险因素	风险评估结论
资源风险	构造落实程度有限； 对储层孔隙度等物性的预测准确度存在不确定性； ……	很大 □　较大 □　一般 □　较小 □　很小 □
技术风险	……	很大 □　较大 □　一般 □　较小 □　很小 □
市场风险	……	很大 □　较大 □　一般 □　较小 □　很小 □
政策风险	……	很大 □　较大 □　一般 □　较小 □　很小 □
经济风险	……	很大 □　较大 □　一般 □　较小 □　很小 □
HSE 风险	……	很大 □　较大 □　一般 □　较小 □　很小 □
资金风险	……	很大 □　较大 □　一般 □　较小 □　很小 □
法律风险	……	很大 □　较大 □　一般 □　较小 □　很小 □
自然灾害风险	……	很大 □　较大 □　一般 □　较小 □　很小 □
其他风险	……	很大 □　较大 □　一般 □　较小 □　很小 □

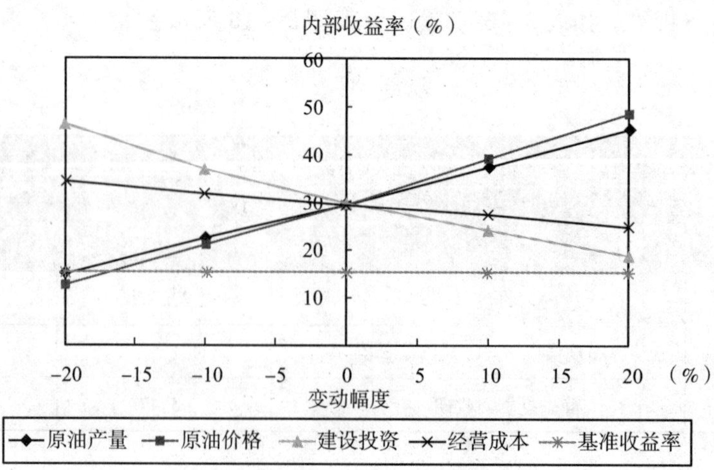

图 3－10

同时，严格履行投资审批决策程序，强化内部控制。根据项目可研报告编制规定——项目决策标准是以内部收益率是否达到要求为准，例如，内部收益率 >18%、静态回收期 <5 年等。

油气产能项目可行性研究报告编制规定目录及结构如下：

（1）总论，包括项目编制依据与原则、项目背景、研究范围、项目地理位置和经济环境、项目建设的意义、研究成果等内容。

（2）市场分析与预测，包括市场现状分析、市场预测、市场开发与策略等内容。

（3）油气藏工程，包括油气田概况、勘探开发历程、构造特征、储层特征、流体性质、油气藏类型及储量评价、油气藏工程设计、油气藏工程方案比选、开发方案实施要求等内容。

（4）钻井工程，包括钻井工程编制的原则和依据、钻井过程中储层保护要求、钻井工程设计、钻井工程方案比选、钻井工程投资等内容。

（5）采油气工程，包括完井工程设计、采油（气）方式、注入工艺、配套工艺、动态监测及储层保护、采油（气）工程方案比选、采油（气）工程投资估算等内容。

（6）油气田地面工程，包括建设规模和总体布局、油气集输工程、注入工程、采出水处理工程、其他配套工程、生产维修及生产管理设施、总图运输及建筑结构、地面工程投资估算等内容。

（7）节能降耗，包括用能用水现状、综合能耗分析、节能措施评价等内容。

（8）安全卫生与健康，包括危害因素和危害程度分析、危害防护设计依据及应对措施、安全卫生与健康投资估算等内容。

（9）环境保护，包括概述、污染防治、环境风险控制、环境影响评价结论、污染物总量控制、清洁生产和综合利用、环境管理、环保投资估算、存在问题和建议等内容。

（10）项目组织及进度安排，包括项目组织管理、项目实施进度安排等内容。

（11）经济评价，包括项目概况、投资估算及资金筹措、成本费用测算、销售收入税收及附加预算、财务盈利能力分析、经济方案比选等内容。

要求：

1. 指出该类型投资项目在风险管理上存在的问题。
2. 提出优化提升投资项目决策阶段风险管理的建议。

解析：

1. 主要存在的问题如下：

从风险管理的角度看，这个决策标准不完整，没有完整体现出企业对投资项目风险的偏好，也就是对于项目的内部收益率等指标实现的可能性没有具体要求，而对指标实现可能性大小的要求是体现企业决策层投资风险偏好的重要信息。没有这个信息，就看不出企业是愿意积极承担风险还是极力规避风险。例如，企业规定所有投资项目内部收益率指标值，实现可能性必须达到 90%，可以认为是极力规避投资风险，而如果说实现可能性达到 50% 即可，可以认为是愿意积极承担风险。

这种先经济评价，再风险评估的做法，导致技术、经济评价不是在充分考虑投资风险的影响下做出的，而是基于某一种对未来的假设，其评价结果尚无法体现未来的多种情景，更无法提供风险导向的决策依据，容易出现冒险投资。

常规的分析技术方法，如盈利能力分析、单因素敏感性分析、基准平衡分析等，都是静态的、单点分析，无法完整满足风险动态变化的要求，其分析结果可能与事实不符。例如单因素敏感性分析，就是假设其他条件不变，分析某一个因素变化对项目收益的影响，而在现实中，这种假设几乎不会存在，因为几乎影响项目收益的因素在未来都会发生变化。限于这些局限性，无法提供完整的风险导向的决策依据。

2. 可以通过以下方面，优化改善现有的投资项目风险管理：

（1）单个项目的投资决策标准应体现企业的风险偏好。具体来说，在指标数值后，根据内外部环境的变化，加入评价指标实现的可能性，体现决策层对投资项目的风险偏好。

（2）优化决策依据。一是将原来最末端的风险评估工作调整到可行性研究报告的各环节分别进行，在经济评价前进行汇总归纳。二是开展风险识别与评估，汇总建立投资项目风险清单。三是将风险清单中的影响项目收益的关键参数与经济评价指标相结合，实现风险导向的经济评价。

（3）分析技术方法方面。引入蒙特卡洛模拟、多因素敏感性分析、情景分析等方法，弥补现有方法的不足。建立公司风险数据库，注意收集相关风险数据以及公司内部相关项目财务和生产数据，利用统计方法合理拟订风险变量的概率分布参数，并在此基础上综合运用各种预测方法，预测估计项目环境走势，评估项目各项经济指标实现的可能性。

（4）落实投资管理业务各环节的责任主体。项目审核部门：明确风险偏好，使用风险导向的投资决策标准审核项目。项目实施主体：一是使用风险导向的思路和方法编制投资可行性研究报告，充分揭示与分析项目面临的各类风险；二是使用定量风险评估方法，充分揭示各类风险影响下的投资项目收益未来的各种可能性和极端情景；三是引入风险管理专家参与投资项目可行性研究。

【例3-3】 2020年7月，中国C公司和欧洲M国当地两家工程公司组成的承包商联合体竞得乙项目设计—采购—施工（EPC）总承包工程，合同总价约为35亿欧元，项目总工期18个月。

M国是一个政治环境敏感、经济形势复杂的国家，而且中国C公司首次以联合体模式总承包，利益相关方多，沟通程序复杂，不确定性因素较多，不论是联合体还是作为在海外执行项目的××公司，都对风险管理寄予了较高期望，希望风险管理能发挥积极作用，为项目进度、费用等目标的实现提供保障并增加价值。

2020年9月，乙项目EPC总承包合同正式生效，乙项目EPC总承包合同第四章“服务范围”约定，承包商应建立风险管理程序并在项目执行阶段自始至终降低风险对项目目标的负面影响；合同附件11“协调程序”要求承包商提交风险分析报告。在合同履行过程中，业主设置了风险经理岗位，经过专业培训，对口管理联合体风险经理，要求联合体风险经理按月提交进度风险分析报告，报告项目面临的主要风险以及风险的属性、对项目进度目标的影响、采取的应对措施以及措施的执行情况，并按月与业主项目主任、风险经理、项目管理委员会项目经理、项目管理委员会控制经理召开风险协调会，以便对接有关风险事宜，及时采取应对措施，促成项目按期完工。

（1）项目风险管理组织。

根据项目管理组织结构，划分为七个风险中心进行管理，分别为三个设计执行中心（Operating Engineering Center，OEC）、采购、施工、商务以及项目管理高层（Project Directorate，PD），所有风险信息由这七个风险中心提交，重大风险经过风险管理部分析后提交项目风险管理委员会（Risk Management Committee，RMC）决策。项目风险管理委员会由项目管理高层、三个设计执行中心的项目经理、采购主任、施工主任、控制经理和风险经理组成，对重大风险的应对进行决策，并协调各风险中心之间的矛盾和冲突。

风险管理组织分为三个层级：决策层、分析/报告层和执行层。自下向上是风险信息流，自上向下是风险决策流，风险管理部门作为决策层和执行层之间的风险信息沟通渠道，产生贯通项目全过程的风险分析报告。

决策层由项目管理高层和项目风险管理委员会组成，主要职责是处理风险冲突和决定项目级的风险应对措施。

分析/报告层由风险经理、风险工程师组成，主要职责是创建风险管理工作文件（风险管理计划、程序和作业指导书）、收集风险信息、分析和报告以及风险监控。

执行层由各风险中心的风险提交人、风险责任人、风险协调员、部门经理组成，主要职责是风险识别、风险评估、风险应对措施的制定和实施。

（2）项目风险分类与风险评估标准。

按照项目阶段以及受影响的项目区域，对项目风险进行分类，以明确受不确定性影响最大的项目区域。

根据风险分类，对新识别风险进行归类，并判断风险类型是纯粹风险还是机会风险。同时，审查清单中所有风险状态，判断风险处于开启状态还是关闭状态，如果风险关闭，将不再进入下一步定量分析的范畴，如果属于机会风险，对项目目标的影响则是积极的、正面的，应该采取措施加大其发生概率、提高其影响。

风险评估标准。乙项目风险管理使用的概率和影响评估标准如表3-6~表3-8所示。

表3-6 可能性

描述	发生可能性
很高	>70%
高	50%~70%
中	30%~50%
低	10%~30%
很低	<10%

表3-7 影响（纯粹风险）

描述	进度影响（天）	费用影响（欧元）
很高	>45	>1 000 000
高	>30	>600 000
中	>20	>300 000
低	>10	>100 000
很低	<10	<100 000

表3-8 影响（机会风险）

描述	进度影响（天）	费用影响（欧元）
很高	>60	>1 500 000
高	>45	>1 000 000
中	>30	>500 000
低	>15	>200 000
很低	<15	<200 000

乙项目决策层根据概率与影响结果组合后确定风险等级：高风险、中风险、低风险。

（3）日常风险管理工作。

乙项目的日常风险管理活动由风险识别评估、风险应对、风险审计、风险再评估以及风险管理提升五个部分组成。

①风险识别评估。主要参与者为风险提交人、风险协调员以及风险中心经理。首先风险提交人将识别的风险进行定性评估，并准备初步的应对措施，风险协调员负责根据风险分解结构将风险归类、编号并提交风险中心经理审核。风险中心经理对需要应对的风险作出判断，并组织风险提交人、风险协调员、控制经理等相关人员讨论，对风险进行定量评估。

乙项目执行阶段的进度风险量化分析和管理，首先通过定期风险再评估，初筛中、高风险，并持续评估其对项目进度目标的影响；其次通过定量分析，精确筛选影响项目进度目标的关键风险和关键活动，以便集中项目资源进行重点整理和监控。

②风险应对。主要参与者为风险协调员、风险中心经理、风险工程师、风险经理。首先由风险中心经理组织风险提交人、风险协调员、控制经理、风险工程师和风险经理等相关人员讨论制定风险应对措施，并对应对措施实施后的风险发生可能性和影响进行定性、定量评估。风险工程师将评估结果输入相应风险分析软件，进行模拟分析，生成分析报告，提交风险经理。风险经理审核报告，并将修改后的报告提交给项目主任（需要时提交风险管理委员会）。根据分析报告，项目主任作出执行应对措施的决策，风险责任人执行风险应对措施。

③风险审计。风险审计跟踪监控风险应对措施的实施，并对应对措施的执行情况进行评估。主要参与人是风险工程师、风险经理和风险中心经理。

④风险再评估。首先由风险管理部门发起，每三个月将需要再评估的风险发给风险提交人，由他们根据风险的最新状态更新清单，并提交风险中心经理批准。风险再评估包括跟踪已识别风险、监测剩余风险和识别新风险。

第3年，乙项目进入施工高峰期，开始每月对进度风险进行再评估，主要针对设计收尾、采购、施工和商务问题。在全项目风险再评估基础上，对每个单元的中、高进度风险进行量化分析。

⑤风险管理提升。根据项目的执行情况，以及风险管理执行中暴露的问题，对风险管理计划、程序等进行修改、完善，以适应项目管理的要求和新的形势。主要参与人为风险工程师、风险经理、风险中心经理以及项目主任。

（4）风险沟通与报告。

风险管理团队每月与项目组就再评估、应对策划、应对监控进行沟通，分析报告经风险经理、项目经理双校，主管风险管理高层审核后提交业主。第3年开始每月与业主召开风险协调会，业主项目主任、业主风险经理、项目管理委员会项目主管、项目管理委员会进度经理、联合体主管风险的管理高层、设计执行中心项目经理、采购有关负责人、施工有关负责人、进度计划经理以及风险管理团队参会讨论该月完成的风险报告、应对监控情况以及上期会议记录执行情况。联合体风险经理重点汇报各单元定量分析进度延期情况、风险评估情况、定量分析筛选出的主要风险因素和主要活动、应对策划、对前期识别风险的应对监控情况。通过沟通，联合体、业主达成对工期延误风险、应对计划以及应对执行情况的共识，按照应对责任采取行动。

按照项目组织机构，项目风险报告分四个层次：一是由风险工程师出具的供风险管理委员会进行应对决策的报告，由于其目的主要是为决策提供支持，内容主要包括风险冲突和风险应对情形分析，根据定性、定量分析结果，风险管理委员会决定最终采取的应对措施。二是风险中心报告，此报告在风险管理委员会决策之后，由负责各个风险中心的风险工程师出具，内容主要包括本风险中心本期风险状态、风险登记、风险应对情况。三是由风险经理提交的供项目高层参考的风险分析报告，内容主要包括整个项目的风险状态、费用风险量化分析、进度风险量化分析、与业主有关风险以及风险应对实施情况。四是按照进度月报要求向业主提交的风险管理报告，主要报告须由业主采取应对措施的持续风险和本期新识别风险，并可按照业主要求出具与业主有关风险的进度分析。

要求：

1. 简述建立项目风险管理组织的必要性。

2. 如果你是该项目的风险管理员，如何开展定性与定量分析，定量分析以蒙特卡洛模拟分析举例说明。

解析：

1. 建立项目风险管理组织的必要性如下：

一是便于统筹协调项目风险管理工作。由于国际工程项目存在的风险涉及的范围广、来源多，风险一旦发生，将会给项目带来无法估量的损失。

二是便于落实风险管理责任，配备专业风险管理人员。

建立良好的项目风险管理组织可以带来以下益处：

一是落实风险管理责任，做到有人管理风险。

二是可以有效配置管理风险的资源，节约项目成本，人力资源可以得到充分利用，有利于不同项目间的经验借鉴。不同的项目可能会遇到相似的风险问题，经验借鉴可以有效提高风险管理质量和效率，同时有利于风险管理人员综合能力的提升。

三是有利于建立良好的风险信息沟通和协调机制、良好的项目风险管理程序和机制、顺畅的沟通报告机制。

2. 开展定性与定量分析。

一是定性分析。定性分析是评估并综合分析风险发生的概率和影响，对风险进行优先排序，从而为后续定量分析或应对规划、风险监控提供基础的过程。

对已识别的每条风险都要进行概率和影响评估，判定该风险处于概率—影响矩阵的哪个区域，并且随着项目进展、外部环境变化定期更新。一般通过与经验丰富的项目主任、项目经理，熟悉相应分类的设计经理、采购经理、施工经理、商务经理、控制经理等召开会议的方式进行评估。定性分析为重或高程度的风险，继续下一步定量评估和模拟分析。

二是定量分析。定性分析过程已经对风险影响的项目前两个层级进行了界定，并且评估了风险发生的概率和项目进度目标的影响区间。由于进度风险定量分析基于进度网络图和持续时间估算进行模拟，因此，需要把风险事件的影响影射到相应具有前后顺序逻辑关系的活动/任务层级，也即首先要识别被该风险影响的所有活动/任务，其次，根据活动/任务之间的关系及风险特性，分配并调整具体影响的概率分布和参数。通过风险分析软件提供的功能，实现定量评估的赋值与调整。

采用蒙特卡洛模拟技术进行定量风险分析，将各项不确定性和风险换算为对整个项目费用、进度目标产生的潜在影响。模拟时，根据每项变量的概率分布函数（如最小值、最可能值、最大值的三角/点连续分布），任意选取随机数，经过多次叠加，计算费用/工期目标的实现概率，以及既定置信度下的项目费用/工期。

【例3-4】D公司是从事石油进口业务的企业，随着原油进口量的不断增加，国际油价剧烈波动对D公司采购成本的影响巨大，为摆脱这种困境，D公司积极参与国际石油期货市场，开展套期保值操作，在金融衍生品市场买进或卖出与现货市场品种、数量相同，但方向相反的期货合约，以达到在未来某一时间通过卖出或买进的期货合约来补偿因现货市场价格变动带来的实际价格风险。

D公司的金融衍生品业务存在市场风险、信用风险、操作风险、合规风险等固有风险。

（1）制度建设与职责管理。

①制定规章制度。确定套期保值的基本原则，明确职责分工，规范各部门、各专业岗位的操作流程，建立符合风险评价和管理要求的报告制度。

②明确交易性质、禁止投机交易。明确禁止衍生品投机交易，并通过在交易前指定匹配实货的技术手段，保证了金融衍生品交易的套期保值性质。同时规定，套期保值要选择简单的品种进行；对于交易性质不容易界定的复杂品种，其交易方案须经专业评估并经批准后才能进行。

③对套期保值效果进行双边考核（实货+纸货）。如果套期保值设计是完美的，建立保值头寸以后，不管市场价格如何变动，实货和纸货总会是一边亏损，另一边盈利的。假如监管者仅看亏损的一面，就可能被误导。

④采取明确职责、分级授权的管理方式。通过对各业务部门、主管业务部门及风险控制部门的职责划分，明确各部门的风险管理义务。同时，通过有限授权的方式，对套期保值业务，按保值主体对其风险敞口进行授权，对超权限的交易，各保值主体立即采取平仓处理的方式，将风险敞口控制在授权限额内。通过有限授权的方式，控制了该项业务的最大损失。

⑤探索金融衍生品风险定量评估模型。通过风险量化评估，不仅有助于确定各项业务的风险收益，还可能影响绩效考核和资本分配。随着D公司贸易额不断增加，自营业务迅速发展，通过风险量化评估来管理和控制金融衍生品风险，对公司做大做强和持续健康发展更加重要。

在风险分析方面，建立了一个包含主要业务如原油（成品油）实货业务、期（纸）货业务和期权业务的风险评估报告体系，每日收集各业务部门的交易数据和市场价格数据，利用市场风险分析系统，计算各业务部门、各品种的风险敞口、盈亏情况、风险价值（汇总VaR、明细VaR），同时分别按合同类型、贸易方式、业务类型和交易对手，分类评估风险敞口和盈亏；分析和解释投资组合的变化；每日向公司领导提交风险报告。

⑥落实监督检查制度。审计部门对金融衍生品业务负有监督、检查责任，定期（至少每年1次）对各部门开展金融衍生品业务套期保值的规范性、内控机制的有效性、信息披露的真实性等方面进行监督检查。

（2）信用管理。

①设立专职部门，创建信用评估体系。设置风险控制部，并在各海外公司分别设置风险控制部及专业的信用管理人员，探索适应公司业务现状的交易对手评估体系。在跟踪国内外先进评估方法的基础上，结合自身业务特点，构建了较完整的信用评估体系，共包含评级要素、评级指标、评级标准、评级权重、评级等级和调查评估机制6项内容。

②明确准入条件，严格审批程序。

一是准入条件。对原油、成品油、期货经纪公司、场外纸货、船东等不同类型的交易对手，明确了各自不同的准入条件，严格进行准入审批管理。

二是交易对手的审批程序。对于需新增的交易对手，先由境外公司对其基本资料核实并评估后，连同信用评估报告一起报风控部门；风控部门牵头业务、财务等部门会签后，履行内部审核程序。经母公司审批后，完成外部审批程序。对于现货采购需临时租用不在已批准名单内，但符合准入标准的船东，事后每季度书面向母公司备案。对于期货经纪公司在完成内外部审批后，加入期货经纪公司名单。

③完善交易条件，量化考核标准。采取定量分析与定性分析相结合的准入办法，对新增的原油、成品油及纸货交易对手，从业务、财务、风险等角度进行综合评价，并据此设定交易条件和年审考核通过标准。对于不同评级，在对手准入时设定不同的交易条件和授信额度。

④规范透明管理，实施动态监控。

一是日常监控。根据订购的第三方报告及交易员从市场上了解的信息等情况，在积极核实的基础上，风控部门向公司决策层、海外公司、总部各部门书面或口头反映情况，并根据情况的严重程度，提出密切关注或暂停交易的意见。

二是季度报告。每季度对交易对手的变动情况进行全面梳理，根据实际情况将新增、删减及修改交易条件的内容进行汇总报告。

三是年度审核。对现有交易对手进行年度审核时，一方面组成了包括公司外籍风险管理人员在内的专业评审小组，以提高交易对手年审的透明度和管理水平；另一方面在年审过程中，各项信息需求及结果均及时与业务部门和海外公司进行沟通反馈，保障了年审的公正性和科学性。

（3）操作管理。

①对操作风险采用全员管理的模式。业务部门对操作风险管理负最终责任，通过授权和审批防范操作风险；风险控制部负责支持业务部门理解和评估操作风险，通过流程设置、规范不相容岗位等手段防范操作风险；计划信息部门负责信息系统安全，通过信息系统的设计与牵制防范操作风险；纪检监察部门负责反欺诈监管，通过监督与教育防范道德风险；人力资源部门负责员工的培训和管理，通过培训提高员工素质，减少无意失误的发生。

②前、中、后台相分离。通过前、中、后台分离的业务模式，将业务的管理与执行从业务发起部门分离出来，由执行部及风险管理等部门执行，通过职能分离与权力约束，实现风险控制机制。

③分类授权审批。一是业务审批权限指引。按照规范描述和系统管理原则，采用矩阵式表格的方式，对公司关键业务的审批权限进行二维描述，通过定性和定量两种模式，以权限指引的方式进行常规授权。二是合同签署的权限。通过《合同会签审批及签署权限指引》，规范了公司各类合同签订时的会签审批权限。对于合同的签署权限，按照授权委托管理制度，采取年度授权方式，对公司交易员/租船人和签约人分别进行授权。

④编制业务流程图，对关键环节实施内部控制。通过业务流程图的梳理，确定各业务流程中的关键控制点，将各关键控制点用二维表格的形式加以固化。为规避目前流程风险点不能量化评价的不足，在内控流程修订中，从提升管理、简化形式、突出重点、

增强可操作性的角度，尝试性地以是否会产生直接现金损失为标准，将全部适用流程按大、中、小分为三类：一是风险大的业务及资金类流程；二是风险中等的内部管理类流程；三是风险小的其他类流程（基本不适用或极少发生）。

根据不同的风险类别，界定不同的管控强度，针对不同的分类，采取不同的管理方式。

（4）合规管理。

①境外金融衍生品交易资格方面。2002 年，经中国证监会许可批准，D 公司开始从事境外期货套期保值业务。

②金融衍生品管理制度方面。D 公司制定了《金融衍生品业务管理办法》《风险管理制度》等，建立了属地管理、分级负责、分类管理的境内外风险管理体系。

③业务报告方面。按照国资委、证监会等监管部门要求，结合自身风险管理需要，建立了较为完整的套期保值业务内部及外部报告体系。

一是内部报告。各业务部门及境外子公司完善金融衍生品业务的日常台账记录，公司对该业务实施内部日报制度；风险控制部门对各业务部门衍生品交易进行监控，每日向公司管理层上报风险管理报告。遇有重大市场波动，立即报告。

二是外部报告。原油部、成品油部、运输及执行部分别汇总境外子公司相关保值月报（“金融衍生品业务统计表”）报母公司。风险控制部门对境外子公司报送的上月境外期货业务情况进行汇总，经业务部门复核后，于每月前 10 个工作日内将上述材料报送证监部门。

要求：

1. 简述金融衍生产品的特点和风险。
2. 简述金融衍生产品的主要分类。

解析：

1. 金融衍生产品具有以下特点：

一是零和博弈，即合约交易的双方（在标准化合约中由于可以交易是不确定的）盈亏完全负相关，并且净损益为零，因此称“零和”。二是高杠杆性。衍生产品的交易采用保证金制度，即交易所需的最低资金只需满足基础资产价值的某个百分比。保证金可以分为初始保证金、维持保证金，并且在交易所交易时采取盯市制度，如果交易过程中的保证金比例低于维持保证金比例，那么将收到追加保证金通知，如果投资者没有及时追加保证金，其将被强行平仓。可见，衍生品交易具有高风险、高收益的特点。

金融衍生产品的作用有规避风险、价格发现，它是对冲资产风险的好方法。但是，任何事情有好的一面也有坏的一面，规避的风险一定是由其他人承担了，衍生产品的高杠杆性就是将巨大的风险转移给愿意承担的人，这类交易者被称为投机者，而规避风险的一方称为套期保值者，另外一类交易者被称为套利者，这三类交易者共同维护了金融衍生产品市场上述功能的发挥。

金融衍生产品是依托一种投资机制来规避资金运作的风险，同时又具有在金融市场上炒作交易、吸引投资者的功能。金融衍生产品交易不当将导致巨大的风险，有的甚至是灾难性的，国外的有“巴林银行事件”“宝洁事件”“LTCM 事件”“信孚银行事件”，国内的有“国储铜事件”“中航油事件”。

2. 金融衍生业务产品的主要分类。

(1) 根据产品形态，可以分为远期、期货、掉期和期权四大类。

远期合约和期货合约都是交易双方约定在未来某一特定时间、以某一特定价格、买卖某一特定数量和质量资产的交易形式。远期合约是根据买卖双方的特殊需求由买卖双方自行签订的合约。期货合约是期货交易所制定的标准化合约，对合约到期日及其买卖资产的种类、数量、质量作出了统一规定。因此，期货交易流动性较高，远期交易流动性较低。

掉期合约是一种由交易双方签订的在未来某一时期相互交换某种资产的合约。更准确地说，掉期合约是当事人之间签订的在未来某一期间内相互交换他们认为具有相等经济价值的现金流的合约。较为常见的是利率掉期合约和货币掉期合约。掉期合约中规定的交换货币是同种货币，则为利率掉期；是异种货币，则为货币掉期。

期权合约是买卖权利的交易。期权合约规定了在某一特定时间、以某一特定价格买卖某一特定种类、数量、质量原生资产的权利。期权合同有在交易所上市的标准化合同，也有在柜台交易的非标准化合同。

(2) 原生资产大致可以分为四类，即股票、利率、货币和商品。如果再加以细分，股票类中又包括具体的股票和由股票组合形成的股票指数；利率类中又可分为以短期存款利率为代表的短期利率和以长期债券利率为代表的长期利率；货币类中包括各种不同币种之间的比值；商品类中包括各类大宗实物商品。

(3) 根据交易方法，可分为场内交易和场外交易。

场内交易，又称交易所交易，指所有的供求方集中在交易所进行竞价交易的交易方式。这种交易方式具有交易所向交易参与者收取保证金、同时负责进行清算和承担履约担保责任的特点。此外，由于每个投资者都有不同的需求，交易所事先设计出标准化的金融合同，由投资者选择与自身需求最接近的合同和数量进行交易。所有的交易者集中在一个场所进行交易，这就增加了交易的密度，一般可以形成流动性较高的市场。期货交易和部分标准化期权合同交易都属于这种交易方式。

场外交易，又称柜台交易，指交易双方直接成为交易对手的交易方式。这种交易方式有许多形态，可以根据每个使用者的不同需求设计出不同内容的产品。同时，为了满足客户的具体要求，出售衍生产品的金融机构需要有高超的金融技术和风险管理能力。场外交易不断产生金融创新。但是，由于每个交易的清算是由交易双方相互负责进行的，交易参与者仅限于信用程度高的客户。掉期交易和远期交易是具有代表性的柜台交易的衍生产品。

【例3-5】 Q公司有一个大型在建项目，根据上级单位要求，需要对进度和投资风险进行动态评估，以掌握在建项目的风险状态，并采取措施将项目风险控制在可接受范围内。

（1）工作程序。

①成立领导小组和工作小组。2022年4月成立了在建项目专项风险评估领导小组和工作小组。

②制订工作计划。

③收集基础信息。包括但不限于：判断风险发生可能性和影响程度大小的风险准则；体现风险偏好的风险等级判断标准；2022年度风险清单；在建项目的进度计划、投资概算、质量安全管理目标；在建项目的工程项目月报。

④进行风险识别。围绕在建项目的进度、投资、质量、安全控制目标，工作小组组织相关业务单位和各个层级的管理人员，通过风险问卷和调研访谈、资料研究、数据分析等形式，开展风险识别，参考2022年度风险清单，结合在建项目实际，从内部和外部两个维度，识别出各项目未来影响控制目标实现的不确定性因素，并明确责任部门和单位，形成各在建项目的风险清单。

⑤进行风险分析。开展风险识别的同时，工作小组组织各业务单位和各层级的管理人员，按照公司统一的在建项目风险准则，结合各项目管理现状、现有风险应对措施、同行业风险管理经验，对风险清单中的风险进行分析，分别判断各风险事件发生的可能性和影响程度。工作小组对于风险分析的结果进行核实与筛选，并使用定量分析软件进行初步分析。

⑥进行风险评价。按照Q公司的风险等级判断标准，对于上述分析结果进行风险评价，区分风险等级，进行敏感性分析，明确需要重点应对的风险。

⑦制定风险管理策略与应对措施。对于评价出的需要重点管理的风险，工作小组组织相关责任单位分别制定风险管理策略和具体的风险应对措施，并明确执行时间，考核衡量标准。工作小组同步组织相关责任单位，进行再次评估，以便预估风险应对效果，对比判断风险应对措施是否有效，是否将风险控制到了可以承受的范围内。

⑧编写报告与上报。

（2）风险评估结果。

①进度风险评估结果。经过本次评估，在不追加新的风险应对措施的情况下，2022年11月21日在建项目实现商运的可能性约为50%，2022年11月30日（约72.5个月工期）实现商运的可能性约为88%。

②投资风险评估结果。建立风险分析模型，使用蒙特卡洛模拟，得出叠加风险后的投资可能的波动范围，均值是296.34亿元，有5%的可能性大于303.80亿元。

使用预测投资额（均值）与投资概算的偏差作为度量投资风险大小的指标，未采取风险应对前，项目面临的投资风险约为189 879万元，如图3-11所示。

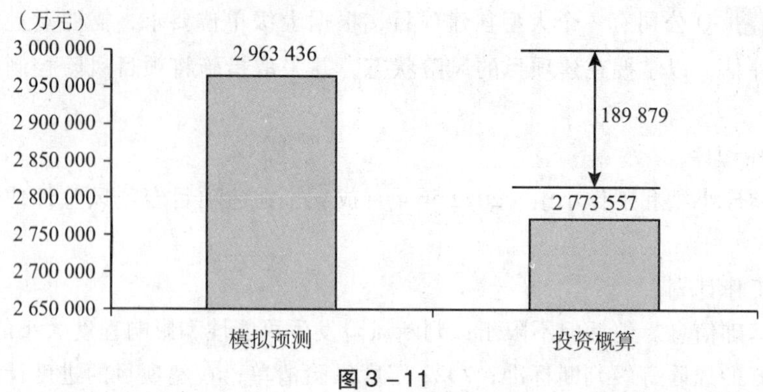

图 3－11

若风险应对措施得以有效执行，项目整体的投资风险水平将得到部分程度的降低。整体投资预测的均值将由 2 963 436 万元降低至 2 956 504 万元，投资风险水平由 189 879 万元降低至 182 947 万元，风险降低 6 932 万元，如图 3－12、图 3－13 所示。

项目面临投资方面的剩余风险仍然较大，即使有效执行计划采取的应对措施，有 50% 的可能性风险值为 182 947 万元（超出概算的金额），占投资概算（2 773 557 万元）的 6.6%。

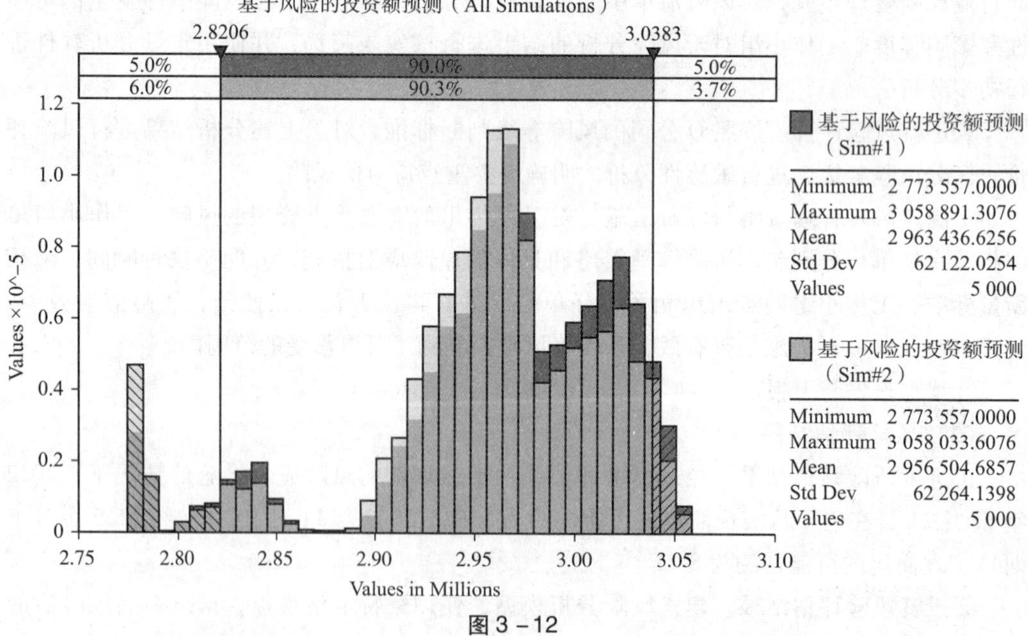

图 3－12

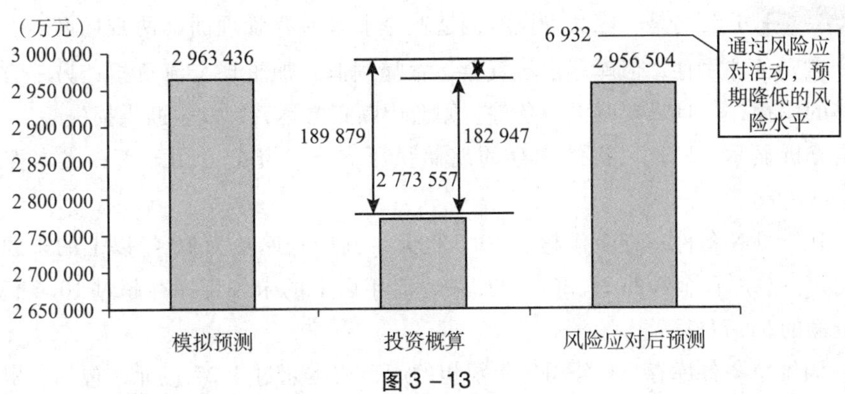

图 3－13

（3）风险评估结果说明。

本次 Q 公司在建项目专项风险评估，充分听取了公司不同管理层级和业务一线反馈的信息，结合了项目的建设特点，采取了定性和定量相结合的方式进行，使用了国际上先进的项目风险分析方法与工具，保障了风险评估程序和方法的科学性与合理性；但由于认知能力的限制，以及对相关信息的短期不可获取性（如关键设备供应商的生产进度和费用信息、总包方工程公司的工程进度、费用信息等），使得部分项目风险本身的不确定性难以得到特别完全和准确的评估，进而可能会影响本次评估结果的精确性。

此外，在建项目中的各项风险会随着项目进度和时间推移而发生不同程度的变化，本次评估的结论，在后期可能会随着有关信息的进一步明确而发生变化。因此，对于在建项目的专项风险评估需要定期或不定期的动态开展，难以使用一次评估结果完全覆盖和准确体现整个项目周期的风险状态变化情况。

要求：

1. 结合案例，指出在建项目专项风险评估的步骤。

2. 若 Q 公司对进度风险的承受度是超进度计划的可能性不高于 10%，本次评估出的进度风险超出承受度了吗？

3. 结合案例，分析专项风险评估结果的局限性。

解析：

1. 成立风险评估工作组；制订工作计划；收集风险评估所需的基础数据与信息；开展各个层面的研讨访谈，进行风险（数据）识别、分析、评价；组织制定或更新风险管理策略及应对计划、评估对比风险应对效果；编制报告。

2. 本次评估出的超进度计划的可能性是 12%（1－88%），因此超出了 Q 公司的进度风险承受度。

3. 由于认知能力的限制，以及对相关信息的短期不可获取性，使得部分项目风险本身的不确定性难以得到特别完全和准确的评估，进而可能会影响评估结果的精确性。此外，在建项目中的各个风险会随着项目进度和时间的推移而发生不同程度的变化，难以使用一次评估结果完全覆盖和准确体现整个项目周期的风险状态变化情况。

【例 3－6】 F 公司是一家大型国有制造业企业。库存管理面临两难局面：一方面为保证生产需要备件库存，但库存占压资金，吞噬利润，加重现金流负担；另一方面如不准备足够的库存，一旦需要时没有备件，则会中断正常运营，发生断供损失。

数据分析显示，F 公司备件库存的超储积压突出，资金占用显著，成本控制压力很大。

（1）F 公司 N 备件库存金额超过 20.5 亿元，其中：库龄为 10 年以上的未领用库存近 6 亿元，占总库存金额的 29.26%；库龄为 5 年以上的未领用库存超过 10.6 亿元，占总库存金额的 51.71%。

（2）为维持备件库存，F 公司每年承担的库存成本超过 3.27 亿元，包括：资金利息成本超过 1.4 亿元；折旧/跌价准备金超过 1.37 亿元；库存保险加管理费 5 000 万元。

经过分析，发现库存积压的原因包括：

①指导思想偏差：要求绝对的备件供应保证，缺乏成本节约意识。

②政策缺陷：只管保供，不管积压；只看计划的绝对值，不看实际需要的不确定性。

③流程缺陷：生产需求计划和采购流程之间有断点。

④职责分工不合理：计划和采购各管一摊，等财务发现库存占压资金高企，为时已晚，库存已经形成，但无法问责。或者，下级单位只提需求，不对库存成本负责，上级单位无法了解需求的具体情况，只能照单采购。

⑤手段缺乏：缺乏数据分析技术和市场调节手段。

2021 年，F 公司把库存积压风险列为企业的年度重大风险，并将库存积压风险定义为未来关键物料的存货积压对资金使用效率或保障生产的影响。

主要风险源包括七项：提报的物料需求量偏大、库存信息不准确、供应商设置最低采购限额、需要进行战略储备、生产计划与生产能力不一致、生产设备不能正常使用、生产实际消耗发生波动。

库存积压风险主要与该单位生产部门提报采购需求和采购部门的物资采购活动相关。

F 公司通过以下活动对库存积压风险进行管理。

（1）根据采购需求和物资采购的管理目标确定合理库存量，保障生产对物资的需要，并尽量减少库存占压，使用核心物料的物料需求计划偏差率来度量该目标。该指标不宜过低，否则不能满足波动的生产需要，也不能过高，否则会占压资金。

（2）围绕目标，结合重大业务模式、流程等内容，分析重大风险源所在的业务环节、控制活动现状等；明确目标与重大风险的关联关系，摸清重大风险的管理现状。经过分析，明确了七项风险源所在的业务环节、影响目标实现的路径以及管理现状，如图 3－14 所示。

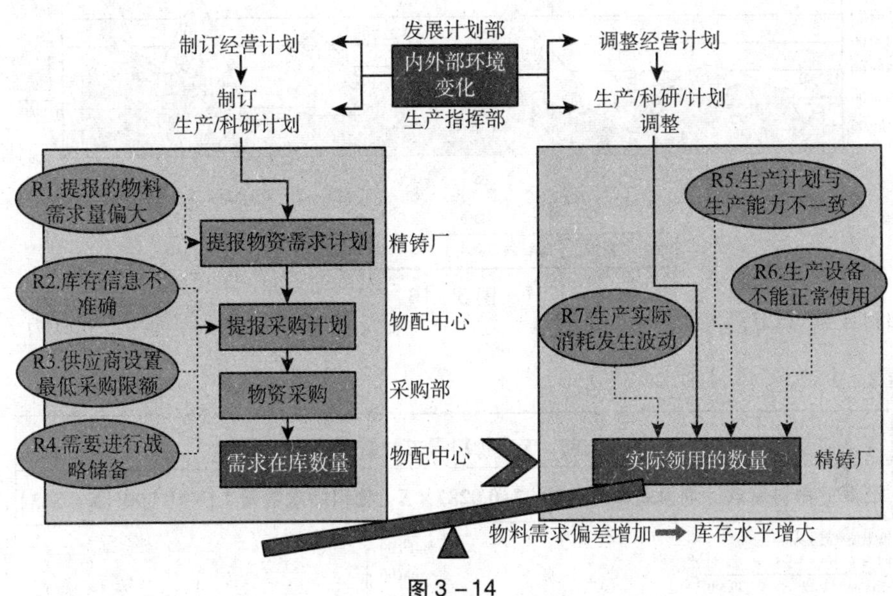

图 3－14

（3）运用定性定量进行风险评估，确定关键风险事件；聚焦风险应对重点。经过定性定量的分析，发现提报的物料需求量偏大是影响物料需求偏差率的主要原因，且管理现状较差，这两者之间具有明显的影响关系，如图 3－15、图 3－16 和表 3－9 所示。

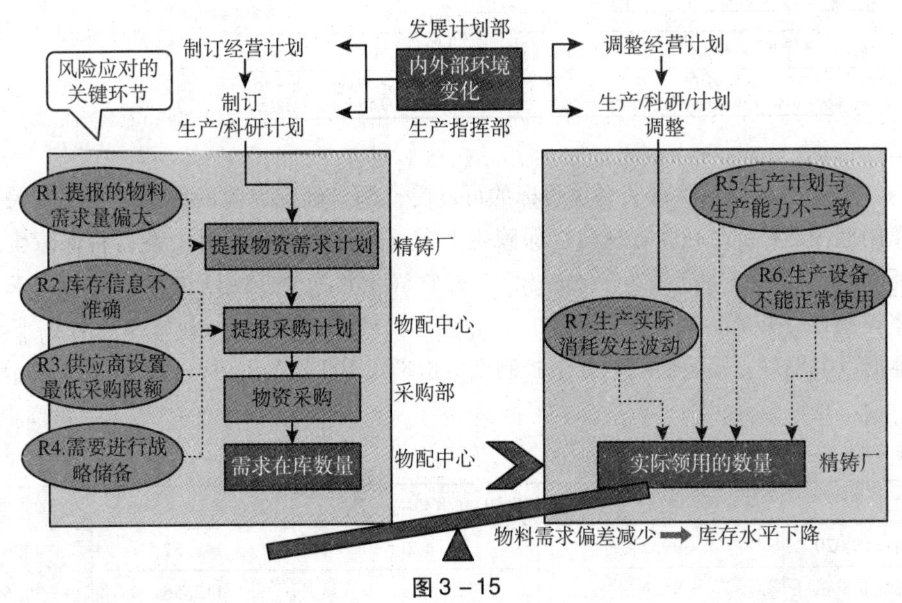

图 3－15

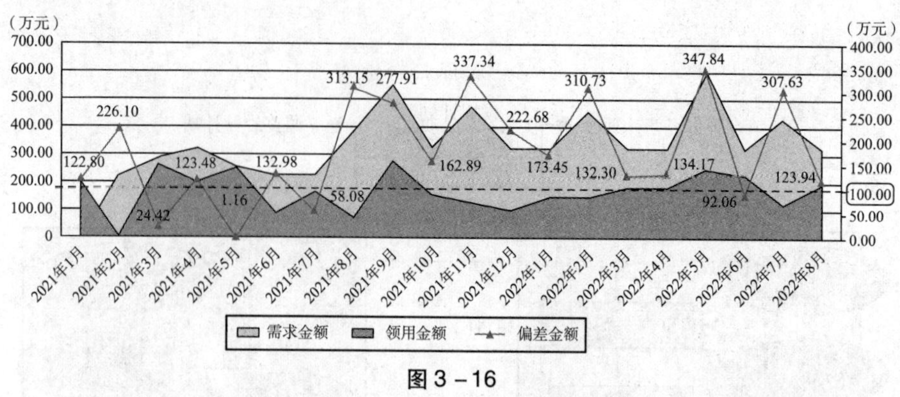

图 3－16

表 3－9

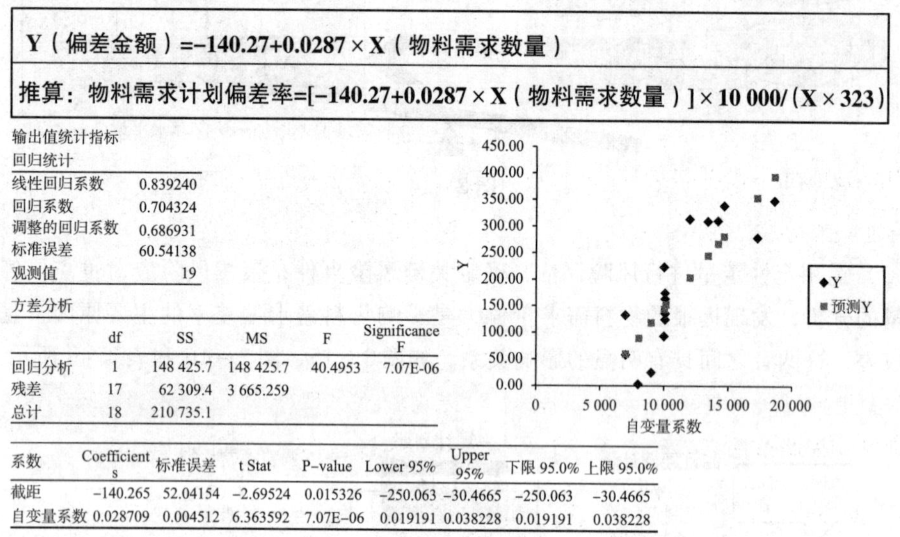

Y（偏差金额）=−140.27+0.0287×X（物料需求数量）
推算：物料需求计划偏差率=[−140.27+0.0287×X（物料需求数量）]×10 000/（X×323）

输出值统计指标

回归统计	
线性回归系数	0.839240
回归系数	0.704324
调整的回归系数	0.686931
标准误差	60.54138
观测值	19

方差分析

	df	SS	MS	F	Significance F
回归分析	1	148 425.7	148 425.7	40.4953	7.07E−06
残差	17	62 309.4	3 665.259		
总计	18	210 735.1			

系数	Coefficients	标准误差	t Stat	P−value	Lower 95%	Upper 95%	下限 95.0%	上限 95.0%
截距	−140.265	52.04154	−2.69524	0.015326	−250.063	−30.4665	−250.063	−30.4665
自变量系数	0.028709	0.004512	6.363592	7.07E−06	0.019191	0.038228	0.019191	0.038228

（4）根据目标与风险的关系、目标的可接受范围，确定风险的可接受范围和关键风险的控制范围。F公司高度重视库存保障生产需要，首先明确了对关键物料保障生产的程度要求是［96%（两年发生一次断供），99%（十年发生一次断供）］，物料需求计划偏差率控制在［40%，45%］之间。

根据以上偏好，需要将物料需求控制在［8.8T，10T］范围内，如表3－10所示。

表 3－10

需求数量（千克）	保障领用的程度（%）	断供发生频率（月数）	偏差金额（万元）	偏差率（%）
上限：10 020	99.2	120	147.57	45.6
下限：8 800	95.9	24	112.56	39.6

风险指标的控制范围

风险偏好

目标的控制范围

(5) 围绕关键风险，根据风险的属性（是否可控），制定应对措施（包括但不限于内控手段、监控预警、模式调整等，注意应对措施的执行标准、有效性评价标准和次生风险等）和执行计划；通过具体的应对，将风险控制在可以承受的范围内。

(6) 建立风险监控预警机制，及时掌握风险状态，为风险应对提供信息，如图3－17所示。

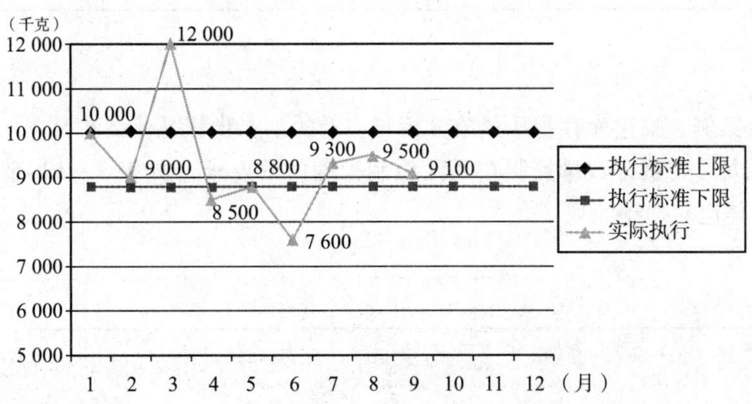

风险管理部门对风险指标的控制情况进行监控预警。

- 在上下限范围内的亮绿灯
- 超出上限的亮红灯
- 低于下限的亮黄灯

如果风险管理部门发现铸造分厂没有按照指定的控制去做（显示了黄灯、红灯），可以一方面通过定期的风险管理报告向主管领导反映，另一方面发起整改

图3－17

建立重大风险监督检查与评价机制，保障应对措施得到有效执行。风险管理部门每月评价风险控制指标（物料需求量）的控制执行情况，如表3－11所示。

表3－11　系统执行记录

月份	是否执行	执行程度	执行时间
1	Y	范围内	1月5日
2	Y	范围内	2月5日
3	N		
4	Y	低于下限	4月5日
5	Y	范围内	5月5日
6	N		
7	Y	范围内	7月5日
8	Y	范围内	8月5日
9	Y	范围内	9月5日

续表

月份	是否执行	执行程度	执行时间
10	Y	范围内	10月5日
11	Y	高于上限	11月5日
12	Y	范围内	12月5日
执行率（%）	83.33	58.33	

要求：

1. 结合案例，描述库存积压风险分析与应对的主要步骤是什么？

2. 按照每月将提报数量控制在风险控制程度内的要求（如表3－12所示），请结合案例提出具体应对措施建议。

表3－12

提报需求量（千克）	保障生产的程度（%）	断供发生频率（月数）	偏差金额（万元）	需求计划偏差率（%）	审批	意见
10 000	99.1	117	147.00	45.51	YES	无
12 000	100	3 724	204.40	52.73	NO	降低至10 020千克，否则资金占用超出承受度
7 000	77.8	5	60.90	26.93	YES/NO	无/建议提至8 800千克，否则保障程度不足

解析：

1. 库存积压风险分析与应对的主要步骤：

一是明确库存管理目标；

二是分析影响库存管理目标实现的风险；

三是聚焦关键风险；

四是确定风险偏好；

五是设计风险应对措施；

六是建立保障机制，确保风险应对措施得到执行。

2. 建议具体应对措施如下：

一是根据生产计划和物料定额，计算拟需要的数量P。

二是比较P和风险控制上下限。若P在上下限范围内，则直接提报P为需求量。若P大于上限，则建议使用上限作为提报的需求数量。若P小于下限，则建议使用下限作为提报的需求数量，也可以接受P作为提报的需求数量。

三是积累实际领用数据，定期更新一定保障领用水平下对应的需求量上下限（风险控制程度）。根据内外部条件的变化，也可以对保障领用的水平进行调整。

【例3-7】某生产型企业A拥有两件某型号单价100万元、使用可能性较小的备件。根据行业经验和实际使用记录，会形成长期积压。考虑到资金成本和降本增效的要求，经过风险评估，日常保留一件即可将断供风险控制在可承受范围内，该企业想要通过与其他企业分享的方式盘活另一件备件；而某同行企业B需要但没有该型号备件，将来实际需要时一旦缺货会造成很大损失，如果直接购买，购买价格和库存成本（利息+管理费用等共10万元）又太高，想采用低成本的方式与其他企业进行资源分享，获得供应保障，降低断供风险。

（1）资源分享过程。

①2022年5月1日，企业B对该设备的未来1年（2022年6月1日至2023年5月31日）的使用情况进行了分析和风险评估，决定通过分享的方式进行采购。

②2022年5月10日，企业B与企业A经过协商签订分享合同，约定：企业A提供给同行企业B分享期内（2022年6月1日至2023年5月31日）1次连续租用该设备的权利。分享合同签订后7个工作日内，同行企业B网上支付给企业A分享费6万元，企业A收到分享费后7个工作日内，开具6万元发票给同行企业B。在分享期内，若企业B提出租用该备件，企业A应在7个工作日内交付该设备，并负责进行安装调试，达到可以使用的条件。同行企业B根据实际租用时间，按照8 000元/天的价格，在租用结束后通过网上支付租赁费（包括租赁相关的所有费用）给企业A。

③2022年6月1日至2023年5月31日，双方履行分享合同。执行结果可能发生以下两种情况。

可能情景1：在分享期内（2022年6月1日至2023年5月31日），同行企业B选择不提出该备件的租赁要求。2023年5月31日，分享合同到期，企业B拥有的权利自动失效。

可能情景2：在分享期内（2022年6月1日至2023年5月31日），同行企业B选择行使合同规定的权利，提出该备件的租赁要求，实际租赁10天，双方按照约定的条款进行了交易。企业B拥有的权利随即自动失效。

（2）资源分享效果。

无论发生哪种可能的情景，都是互利双赢。

可能情景1：企业B选择不行使分享合同规定的租赁权利。

企业B：减少一次性采购支出100万元，并且节约设备管理成本和资金成本共计4万元。保证了供应需求，降低了断供风险，实现随时随地，想要就有。

企业A：增加额外收入6万元。

可能情景2：企业B选择行使分享合同规定的租赁权利。

企业B：减少一次性采购支出100万元，节约设备管理成本和资金利息成本共计4万元。保证了供应需求，降低了断供风险，实现了随时随地，想要就有，并且提前锁定了租赁价格。

企业A：增加额外收入14万元（分享费6万元+租赁费8万元）。

要求：

1. 结合案例，分析企业在资源管理中面临的主要困难。

2. 结合案例，描述企业间进行资源分享如何实现双赢？

解析：

1. 一方面，企业如果不提前采购资源，可能造成供应不及时，乃至资源短缺，业务中断；另一方面，企业如果提前采购资源就要占用资金，付出沉重的财务成本，由于未来使用多少存在不确定性，还往往形成沉淀资产和冗余资源，造成浪费。

2. 需要资源的企业可以通过资源分享合同与其他企业建立未来所需资源的分享机制，通过支付远远小于直接采购金额的分享费，获得对方提供的未来的资源买卖或租赁使用的保障（锁定断供风险），而不必直接采购新的资源。如果企业未来不需要使用该资源，企业可以放弃采购，那企业损失的只是少量的分享费，但获得了和自己采购资源一样的使用保障；如果未来企业需要使用该资源，那么企业就可以按约定的价格直接购买或租赁该资源，减少了库存管理成本和资金成本。资源相对冗余的企业，在保障自己的资源供给（控制断供风险）的同时，可以通过资源分享合同分享出去自己的冗余资源，获得收入，盘活资源。

【例3-8】甲公司为一家以汽车制造为主业的大型国有控股上市公司。为实现经济效益的大幅提高和公司品牌影响力的持续扩大，甲公司于2022年6月30日召开董事会，就下一阶段“走出去”、大力开拓海外市场的有关改革措施作出以下决议：

（1）积极开拓非洲等新兴市场，选择政局稳定、市场前景良好的部分国家开展经营，将产品和服务拓展到上述地区，逐步扩大市场占有率。根据公司境外经营的统一政策，产品和服务以本地货币计价，同时交易以美元结算。

（2）加大研发力度，以培育享誉国际的自主品牌为目标，充分利用公司高素质的研究团队和丰富的研发资源，在整车开发、新能源应用、零部件及配件技术自主化等涉及汽车制造的各个技术领域启动全方位研发工作，力争在较短时间内有所突破。

（3）开通国际网络营销渠道，通过公开招标方式择优选择国际知名信息技术提供商，要求承包方在严格遵守有关保密协议的基础上，根据本公司经营管理特点开发设计网络营销平台，并委托其全权负责该平台的运营和管理工作，从而让公司管理人员和营销人员能够集中精力做好市场开拓和品牌推广。

（4）加大资本运作力度，在充分研究论证的基础上，报经董事会或股东大会批准，兼并重组境外的上游零部件供应商和部分下游销售平台，更好地整合当地资源；同时，利用境外较为成熟的金融市场，大力开展衍生金融产品投资，以获取投资收益。

（5）在开拓海外市场的同时，不断夯实内部管理。进一步强化审计委员会和内部审计机构的职能作用，审计委员会2/3以上成员由执行董事兼任。

要求：

1. 根据财政部等五部委联合发布的《企业内部控制基本规范》和《企业内部控制配套指引》，逐项识别甲公司董事会决议中（1）~（5）项改革措施所面临的主要风险；同时，针对识别出的主要风险，逐项设计相应的控制措施。

2. 假设你是甲公司的高级管理人员，立足企业层面考虑，简要说明在制定风险应对策略时需要考虑的主要因素。

解析：

1. 第（1）项改革措施存在的风险：甲公司在非洲等新兴市场开展经营，以本地货币计价，以美元结算交易，可能会由于汇率波动而产生汇率风险。

控制措施：甲公司可以采取套期保值、远期合约、提前或延期收付款或购买保险等措施来降低或分担风险。

第（2）项改革措施存在的风险：研究项目未经科学论证或论证不充分，可能导致资源浪费。可以对照《企业内部控制应用指引》，结合题干中涉及的具体业务，识别出与题干相关的风险事项。

控制措施：甲公司应当根据发展战略，结合市场开拓和技术进步要求，科学制订研发计划，提出研究项目立项申请，开展可行性研究，编制可行性研究报告，按规定的权限和程序对研发项目进行审批。

第（3）项改革措施存在的风险：业务外包监控不严，服务质量低劣，可能导致企业难以发挥业务外包优势。参见《企业内部控制应用指引第13号——业务外包》。

控制措施：企业应当加强与承包方的沟通和协调，及时收集相关信息，发现和解决外包业务日常管理中存在的问题；应当密切关注并持续评估承包方的履约能力，建立相应的应急机制，避免业务外包失败造成本企业生产经营活动中断。

第（4）项改革措施存在的风险：投资决策失误，可能导致投资损失。参见《企业内部控制应用指引第6号——资金活动》。

控制措施：企业选择投资项目应当突出主业。

第（5）项改革措施存在的风险：治理机构缺乏科学决策、良性运行机制和执行力，可能导致企业经营失败，难以实现发展战略。参见《企业内部控制应用指引第1号——组织架构》。

控制措施：审计委员会半数以上成员应当由独立董事组成。执行董事直接参与企业的战略决策和经营管理，不具备监督的独立性。

2. 根据《企业内部控制基本规范》，企业应当在分析了相关风险发生的可能性和影响程度后，结合风险承受度，权衡风险与收益，制定风险应对策略。风险应对策略的选择与企业风险偏好密切相关，应当避免因个人风险偏好给企业经营带来重大损失。简而言之，企业在制定风险应对策略时应当考虑：企业整体的风险承受度、管理层的风险偏好，以及风险发生的可能性和影响程度。

【例3－9】为认真贯彻落实财政部等五部委发布的《企业内部控制基本规范》及《企业内部控制配套指引》的要求，在上海证券交易所首次发行上市的A股份有限公司于2022年末召开内部控制体系建设专题会议，部署实施企业内部控制体系建设。在专题会议上，公司管理层成员发言要点如下。

董事长：内部控制对于提升企业内部管理水平和风险防范能力、促进企业持续健康发展意义重大。企业应当树立强烈的责任感和使命感。请在座各位务必高度重视，将实现企业经济效益最大化作为内部控制体系建设的唯一目标，全力做好相关工作。

总经理：为确保公司内部控制体系建设工作顺利开展，有必要成立内部控制领导小组，建议由董事长任组长，本人担任副组长，管理层其他成员任组员，授权财务部负责内部控制体系建立与实施的全部工作。

财务总监：随着多元化战略的成功实施，本公司业务已涵盖制造、能源、金融、房地产四大板块。建议根据财政部等五部委发布的18项应用指引，将上述四大业务板块已有的管理制度与18项应用指引逐一对标，满足相应的控制要求。鉴于公司经营管理任务繁重，对18项应用指引没有涵盖的业务不纳入公司内部控制体系建设范畴。

投资总监：财政部等五部委发布的内部控制规范体系对企业投资行为做了严格规范。但考虑到本行业投资环境的特殊性，投资机会稍纵即逝，繁杂的投资控制程序可能降低决策效率，导致投资机会丧失。建议简化投资决策审批程序，重大投资项目经投资部论证并直接报董事长审批后即可实施。

审计委员会主席：根据监管部门要求，经理层应出具内部控制自我评价报告并聘请会计师事务所对内部控制的有效性进行审计。鉴于负责公司财务报表审计的会计师事务所熟悉本公司业务流程，且具备良好的专业能力，可以考虑将内部控制咨询和内部控制审计工作一并委托该事务所完成。

内审总监：内部控制评价是实施内部控制的重要环节。应当制订科学的内部控制评价方案，对公司经营面临的所有风险和所有业务单位、经济事项进行全面测试和评价。内部控制评价方案报总经理办公会批准后实施。

要求：

根据《企业内部控制基本规范》和《企业内部控制配套指引》，逐项分析判断A股份有限公司管理层上述成员的发言存在哪些不当之处？并逐项简要说明理由。

解析：

1. 董事长的“将实现企业经济效益最大化作为内部控制体系建设的唯一目标”的观点不当。

理由：《企业内部控制基本规范》明确了内部控制的“五目标”，即合理保证企业经营管理合法合规、资产安全、财务报告及相关信息真实完整，提高经营效率和效果，促进企业实现发展战略。上述“五目标”是企业建立健全内部控制体系需要综合考虑和权衡的目标，不能仅仅将实现企业经济效益最大化作为内部控制的唯一目标。

2. 总经理的“授权财务部负责内部控制体系建立与实施的全部工作”的观点不当。

理由：内部控制建设是一项系统工程，需要企业董事会、监事会、经理层及内部各职能部门共同参与并承担相应职责，而非仅仅一个财务部就能完成此项工作。

3. 财务总监的“18项应用指引没有涵盖的业务不纳入公司内部控制体系建设范畴”的观点不当。

理由：不符合全面性和重要性原则。《企业内部控制应用指引》作为普遍适用的操作指南，仅仅对企业最常见的18项业务或事项作出规定，不可能面面俱到地对不同行业、不同类型企业的特殊业务（如证券公司的投行业务、金融企业的反洗钱流程等）均进行规范或指导。对于《企业内部控制应用指引》没有涉及的业务或事项，企业仍然应当根据自身业务的实际情况，以《企业内部控制基本规范》的原则要求为指导，针对所有重要业务或事项实施控制。

4. 投资总监的“建议简化投资审批程序，重大投资项目经投资部门论证并直接报董事长审批后即可实施”的观点不当。

理由：重大投资项目，应当按照规定的权限和程序实行集体决策或联签制度。参见《企业内部控制应用指引第6号——资金活动》。

5. 审计委员会主席的“经理层应出具内部控制自我评价报告”和“将内部控制咨询和内部控制审计工作一并委托该事务所完成”的观点不当。

理由：(1) 根据《企业内部控制评价指引》，董事会应当定期对内部控制的有效性进行全面评价、形成评价结论、出具内部控制评价报告，而非由经理层出具内部控制评价报告。(2) 为保证内部控制审计工作的独立性和有效性，《企业内部控制基本规范》要求，为企业提供内部控制审计服务的会计师事务所，不得同时为同一企业提供内部控制咨询服务。

6. 内审总监的“对公司经营面临的所有风险和所有业务单位、经济事项进行全面测试和评价”和“内部控制评价方案报总经理办公会批准后实施”的观点不当。

理由：(1) 不符合《企业内部控制评价指引》中规定的重要性原则要求，企业应在风险评估的基础上，侧重对高风险领域和重要业务单位、重要业务事项进行评价。(2) 根据《企业内部控制评价指引》，内部控制评价方案应报董事会批准后方可实施。

【例3-10】根据财政部等五部委联合发布的《企业内部控制基本规范》及其配套指引的要求，在上海证券交易所上市的甲公司组织人员对2022年度内部控制有效性进行自我评价，并聘用A会计师事务所对2022年度内部控制有效性实施审计。2023年2月15日，甲公司召开董事会会议，就对外披露2022年度内部控制评价报告和审计报告相关事项进行专题研究，形成以下决议：

（1）关于内部控制评价和审计的责任界定。董事会对内部控制评价报告的真实性负责；A会计师事务所对内部控制审计报告的真实性负责。为提高内部控制评价报告的质量，董事会决定委托A会计师事务所对公司草拟的内部控制评价报告进行修改完善，并支付相当于内部控制审计费用20%的咨询费用。

（2）关于内部控制评价的范围。甲公司于2022年4月引进新的预算管理信息系统，并于2022年5月1日起在部分子公司试点运行。由于该系统至今未在甲公司范围内全面推广，董事会同意不将与该系统有关的内部控制纳入2022年度内部控制有效性评价的范围。

（3）关于内部控制审计的范围。董事会同意A会计师事务所仅对财务报告内部控制有效性发表审计意见。A会计师事务所在审计过程中发现的非财务报告内部控制一般缺陷、重要缺陷和重大缺陷，不在审计报告中披露，但应及时提交董事会或经理层，作为甲公司改进内部控制的重要依据。

（4）关于内部控制审计意见。甲公司销售部门于2023年1月初擅自扩大销售信用额度，预计可能造成的坏账损失占甲公司2023年全年销售收入的30%。董事会责成销售部门立即整改。鉴于上述事项发生在2022年12月31日之后，董事会讨论认为，该事项不影响A会计师事务所对本公司2022年度内部控制有效性出具审计意见。

（5）关于内部控制评价报告和审计报告的披露时间。由于部分媒体对上述甲公司销售部门擅自扩大销售信用额度并可能造成重大损失事项进行了负面报道，为逐步淡化媒体效应和缓解公众质疑，董事会决定将内部控制评价报告和审计报告的披露日期由原定的2023年4月15日推迟至2023年5月15日。

（6）关于变更内部控制审计机构。为提高审计效率，董事会决定自2023年起将内部控制审计与财务报告审计整合进行。董事会建议聘任为甲公司提供财务报告审计的B会计师事务所对本公司2023年度内部控制有效性进行审计。董事会要求经理层在与B会计师事务所签订2023年财务报告审计业务约定书时，增加内部控制审计业务事项，以备股东大会讨论审议。

要求：

根据《企业内部控制基本规范》及其配套指引的要求，逐项判断甲公司董事会决议中的（1）~（6）项内容是否存在不当之处；对存在不当之处的，分别指出并逐项说明理由。

解析：

1. 第（1）项内容存在不当之处。

不当之处：董事会委托A会计师事务所对内部控制评价报告进行修改完善，并支付相当于内部控制审计费用20%的咨询费用。

理由：根据《企业内部控制基本规范》和财政部于2012年2月发布的《企业内部控制体系实施中相关问题解释第1号》的规定，为保证内部控制审计的独立性，为企业提供内部控制审计的会计师事务所，不得同时为同一家企业提供内部控制咨询服务。

2. 第（2）项内容存在不当之处。

不当之处：董事会同意不将与该系统有关的内部控制纳入2022年度内部控制有效性评价的范围。

理由：不符合《企业内部控制评价指引》规定的全面性原则要求，内部控制评价应当涵盖企业及其所属单位的各种业务和事项，但在具体进行测试和评价时可以重点关注重要的业务或事项。

3. 第（3）项内容存在不当之处。

不当之处：A会计师事务所在审计过程中发现的非财务报告内部控制一般缺陷、重要缺陷和重大缺陷，不在审计报告中披露。

理由：根据《企业内部控制审计指引》的规定，A会计师事务所在审计过程中发现的非财务报告内部控制重大缺陷，应当在审计报告中增加描述段，对重大缺陷的性质及其对实现控制目标的影响程度进行披露。

4. 第（4）项内容存在不当之处。

不当之处：销售部门擅自扩大销售信用额度事项不影响A会计师事务所对2022年度内部控制有效性出具审计意见。

理由：根据《企业内部控制审计指引》的规定，注册会计师需要针对期后事项履行相应的审计程序，获取相关审计证据，并据此调整财务报告内部控制审计意见。

5. 第（5）项内容存在不当之处。

不当之处：董事会决定将内部控制评价报告和审计报告的披露日期由原定的2023年4月15日推迟至2023年5月15日。

理由：根据《企业内部控制审计指引》的规定，企业应当于基准日后4个月内披露内部控制评价报告和审计报告。

6. 第（6）项内容存在不当之处。

不当之处：董事会要求经理层在拟订与B会计师事务所签订的2023年财务报告审计业务约定书中增加内部控制审计业务事项。

理由：根据《企业内部控制规范体系实施中相关问题解释第1号》的规定，内部控制审计是有别于财务报告审计的独立业务，企业应就该事项与会计师事务所签订独立的业务约定书。

【例3-11】 甲公司为一家以饮品生产和销售为主业的上市公司。2021年，甲公司根据财政部等五部委联合发布的《企业内部控制基本规范》及其配套指引，结合自身经营管理实际，制定了《企业内部控制手册》（以下简称《手册》），自2022年1月1日起实施。为了检验实施效果，甲公司于2022年7月成立内部控制评价工作组，对内部控制设计与运行情况进行检查评价。内部控制评价工作组接受审计委员会的直接领导，组长由董事会指定，组员由公司各职能部门业务骨干组成。2022年9月，甲公司审计委员会召集公司内部相关部门对检查情况进行讨论，要点如下：

（1）关于内部环境。内部控制评价工作组在对内部环境要素进行测试时，发现缺乏足够的证据说明企业文化建设和实施取得了较好实效。人事部门负责人表示，公司领导对企业文化建设的重视是无形的，难以量化，且人事部门已制定并计划宣传贯彻《员工行为守则》，可以说明企业文化建设和实施有效。

（2）关于风险评估。甲公司于2022年1月支付2 000万元，成为某公益活动的赞助商；于2022年7月支付500万元，捐助西北某受灾地区。内部控制评价工作组在对公司风险评估机制进行评价时，发现上述事项均未履行相应的风险评估程序，建议予以整改。风险管理部门负责人表示，赞助公益活动对提升企业形象有利而无害，不存在风险；财务部门负责人认为，对外捐助属于履行社会责任，不需要评估风险。

（3）关于控制活动。内部控制评价工作组对公司业务层面的控制活动进行了全面测试，发现《手册》中有关资金投放、资金筹集、物资采购、资产管理和商品销售等环节的内部控制设计可能存在缺陷。有关资料如下：

①资金投放环节。为提高资金使用效率，《手册》规定，报经总会计师批准，投资部门可以从事一定额度的投资；但大额期权期货交易，必须报经总经理批准。

②资金筹集环节。为降低资金链断裂的风险，《手册》规定，总会计师在无法正常履行职权的情况下，应当授予其副职在紧急状况下进行直接筹资的一切权限。

③物资采购环节。《手册》规定，当库存水平较低时，授权采购部门直接购买。

④资产管理环节。为应对突发事件造成的财产损失风险，《手册》规定，公司采取投保方式对财产进行保全，财产保险业务全权委托外部专业机构开展，公司不再另行制定有关投保业务的控制规定。

⑤商品销售环节。为提高经营效率和缩短货款回收周期，《手册》规定，特定商品的销售人员可以直接收取货款，公司审计部门应当定期或不定期派出监督人员对该岗位的运行情况和有关文档记录进行核查。

（4）关于信息与沟通。内部控制评价工作组检查发现，所有风险信息均经由总经理向董事会报告，建议确认为控制缺陷并加以整改。风险管理部门负责人表示，风险管理部门对总经理负责，符合公司组织结构、岗位职责与授权分工的规定，不应认定为控制缺陷。

（5）关于内部监督。内部审计部门负责人表示，年度内部控制评价工作组是由公司各部门抽调人员组成的临时工作团队，缺乏独立性，建议由内部审计部门承担相应的职责。内部控制评价工作组负责人认为，工作组成员均接受过专业培训，接受审计委员会领导，有足够的专业胜任能力和权威性来承担内部控制评价工作，而审计部门人手少、力量弱，现阶段无法有效承担年度评价职责。

要求：

1. 根据要点（1）、要点（2）、要点（4）、要点（5），针对内部环境、风险评估、信息与沟通、内部监督要素评价过程中的各种意见分歧，假如你是公司审计委员会主席，逐项说明是否赞同内部控制评价工作组的意见，并逐项说明理由。

2. 根据《企业内部控制基本规范》及其配套指引的要求，逐项判断要点（3）中各项内部控制设计是否有效，并逐项说明理由。

解析：

1.（1）关于内部环境，赞同内部控制评价工作组对“缺乏足够的证据说明企业文化得以有效贯彻落实”的判断。

理由：企业应当保留相关的文档记录以证明领导对企业文化建设的重视（如领导在董事会议上所做的内部控制工作报告和对内部控制工作的批示等）。

（2）关于风险评估，赞同内部控制评价工作组对公司风险评估机制存在缺陷的认定。

理由：公司没有对赞助和捐赠事项进行风险识别、风险分析和风险应对。

（3）关于信息与沟通，赞同内部控制评价工作组将所有风险信息均经由总经理向董事会报告认定为控制缺陷。

理由：根据《企业内部控制基本规范》的规定，对于重大风险信息，应当授予风险管理部门直接向董事会及其审计委员会报告的权利和渠道。

（4）关于内部监督，赞同内部控制评价工作组对内部控制评价机构选择的判断。

理由：内部控制评价机构的选择不仅要考虑独立性，还要综合考虑其胜任能力和权威性，以及是否得到公司领导层的支持等。

2.（1）资金投放环节的内部控制设计无效。

理由：大额期权期货交易应当实行集体决策或联签制度。

（2）资金筹集环节的内部控制设计无效。

理由：特别授权不得超出授权人原有的权限范围。

（3）物资采购环节的内部控制设计无效。

理由：库存较低时由采购部门直接采购可能会增加原材料过度采购的风险。

（4）资产管理环节的内部控制设计无效。

理由：财产保险业务外包仍应有相应的控制，公司不再另行制定有关投保政策的控制规定不符合全面性原则的要求。

（5）商品销售环节的内部控制设计有效。

理由：虽然特定商品的销售和收款未完全分离，但公司采取了必要的补偿性控制措施，符合适应性原则和成本效益原则的要求。

【例 3－12】甲公司为一家从事服装生产和销售的国有控股公司，于 2021 年在上海证券交易所首发上市。根据财政部和证监会有关主板上市公司实施企业内部控制规范体系的通知，甲公司从 2022 年起，围绕内部控制五要素全面启动内部控制体系建设。2022 年有关工作要点如下：

（1）关于内部环境。董事会对内部控制的建立健全和有效实施负责；董事会委托 A 咨询公司为公司内部控制体系建设提供咨询服务，选聘 B 会计师事务所对内部控制有效性实施审计。A 咨询公司为 B 会计师事务所联盟的成员单位，具有独立法人资格。

（2）关于风险评估。受国际金融危机的持续影响，甲公司境外市场销售额和利润额急剧下降，董事会经审慎研究、集体决策并报股东大会审议通过后，决定调整发展战略，迅速启动“出口转内销”战略。由于国内信用环境尚不成熟，战略调整后可能导致销售账款无法收回的风险明显增大，财务部门提议将销售方式由赊销改为现销，并在批准后实施。

（3）关于控制活动。甲公司在对企业层面和业务层面活动进行全面控制的基础上，重点对资金活动、采购业务、销售业务等实施控制。一是实施货币资金支付审批分级管理。单笔付款金额5万元及5万元以下的，由财务部经理审批；5万元以上、20万元及20万元以下的，由总会计师审批；20万元以上的由总经理审批。二是强化采购申请制度，明确相关部门或人员的职责权限及相应的请购和审批程序。对于超预算和预算外采购项目，无论金额大小，均应在办理请购手续后，按程序报请具有审批权限的部门或人员审批。三是建立信用调查制度。销售经理应对客户的信用状况作充分评估，并在确认符合条件后经审批签订销售合同。

（4）关于信息沟通。甲公司在已经建立管理信息系统和业务信息系统的基础上，充分利用信息系统之间的可集成性，将内部控制措施嵌入公司经营管理和业务流程中，初步实现了自动控制。

（5）关于内部监督。内部审计部门经董事会授权开展内部控制监督和评价，检查发现内部控制缺陷，督促缺陷整改。甲公司内部审计部门和财务部门均由总会计师分管。

（6）关于外部审计。B会计师事务所在执行内部控制审计时，发现甲公司财务管理信息系统存在设计漏洞，导致公司成本和利润发生重大错报。甲公司技术人员于2022年12月30日完成对系统的修复后，成本和利润数据得以更正。B会计师事务所据此认为上述内部控制缺陷已得到整改，不影响会计师事务所出具2022年度内部控制审计报告的意见类型。

要求：

根据《企业内部控制基本规范》及其配套指引等有关规定的要求，逐项判断要点（1）、要点（3）、要点（4）、要点（5）、要点（6）项内容是否存在不当之处；对存在不当之处的，分别指出并逐项说明理由。

解析：

1. 要点（1）存在不当之处。

不当之处：董事会同时选聘A咨询公司和B会计师事务所分别承担内部控制咨询和审计服务不当。

理由：根据《企业内部控制规范体系实施中相关问题解释第2号》的规定，A咨询公司为B会计师事务所的联盟成员，为保证内部控制审计工作的独立性，两者不可同时为同一家企业提供咨询和审计服务。

2. 要点（3）存在不当之处。

不当之处一：20万元以上资金支付由总经理审批不当。

理由：大额资金支付应当实行集体决策和联签制度。对于总经理的支付权限也应当设置上限。

不当之处二：超预算和预算外采购项目，无论金额大小，均应在办理请购手续后，按程序报请具有审批权限的部门或人员审批的表述不当。

理由：超预算和预算外采购项目，应先履行预算调整程序，由具有审批权限的部门或人员审批后，再行办理请购手续。

不当之处三：销售经理同时负责客户信用调查和销售合同审批签订不当。

理由：违背了不相容职务相分离的原则。

3. 要点（4）不存在不当之处。

4. 要点（5）存在不当之处。

不当之处：总会计师同时分管内部审计部门和财务部门不当。

理由：内部审计部门工作的独立性无法得到保证。

5. 要点（6）存在不当之处。

不当之处：会计师事务所认为已整改的财务管理信息系统设计缺陷不影响出具内部控制审计报告的意见类型的表述不当。

理由：设计缺陷导致的错报虽然在内部控制审计报告基准日前得到更正，但会计师事务所没有测试其运行的有效性，因此，应当充分考虑该缺陷对内部控制审计报告意见类型的影响。

【例3-13】甲公司为一家上市公司，自2022年1月1日起全面实施《企业内部控制基本规范》及其配套指引。甲公司就此制订了内部控制规范体系实施工作方案。该方案要点如下：

（1）工作目标。通过实施内部控制规范体系，进一步提升公司治理水平和风险管控能力，合理保证公司经营管理合法合规、资产安全、财务报告及相关信息真实完整，提高经营效率和效果，促进公司实现发展战略。

（2）组织领导。董事会对内部控制的建立健全和有效实施负责，对内部控制建设中的重大问题作出决策。经理层负责组织领导公司内部控制的日常运行，确定公司最大风险承受度，并对职能部门和业务单元实施内部控制体系进行指导。公司设置内部控制专职机构，负责制定内部控制手册并经批准后组织落实。

（3）工作安排。内部控制规范体系建设工作分阶段进行：第一阶段，梳理业务流程。公司严格按照《企业内部控制基本规范》及其配套指引的要求进行“对标”，认真梳理现行管理制度和业务流程；对配套指引未涵盖的业务领域，不纳入本公司实施内部控制规范体系的范围，不再进行相关管理制度和业务流程梳理。第二阶段，开展风险评估。公司根据战略规划和发展目标，组织开展风险评估工作，识别和分析经营管理过程中的各种内部风险，制定风险应对策略并实施相应的控制活动。第三阶段，组织内部控制试运行。公司通过深入宣传和加强培训等手段，在全公司范围内组织开展内部控制试运行工作。第四阶段，在内部控制正式运行的基础上，开展内部控制自我评价。

（4）控制重点。公司根据业务特点和发展实际，在梳理业务流程和开展风险评估的基础上，拟重点对研发业务、资金活动和合同管理有针对性地实施控制。一是规范研发项目审批流程，重大研发项目由总经理办公会审议通过后实施。二是严格对现金和银行存款的管理，指定一人对办理资金业务的相关印章和票据进行集中管理。三是加强合同纠纷管理，合同纠纷经协商一致的，应与对方当事人签订书面协议；合同纠纷经协商无法解决的，应根据合同约定选择仲裁或诉讼方式解决。

（5）自我评价。公司授权内部审计部门作为内部控制评价部门，负责内部控制评价的具体组织实施工作。内部审计部门根据公司实际情况和管理要求，制订科学合理的评价工作方案，报经理层批准后实施。

（6）外部审计。公司拟聘用A会计师事务所为公司2022年内部控制自我评价工作提供咨询服务；同时，委托该会计师事务所提供内部控制审计服务。A会计师事务所的咨询部门和审计部门相互独立，各自提供服务，人员不交叉混用。

要求：

根据《企业内部控制基本规范》及其配套指引的要求，逐项分析判断甲公司要点（1）~（6）项内容是否存在不当之处；对存在不当之处的，分别指出并逐项说明理由。

解析：

1. 第（1）项内容不存在不当之处。

2. 第（2）项内容存在不当之处。

不当之处：经理层确定公司最大风险承受度的表述不当。

理由：董事会确定公司最大风险承受度。

3. 第（3）项内容存在不当之处。

不当之处一：配套指引未涵盖的业务领域不纳入公司实施内部控制规范体系范围的表述不当。

理由：不符合全面性原则的要求。

不当之处二：识别和分析经营管理过程中的各种内部风险的表述不当。

理由：公司不仅要识别内部风险，还要识别与控制目标相关的各类外部风险。

4. 第（4）项内容存在不当之处。

不当之处一：重大研发项目由总经理办公会审议通过后实施的表述不当。

理由：根据《企业内部控制应用指引第10号——研究与开发》的规定，重大研发项目应当报经董事会或类似权力机构集体审议决策。

不当之处二：指定一人对办理资金业务的相关印章和票据进行集中管理的表述不当。

理由：根据《企业内部控制应用指引第6号——资金活动》的规定，严禁将资金业务的相关印章和票据集中一人保管。

5. 第（5）项内容存在不当之处。

不当之处：内部控制评价方案报经理层批准后实施的表述不当。

理由：内部控制评价方案应报董事会批准后实施。

6. 第（6）项内容存在不当之处。

不当之处：委托A会计师事务所的咨询部门和审计部门分别为公司提供内部控制咨询服务和内部控制审计服务的表述不当。

理由：无法保证内部控制审计工作的独立性。

【例3－14】甲集团公司是国内某大型能源类企业。2022年12月，公司召开董事会，讨论下列有关事项：

（1）集团公司董事长提议将公司业务从能源行业拓展至房地产行业，实现多元化经营。公司独立董事认为，能源行业和房地产行业关联度极低，在市场调研和可行性分析不充分的情况下贸然拓展业务，可能给公司发展带来不利影响，当务之急是进一步巩固能源市场，在能源行业做大做强。因董事会成员多为董事长亲属，表决时，独立董事的建议未被采纳，董事长的提案以绝大多数票赞成通过。

（2）为加强集团公司内部控制，集团总经理提议在董事会下设立审计委员会，负责对集团公司和下属各子公司执行内部控制的情况进行监督检查。总经理的提议得到了董事会成员的认可。经研究，董事会决定提名集团总经理担任审计委员会主席。

（3）审议对乙公司的合并方案。该合并项目由集团公司规划部门提出方案并编制可行性研究报告，财会部门负责该项目的财务预算。讨论过程中，总经理提议将对乙公司的投资控股比例由60%调整为100%，以实现完全控股。考虑到对乙公司的合并具有战略意义，董事长当即表示同意并责令有关部门具体操作合并事宜。

（4）审议集团公司预算管理制度。为有效遏制集团公司各单位、各部门相互扯皮、争夺预算额度的现象，董事会审议通过由财会部门负责预算的总体协调。预算编制过程中，财会部门有权要求有关部门增加或减少相应的预算，同时有义务及时向其他部门提供相关业务的财务记录。

（5）讨论离退休人员的安置问题。李某是甲集团公司分管研发的技术人员，在公司工作近30年，将于2023年退休。集团公司工会提议，对于有意愿继续为公司服务的离退休人员，可以适当安排其从事相对轻松的工作。董事会讨论通过了工会的提案，并同意李某离职后从事出纳和会计档案管理工作。

要求：

分析评价甲集团公司在企业层面控制方面存在的缺陷并说明理由。

解析：

甲集团公司在企业层面控制方面存在下列缺陷：

1. 集团公司战略过于激进，整体风险意识和风险管理理念淡薄。

理由：盲目追求行业扩张，缺少市场调研和必要的可行性分析，忽视了扩张过程中可能遇到的风险。

2. 审计委员会主席的任命欠科学。

理由：审计委员会是履行内部控制监督职责的重要机构，应当与管理层保持独立。由总经理任审计委员会主席可能导致对经理层的权利缺乏监督。

3. 权责未能恰当地进行分配，决策权过分集中于董事长一人。

理由：董事会成员多为董事长亲属，独立董事的意见得不到重视，小股东对重大决策没有发言权，导致集团公司重大决策的制定缺乏有效制约。

4. 董事长擅自决定合并方案变更的做法不规范。

理由：根据《企业内部控制应用指引第1号——组织架构》的规定，对外投资等“三重一大”事项应当实行集体决策。在本案例中，董事长个人决定对投资方案进行变更，并责令有关部门执行其决定，违反了上述规定。

5. 财会部门要求其他部门增加或减少相应预算的做法不恰当。

理由：财会部门在预算控制中主要发挥组织、协调等作用，对有关部门提出的预算方案，可以提出意见，但不能直接要求有关部门增加或减少预算。

6. 李某从事出纳和会计档案管理工作的做法不合理。

理由：根据《企业内部控制基础规范》和《企业内部控制应用指引第1号——组织架构》的规定，出纳和会计档案管理属于不相容岗位，应当相互分离。李某同时从事出纳和会计档案管理工作，违背了上述规定。

【例3－15】2010年4月26日，财政部、证监会、审计署、银监会和保监会等五部委联合发布了《企业内部控制审计指引》。以下为某会计师事务所为××公司出具的内部控制审计报告。

内部控制审计报告

××股份有限公司全体股东：

按照《企业内部控制审计指引》及中国注册会计师执业准则的相关要求，我们审计了××股份有限公司（以下简称“××公司”）××××年×月×日的财务报告内部控制的有效性。

一、企业对内部控制的责任

按照《企业内部控制基本规范》《企业内部控制应用指引》《企业内部控制评价指引》的规定，建立健全和有效实施内部控制，并评价其有效性是企业董事会的责任。

二、注册会计师的责任

我们的责任是在实施审计工作的基础上，对财务报告内部控制的有效性发表审计意见，并对注意到的非财务报告内部控制的重大缺陷进行披露。

三、内部控制的固有局限性

内部控制具有固有局限性，存在不能防止和发现错报的可能性。此外，由于情况的变化可能导致内部控制变得不恰当，或对控制政策和程序遵循的程度降低，根据内部控制审计结果推测未来内部控制的有效性具有一定风险。

四、财务报告内部控制审计意见

我们认为，××公司按照《企业内部控制基本规范》和相关规定在所有重大方面保持了有效的财务报告内部控制。

五、非财务报告内部控制的重大缺陷

在内部控制审计过程中，我们注意到：

公司对关联交易发生额度预计不足、预计方法欠科学、合理，于××××年×月×日因日常关联交易超预计进行事后追认（公告编号：××××），被证券交易所发出监管函予以警示；于××××年×月×日因日常关联交易增加进行了重新预计（公告编号：××××）；截至期末，××××年度的日常关联交易再次超预计。

公司全资孙公司A公司、B公司、C公司在对外签订采购协议时，未充分评估合作方的履约能力，报告期内存在多家供应商因未能履约而退回预付款项的情形。

我们关注到公司管理层已经识别出上述缺陷，并采取了适当的整改措施，且已如实反映在企业内部控制评价报告中。由于存在上述重大缺陷，我们提醒本报告使用者注意相关风险。需要指出的是，我们并不对公司的非财务报告内部控制发表意见或提供保证。上述内容不影响对财务报告内部控制有效性发表的审计意见。

××会计师事务所　　　　　　　　中国注册会计师：×××（签名并盖章）
（盖章）　　　　　　　　　　　　中国注册会计师：×××（签名并盖章）
中国××市　　　　　　　　　　　　××××年×月×日

要求：

1.《企业内部控制审计指引》列出了哪几种内部控制审计意见类型？这些内部控制审计意见类型的出具各自需要满足什么条件？

2.《企业内部控制审计指引》要求注册会计师在审计过程中注意非财务报告内部控制缺陷，请简要说明注册会计师针对发现的非财务报告内部控制缺陷应如何处理。

解析：

1.《企业内部控制审计指引》列出了无保留审计意见、带强调段的无保留意见、否定意见、无法表示意见四种意见类型。

（1）无保留审计意见。发表无保留审计意见必须同时符合两个条件：①企业按照内部控制有关法律法规以及企业内部控制制度要求，在所有重大方面建立并实施有效的内部控制；②注册会计师按照有关内部控制审计准则的要求计划和实施审计工作，在审计过程中未受到限制。

（2）带强调段的无保留意见。注册会计师认为财务报告内部控制虽不存在重大缺陷，但仍有一项或者多项重大事项需要提请审计报告使用者注意的，应在审计报告中增加强调事项段予以说明，该段内容仅用于提醒内部控制审计报告使用者关注，并不影响对财务报告内部控制发表的审计意见。

（3）否定意见。注册会计师认为财务报告内部控制存在一项或多项重大缺陷的，除非审计范围受到限制，应对财务报告内部控制发表否定意见。注册会计师出具否定意见的内部控制审计报告中需包括重大缺陷的定义、重大缺陷的性质及其对财务报告内部控制的影响程度等内容。

（4）无法表示意见。注册会计师审计范围受到限制的，应当解除业务约定或出具无法表示意见的内部控制审计报告，在报告中指明审计范围受到限制，无法对内部控制有效性发表意见。注册会计师在已执行的有效程序中发现内部控制存在重大缺陷的，应当在“无法表示意见”的审计报告中对已发现的重大缺陷作出详细说明。

2. 注册会计师对在审计过程中注意到的非财务报告内部控制缺陷，应区别具体情况予以处理：

（1）注册会计师认为非财务报告内部控制缺陷为一般缺陷的，应当与企业进行沟通，提醒企业加以改进，但无须在内部控制审计报告中说明。

（2）注册会计师认为非财务报告内部控制缺陷为重要缺陷的，应当以书面形式与企业董事会和经理层沟通，提醒企业加以改进，但无须在内部控制审计报告中说明。

（3）注册会计师认为非财务报告内部控制缺陷为重大缺陷的，应当以书面形式与企业董事会和经理层沟通，提醒企业加以改进；同时应当在内部控制审计报告中增加非财务报告内部控制重大缺陷描述段，对重大缺陷的性质及其对实现相关控制目标的影响程度进行披露，提示内部控制审计报告使用者注意相关风险。

【例3－16】XYZ股份有限公司系在上海证券交易所上市的公司（以下简称“XYZ公司”），2022年度内部控制评价报告如下：

XYZ公司全体股东：

根据《企业内部控制基本规范》及其配套指引（以下简称“企业内部控制规范体系”）的规定以及境内外内部控制相关的监管要求，结合XYZ公司《内部控制手册》及其检查评价办法，在内部控制日常监督和专项监督的基础上，我们对公司2022年12月31日（内部控制评价报告基准日）的内部控制有效性进行了评价。

一、重要声明

按照企业内部控制规范体系的规定，建立健全和有效实施内部控制，评价其有效性，并如实披露内部控制评价报告是公司董事会的责任。监事会对董事会建立和实施内部控制进行监督。管理层负责组织领导公司内部控制的日常运行。本报告已于2023年3月21日经公司董事会审议通过，公司董事会、监事会及董事、监事、高级管理人员保证本报告内容不存在任何虚假记载、误导性陈述或重大遗漏，并对报告内容的真实性、准确性和完整性承担个别及连带法律责任。

XYZ公司内部控制的目标是合理保证公司经营管理合法合规、资产安全、财务报告及相关信息真实完整，提高经营活动的效率和效果，促进公司实现发展战略。公司内部控制考虑了内部环境、风险评估、控制活动、信息与沟通、内部监督五项要素。

由于内部控制存在的固有局限性，故仅能为实现上述目标提供合理保证。此外，由于情况的变化可能导致内部控制变得不恰当，或对控制政策和程序遵循的程度降低，根据内部控制评价结果推测未来内部控制的有效性具有一定的风险。

二、内部控制评价结论

根据公司财务报告内部控制重大缺陷的认定情况，于内部控制评价报告基准日，不存在财务报告内部控制重大缺陷，董事会认为，公司已按照企业内部控制规范体系和相关规定的要求在所有重大方面保持了有效的财务报告内部控制。

根据公司非财务报告内部控制重大缺陷认定情况，于内部控制评价报告基准日，公司未发现非财务报告内部控制重大缺陷。

自内部控制评价报告基准日至内部控制评价报告发出日之间未发生影响内部控制有效性评价结论的因素。

三、内部控制评价工作情况

（一）内部控制评价范围

本年度纳入评价范围的主要单位，包括公司总部、各分（子）公司，纳入评价范围单位资产总额占公司合并财务报表资产总额的100%，营业收入合计占公司合并财务报表营业收入总额的100%；纳入评价范围的主要业务和事项，包括公司内控手册及企业内部控制实施细则中涉及公司层面控制的各项要素，业务层面控制中涉及资金活动、采购及生产活动、资产管理、销售业务、研究与开发、工程项目、担保业务、业务外包、财务报告、全面预算、合同管理、关联方交易、税务管理、人力资源、产品质量管理、信息资源管理、信息系统、信息披露、内部审计等各类流程；重点关注的高风险领域，主要包括投资决策、跨国经营、存货、价格、宏观经济、战略规划、境外公共安全、资本运作、品牌形象传播（舆情）等。

上述纳入评价范围的单位、业务和事项以及高风险领域，涵盖了公司经营管理的主要方面和风险应对措施，不存在重大遗漏。

（二）内部控制监督评价

公司落实各级管理责任，建立责任部门（单位）定期测试、内部控制部门日常管理、审计综合检查的内部控制持续监督三道防线，搭建了以合规性和有效性原则为基础、与日常管理相结合、兼顾结果与过程的内部控制监督评价制度。

1. 两级内部控制责任部门定期测试。

为落实内部控制“第一道防线”职责，按照内控手册和企业内控实施细则要求，总部和分（子）公司两级责任部门围绕管理目标，关注所负责的重点单位、重大风险、重点业务和关键业务环节，重点针对管理层迫切需要解决和关注的事项，每季度开展内控责任流程测试，并形成测试报告报同级内控管理部门，公司改革管理部汇总分析。针对测试发现的问题，总部各部门、各分（子）公司及时制订整改计划和措施，督促整改并跟踪落实整改完成情况。整改后内部控制有效。

2. 分（子）公司年度自查。

内部控制自查，是对公司全面贯彻落实内部控制规范、对企业内部控制实施细则设计和运行有效性的全面检查。分（子）公司按照总部要求，自查范围覆盖了主要业务和经济活动，程序规范、方法合理。整体来看，各分（子）公司全面真实地揭示了企业经营管理的风险控制状况。同时，各分（子）公司对自查中发现的问题积极制定有效整改措施并跟踪落实整改结果，内部控制设计和运行整体有效，为公司实现生产经营目标提供了合理保证。

3. 内部控制专项检查。

企业改革管理部是内部控制综合监督工作的归口管理部门，负责公司内部控制日常监督，组织专项检查。本年度，企业改革管理部对分（子）公司货币资金及应收账款管理情况、内部控制检查发现问题整改情况等进行了专项检查。从检查结果来看，各分（子）公司能够落实责任、积极整改，将检查发现的问题分类分级管理，并对本单位暴露出来的突出问题及薄弱环节开展专项或重点检查，保障了公司内部控制有效运转。

4. 内部控制综合检查。

审计部承担内部控制评价职责，对公司内部控制工作进行独立的综合检查评价。本年度，公司审计部按照内部控制监督评价的职责，制订详细的内部控制检查评价方案并报经管理层审核后，代表管理层对总部部门和分（子）公司开展了现场综合检查评价。根据检查结果，总部各部门及分（子）公司未发现内部控制重大缺陷。

（三）内部控制评价工作依据及内部控制缺陷认定标准

1. 内部控制评价工作依据。

公司内部控制评价工作严格遵循《企业内部控制基本规范》、《企业内部控制评价指引》、境内外内部控制监管要求及公司内部控制评价办法规定的程序执行。主要包括以下几个步骤：制订内部控制检查评价方案、成立内部控制检查评价工作组、实施现场检查与评价、认定内部控制缺陷、复核确认并出具现场评价结论、汇总分析检查评价结果、编制内部控制检查评价报告、报告与披露。

评价过程中，我们综合采用了个别访谈法、穿行测试法、抽样法、实地查验法、专题讨论会法等适当方法。对于IT内部控制，主要采取通过系统查询获得具有关键操作权限的系统用户清单，确定系统用户清单中的用户是否与其工作职责相符，对比不相容岗位的用户清单，确定是否存在交叉用户；通过询问、查询等方式了解被检查单位系统配置的具体定义和业务操作的流程规范，验证系统配置是否符合控制要求、系统功能是否有效执行以及业务操作是否准确、及时、合规等。广泛收集公司内部控制设计和运行是否有效的证据，如实填写检查评价工作底稿和工作表，分析、识别内部控制缺陷。

2. 内部控制缺陷认定标准。

公司董事会根据企业内部控制规范体系对重大缺陷、重要缺陷和一般缺陷的认定要求，结合公司规模、行业特征、风险偏好和风险承受度等因素，区分财务报告内部控制和非财务报告内部控制，研究确定了适用于本公司的内部控制缺陷具体认定标准，并与以前年度保持一致。

公司内控手册明确内部控制缺陷包括设计缺陷和运行缺陷，并按照严重程度将内部控制缺陷分为重大缺陷、重要缺陷和一般缺陷，按照具体表现形式分为财务报告内部控制缺陷和非财务报告内部控制缺陷。其中：

重大缺陷，指一个或多个控制缺陷的组合，或关键领域、环节出现严重漏洞，可能严重影响内部整体控制的有效性，进而导致无法及时防范或发现严重偏离整体控制目标的情形；如果发生的缺陷达到重要缺陷标准，但缺陷相关事项属于重大风险业务事项，则应认定为重大缺陷。

重要缺陷，指一个或多个控制缺陷的组合，或关键领域、环节出现漏洞，严重程度低于重大缺陷，但导致无法及时防范或发现偏离整体控制目标的严重程度依然重大；如果发生的缺陷达到一般缺陷标准，但缺陷相关事项属于公司重要风险业务事项，则应认定为重要缺陷。

一般缺陷，指除重大缺陷和重要缺陷之外的其他缺陷。

公司内部控制缺陷标准设置定性标准和定量标准，同时达到定性、定量标准的事项，从严认定缺陷。按照财务报告内部控制缺陷和非财务报告内部控制缺陷分别认定。

（1）财务报告内部控制缺陷认定标准。

按照定性标准，出现：①董事、监事和高层管理人员存在任何形式舞弊，如财务欺诈、滥用职权、贪污、受贿、挪用公款等；②内部环境无效，如审计委员会（或类似机构）职责权限、任职资格和议事规则不明确或未得到严格履行，审计委员会（或类似机构）和内部审计机构对内部控制的监督无效；③财务会计制度选用的控制缺陷，如公司未依照公认会计准则选择和应用会计政策或随意变更会计政策及会计估计或财务报表编制基础不当，导致财务报告出现重大错报；④财务报告相关信息系统（如 ERP 系统、会计集中核算系统、资金集中管理系统）一般性控制和应用控制缺陷直接导致财务报表的重大错报或者漏报；⑤进行内幕交易或泄露内幕信息，其影响恶劣，造成严重后果；⑥外部审计师在本年度审计中发现重大错报且内部控制运行未能发现该错报；⑦对已发布的财务报表进行修改，遵照监管机构要求除外。认定为财务报告内部控制重大缺陷。

按照定量标准，需要计算缺陷一旦发生，可能导致的潜在错报对于公司利润总额、资产总额及营业收入总额的影响是否超过了已设定的比率来加以判断。如果一个控制缺陷或缺陷组合影响的指标数量（如既影响利润又影响资产等）超过一个，应分别计算各指标数值，并按照孰高原则选择数值较高的指标进行缺陷认定。

（2）非财务报告内部控制缺陷认定标准。

按照定性标准，出现：①治理层（董事会及监事会）与管理层职责权限划分不当，人员高度重叠导致治理层缺乏应有独立性，董事会及其专业委员会（不含审计委员会）、监事会职责权限、任职资格和议事规则不明确或未得到严格履行；②公司缺乏民主决策程序，“三重一大”等重大事项未履行集体决策或联签制度，如因决策程序不科学或失误，导致重大并购失败，或者新并购的单位不能持续经营；③公司重大项目实施之前未进行风险评估并制定控制措施，可能导致公司遭受重大损失；④重要业务，包括但不限于资金活动（含投融资）、采购业务、资产管理、销售业务、研究与开发、工程项目、担保业务、业务外包缺乏制度控制或控制失效；⑤由于非财务报告信息系统一般性控制和应用控制缺陷直接导致企业严重偏离某经营目标，如持续经营、合规、声誉等；⑥其他因内部控制不当导致的非财务报告重大缺陷；⑦公司内部控制重大缺陷在合理有效期内未得到有效整改，且该缺陷对本期仍有重大影响，认定为非财务报告内部控制重大缺陷。

按照定量标准，需要计算缺陷一旦发生，对于人员流失率、直接财产损失率和预算偏离度的影响是否超过了已设定的比率，来判断非财务报告内部控制缺陷的等级。

（四）内部控制缺陷认定及整改情况

1. 财务报告内部控制缺陷认定及整改情况。

根据财务报告内部控制缺陷的认定标准，报告期内公司不存在财务报告内部控制重大缺陷、重要缺陷。

2. 非财务报告内部控制缺陷认定及整改情况。

根据非财务报告内部控制缺陷的认定标准，报告期内未发现公司非财务报告内部控制重大缺陷、重要缺陷。

（五）特别说明的情况

公司《内部控制评价报告》与会计师事务所《内部控制审计报告》的结论不一致，会计师事务所在《内部控制审计报告》中显示公司存在财务报告内部控制重大缺陷。

在2022年6月的年度股东大会上，公司本年提交股东大会审议的《关于预计2022年日常关联交易金额的议案》及《关于XYZ公司变更承诺履行期限的议案》两个议案未获股东大会表决通过。但公司仍在进行《关于预计2022年日常关联交易金额的议案》所涉及的日常关联交易。依据上述情况，会计师事务所认为，XYZ公司与关联交易的授权和批准相关的内部控制存在重大缺陷，该重大缺陷具有广泛影响，有效的内部控制能够为财务报告及相关信息的真实完整提供合理保证，而上述重大缺陷使XYZ公司内部控制失去这一功能。

公司经调查研究，认为日常关联交易是历史上已形成并延续下来的客观情况，在目前乃至今后相当长的时期内，是必要和无法避免的。公司与各关联方进行的关联交易严格按照市场公平对价原则开展具体业务，交易价格公允，相关关联交易并未损害公司和股东利益。在当前公司经营情况下，若停止关联交易后，将导致公司经营停顿，无法持续经营，给公司和股东造成实质性的损害。公司为维持正常运转，保证经营可持续开展，仍进行了日常关联交易；同时，针对该事项公司持续与股东进行了积极沟通，会根据公司的实际情况重新履行相应的审批程序。公司根据业务管理实际情况，判断该事项并不构成重要或重大内部控制缺陷。

XYZ公司董事长（签章）
2023年3月21日

要求：

1. 根据《企业内部控制评价指引》，说明内部控制自我评价报告应包括的主要内容。

2. 分析判断XYZ公司对2022年度内部控制有效性的评价结论是否恰当，并简要说明理由。

解析：

1. 内部控制自我评价报告作为公司内部控制自我评价工作的结论性成果，包括：(1) 对董事会、监事会、管理层在内部控制建设和实施中应担负责任的声明，董事会对报告内容真实性的声明；(2) 公司内部控制的目标；(3) 公司内部控制的局限性；(4) 公司财务报告内部控制和非财务报告内部控制评价的结论；(5) 与上市公司相适应的内部控制建设遵循依据；(6) 内部控制自我评价范围；(7) 内部控制自我评价工作的具体组织；（8）内部控制评价工作依据及内部控制缺陷认定标准；（9）内部控制缺陷认定及整改情况告示等。

2. XYZ公司关于2022年度财务报告内部控制不存在重大缺陷、重要缺陷的评价结论不恰当。

理由：（1）XYZ公司在相关议案未获股东大会表决通过的情况下仍然实施相关业务活动，说明公司的治理结构形同虚设，授权审批控制存在重大缺陷，可能对公司财务报告及相关信息的真实完整造成广泛影响。（2）根据公司制定的财务报告内部控制重大缺陷的认定标准，“外部审计师在本年度审计中发现重大错报且内部控制运行未能发现该错报”，则应认定为财务报告内部控制重大缺陷。资料显示，会计师事务所已经认定XYZ公司与关联交易的授权和批准相关的内部控制存在重大缺陷，该重大缺陷具有广泛影响，有效的内部控制能够为财务报告及相关信息的真实完整提供合理保证，而上述重大缺陷使XYZ公司内部控制失去这一功能。据此，XYZ公司不应作出内部控制有效的结论，并需描述该重大缺陷的成因、表现形式及其对实现相关控制目标的影响程度。

第四章　企业投资、融资决策与集团资金管理

【例4－1】甲公司为一家境内上市的集团公司，主要从事能源电力及基础设施建设与投资。2023年初，甲公司召开X、Y两个项目的投融资评审会。有关人员发言要点如下：

（1）能源电力事业部经理：X项目为一个风能发电项目，初始投资额为5亿元。公司的加权平均资本成本为7%，该项目考虑风险后的加权平均资本成本为8%。经测算，该项目按公司加权平均资本成本7%折现计算的净现值等于0，说明该项目收益能够补偿公司投入的本金及所要求获得的投资收益。因此，该项目投资可行。

（2）基础设施事业部经理：Y项目为一个地下综合管廊项目，采用“建设－经营－转让”（BOT）模式实施。该项目预计投资总额为20亿元（在项目开始时一次性投入），建设期为1年，运营期为10年，运营期每年现金净流量为3亿元；运营期结束后，该项目无偿转让给当地政府，净残值为0。该项目前期市场调研时已支付中介机构咨询费0.02亿元。此外，该项目投资总额的70%采取银行贷款方式进行解决，贷款年利率为5%，该项目考虑风险后的加权平均资本成本为6%，公司加权平均资本成本为7%。Y项目对于提升公司在地下综合管廊基础设施市场的竞争力具有战略意义，建议投资该项目。

部分现值系数如表4－1所示。

表4－1

项目	5%	6%	7%
10年期年金现值系数	7.7217	7.3601	7.0236
1年期复利现值系数	0.9524	0.9434	0.9346

（3）财务部经理：随着公司投资项目的不断增加，债务融资压力越来越大。建议2023年加快实施定向增发普通股方案，如果公司决定投资X项目和Y项目，可将这两个项目纳入募集资金使用范围；同时，有选择地出售部分非主业资产，以便有充裕的资金支持2023年的投资计划。

（4）财务总监：公司带息负债增长迅速，债务融资占比过高，资本结构亟待优化，

2022年末合并报表的资产负债率已经达到80%，同意财务部经理将X、Y两个项目纳入募集资金使用范围的意见。此外，为进一步强化集团资金集中管理，提高集团资金使用效率，甲公司计划年内成立财务公司并控股经营。财务公司成立之后，公司可以借助这个金融平台，一方面支持2023年投资计划及公司“十四五”投资战略的实施；另一方面为集团内、外部单位提供结算、融资等服务，为集团培育新的利润增长点。

假定不考虑其他因素。

要求：

1. 根据要点（1），指出能源电力事业部经理对X项目投资可行的判断是否恰当，并说明理由。

2. 根据要点（2），计算Y项目的净现值，并据此分析判断该项目是否可行。

3. 根据要点（3），指出财务部经理的建议体现了哪些融资战略（基于融资方式），并说明这些融资战略存在的不足。

4. 根据要点（4），指出甲公司是否满足设立财务公司的规定条件，并说明理由。

5. 根据要点（4），指出财务总监关于财务公司服务对象的表述是否存在不当之处，并说明理由。

解析：

1. 不恰当。

理由：（1）X项目应当按照项目考虑风险后的加权平均资本成本8%折现计算净现值。

（2）由于按照7%折现计算的净现值等于0，因此，按照8%折现计算的净现值小于0。

2. Y项目净现值 $=3\times 7.3601\times 0.9434-20=0.83$（亿元）

项目净现值大于0，具有财务可行性。

3. 融资战略类型：股权融资战略和销售资产融资战略。

股份融资战略存在的不足：股份容易被恶意收购从而引起控制权的变更，并且股权融资方式的成本也比较高。

销售资产融资战略存在的不足：比较激进，一旦操作就无回旋余地，而且如果销售时机选择不准，销售价格会低于资产本身价值。

4. 不满足。

理由：甲公司的资产负债率为80%，表明其净资产率为20%，根据有关规定，设立财务公司的控股股东净资产率不应低于40%（或：资产负债率不应高于60%）。

5. 存在不当之处。

理由：财务公司服务对象被严格限定在企业集团内部成员单位这一范围之内（或：财务公司不得为集团外部单位提供结算、融资服务）。

【例4－2】 甲公司是一家集成电路制造类的国有控股集团公司，在上海证券交易所上市。2022 年末，公司的资产总额为 150 亿元，负债总额为 90 亿元。2023 年初，公司召开了经营与财务工作务虚会。部分参会人员发言要点摘录如下：

（1）总经理：回顾过去，公司产品连续 3 年取得了同行业省内市场占有率第一的成绩；展望未来，集成电路产业作为国家鼓励的战略性新兴技术产业，有着良好的发展前景，并将持续成为社会资本竞相追逐的投资“风口”，本公司具有较强的外部资源获取能力，要抓住难得的发展机遇。当前，公司正在拟订未来发展规划，总体目标是力争今后 3 年实现公司销售收入每年递增 30%，市场占有率进入国内行业前五名。为维护稳定发展的公司形象，公司将继续执行每年利润固定比率（现金股利支付率 15%）政策，秉承“从管理效率提升中求生存，从产品研发和创新中谋发展”的企业文化，不断巩固和强化公司产品的竞争优势，实现公司快速增长。

（2）投资总监：实现销售收入增长 30%，需要对现有加工车间进行扩建，以扩充生产能力。车间扩建项目有 A、B 两个风险相当的备选扩建方案；投资均为 1 亿元，建设期均为半年，当年均可以投产，运营期均为 10 年；A、B 两方案年度平均现金流分别为 0. 25 亿元和 0. 31 亿元，回收期分别为 2. 5 年和 3. 5 年。

（3）财务部经理：按照销售收入增长率 30% 测算，满足公司下一年度增长所需的净增投资额共计 3 亿元，必须全部通过外部融资解决。

（4）财务总监：虽然公司发展已经取得了长足进步，但资产负债率也急剧上升，并高于行业平均水平（45%）。如果继续增加债务融资，将会加大公司财务风险。因此，应优化公司的资本结构，始终将公司最优资本结构下的资产负债率控制在 45% 这一常数点。

（5）战略发展部经理：集团旗下参股和控股企业数量众多，内部资金往来交易量巨大。本集团已初步具备了成立财务公司的条件。为加强资金集中管理，建议着手组建集团财务公司：①成立专门工作组，动员成员单位积极入股，并适当吸收社会其他合格的机构投资者入股；②集团财务公司可以为成员单位办理票据承兑与贴现、办理贷款和承销股票等业务，从而拓宽成员单位资金的来源渠道。

假定不考虑其他因素。

要求：

1. 根据要点（1），判断总经理发言所体现的公司总体战略的具体类型，并指出甲公司是否符合该战略的适用条件。

2. 根据要点（2），分别计算 A、B 两方案的会计收益率，指出甲公司采用会计收益率法和回收期法的决策结论是否一致，并说明理由。

3. 根据要点（1）和要点（3），结合融资规划和企业增长原理，判断财务部经理关于年度所需的净增投资额必须全部通过外部融资解决的观点是否恰当；如不恰当，说明理由。

4. 根据要点（4），判断财务总监的观点是否恰当；如不恰当，指出不当之处并说明理由。

5. 根据要点（5），分别判断第①项和第②项的陈述是否恰当；如不恰当，说明理由。

解析：

1. 总经理发言体现的是成长型战略中的密集型战略，甲公司符合该战略的适用条件。

2. ①A 方案会计收益率 =0.25 ÷1 ×100% =25%

B 方案会计收益率 =0.31 ÷1 ×100% =31%

②采用两种方法决策结论不一致。

理由：采用回收期法，A 方案回收期短，优于 B 方案；采用会计收益率法，B 方案会计收益率较大，优于 A 方案。

3. 不恰当。

理由：企业增长所需的净增投资额等于内部融资与外部融资之和，由于企业有内部融资量（留存率 85%），实际外部融资量小于 3 亿元。

4. 不恰当。

不当之处：始终将公司最优资本结构下的资产负债率控制在 45% 这一常数点。

理由：最优资本结构不应是一个常数点，而是一个有效区间。

5. 要点①恰当；要点②不恰当。

理由：企业集团的财务公司的业务范围不包括为成员单位承销股票。

【例 4 -3】甲公司是一家以视频技术为核心的安防系列产品制造及智能物联网服务的境内上市公司。2022 年 4 月，公司管理层对经营情况进行分析研判，拟采取一系列应对措施，强化公司的市场竞争优势。有关资料如下：

（1）产品与技术。甲公司传统视频监控产品的全球市场占有率连续多年保持在 15% 左右。2019 年以来，在视频监控主业之外，甲公司持续加大以视频技术为基础的智慧存储、机器人、汽车电子等新产品开发和销售力度，与传统主业形成有效协同，在业内建立了新的技术高地。新产品通过引领更为丰富的应用场景，为公司发展持续注入了新动力。

（2）形势与挑战。近年来，政府、企业和家庭持续加大对安防的消费支出。甲公司传统视频监控产品的国内需求保持稳定增长。在传统产品的国内地域覆盖率方面，甲公司一直注重在一、二线城市的深耕细作，市场占有率较高；尚未涉足三、四线城市，权威报告指出三、四线城市未来 5 年市场空间较大。在新产品研发投入方面，2019 ~ 2021 年，甲公司新产品研发支出占营业收入比重逐年增长，且远高于行业平均水平，从而保持行业内的技术领先地位。

2021 年 10 月，H 国将甲公司列入出口管制企业名单，限制其进口 H 国原产地的商品、技术或服务，甲公司核心产品的主要原材料（M 零部件）供应链严重受限，相关产品的营业收入明显下降。2021 年 12 月，媒体曝光甲公司两名高管人员利用公司制度瑕疵涉嫌与某重要供应商合谋操纵产品价格，谋取私利。甲公司对曝光问题核实后，迅速对相关人员作出了严肃处理并及时予以公告。2022 年 3 月，新冠疫情多点频发，宏观经济下行，国际市场需求不足，甲公司出口业绩下滑，营运资金占用持续增加。截至

2022 年第一季度末，甲公司存货高达 153.5 亿元，同比增长 123%；应收账款余额为 285.4 亿元，同比增长 39.88%。2022 年第一季度经营活动、投资活动和筹资活动的现金流量净额分别为 -49.87 亿元、-5.27 亿元和 51.65 亿元。

（3）主要应对措施。①稳定供应链。为减少 H 国出口管制的影响，稳定上游供应链，甲公司拟进行境外并购，收购 W 国的一家 M 零部件制造企业。根据项目筛选和投资立项会审批意见、市场尽职调查与风险评估报告等，甲公司召开总经理办公会进行决策，会议批准了相关收购协议的主要条款，并责成相关部门直接报董事长签字，授权经营团队签订投资协议，办理投资和各项收购手续。②推行资金集中管理。截至 2022 年第一季度末，甲公司拥有 39 家国内控股子公司，31 个境外分支机构，母、子公司均无任何担保业务。甲公司经研究决定，自 2022 年下半年起，在全集团推行资金集中管理。③加强集团财务风险控制。2022 年第一季度末数据显示：集团资产总额 1 025 亿元，其中货币资金 181 亿元（含外币货币资金折合人民币 75 亿元）；负债总额 756 亿元（含外币借款折合人民币 216 亿元）；外汇市场波动产生较大的汇兑损失。此外，公司最佳资本结构下的资产负债率为 55% ~65%，针对公司财务现状，甲公司决定加强集团财务风险控制。

假定不考虑其他因素。

要求：

1. 根据资料（1），指出甲公司实施的企业成长型战略的具体类型。

2. 根据资料（1）~（2），运用 SWOT 模型，分别指出甲公司的优势、劣势、机会和威胁。

3. 根据资料（3）第①项，判断甲公司境外直接投资的决策步骤是否恰当，并说明理由。

4. 根据资料（3）第②项，说明甲公司推行资金集中管理的合理性。

5. 根据资料（3）第②项和第③项，从企业集团的角度，指出甲公司加强集团财务风险控制的针对性措施。

解析：

1. 密集型战略。

或：新产品开发战略。

2. 优势：市场份额大；技术领先、近三年研发投入行业内连续增长，保持了技术领先地位。

劣势：尚未涉足三、四线城市市场，存在制度问题；财务问题（营运资金占用持续增加、现金流趋紧，负债上升，出口业绩下滑）。

机会：国内传统视频监控产品市场需求稳定增长，三、四线城市市场空间较大。

威胁：H 国管制清单导致甲公司相关业务收入下降，国内业务的原材料供应链受限；疫情导致国际市场需求不足；媒体曝光高管人员涉嫌操纵价格导致企业形象受损。

3. 不恰当。

理由：决策步骤不完整。没有经过公司投资决策会进行项目论证与决策，直接报董事长签字并批准实施，没有召开董事会表决。

4. 具体说，可以规范集团资金使用，增强总部对成员企业的财务控制力；增强集团资源配置优势。

或：甲公司的子公司众多，资金集中管理有利于集团管控，盘活资金，在集团内有效配置资源，提高资金利用效率，降低资金成本和金融风险。

5. 加强境外投资面临的外汇风险控制；加强集团公司资产负债率控制。

【例 4－4】甲公司是国内一家从事建筑装饰材料生产与销售的股份公司。2022 年国家宏观经济增速下降，房地产行业市场形势依然严峻。甲公司董事会认为，公司的发展与房地产行业密切相关，公司战略需进行相应调整。

2023 年初，甲公司根据董事会要求，召集由中高层管理人员参加的公司战略规划研讨会。部分参会人员发言要点如下：

市场部经理：尽管宏观经济增势放缓，但本公司业务并没有受到太大影响，公司仍处于重要发展机遇期，在此形势下，公司宜扩大规模，抢占市场，谋求更快发展。近年来，本公司的主要竞争对手乙公司年均销售增长率达 12% 以上，而本公司同期年均销售增长率仅为 4%，仍有市场拓展余地。因此，建议进一步拓展市场，争取这两年把销售增长率提升至 12% 以上。

生产部经理：本公司现有生产能力已经饱和，维持年销售增长率 4% 的水平有困难，需要扩大生产能力。考虑到当前宏观经济和房地产行业面临的诸多不确定因素，建议今明两年维持 2022 年的产销规模，向管理要效益，进一步降低成本费用水平，走内涵式发展道路。

财务部经理：财务部将积极配合公司战略调整，做好有关资产负债管理和融资筹划工作。同时，建议公司战略调整要考虑现有的财务状况和财务政策。本公司 2022 年末资产总额为 50 亿元，负债总额为 25 亿元，所有者权益为 25 亿元；2022 年度销售总额为 40 亿元，净利润为 2 亿元，分配现金股利 1 亿元。近年来，公司一直维持 50% 资产负债率和 50% 股利支付率的财务政策。

总经理：公司的发展应稳中求进，既要抓住机遇加快发展，也要积极防范财务风险。根据董事会有关决议，公司资产负债率一般不得高于 60% 这一行业均值，股利支付率一般不得低于 40%，公司有关财务安排不能突破这一红线。

假定不考虑其他因素。

要求：

1. 根据甲公司 2022 年度财务数据，分别计算该公司的内部增长率和可持续增长率；据此分别判断市场部经理和生产部经理的建议是否合理，并说明理由。

2. 分别指出市场部经理和生产部经理建议的公司战略类型。

3. 在保持董事会设定的资产负债率和股利支付率指标值的前提下，计算甲公司可实现的最高销售增长率。

解析：

1.（1）

$$g(\text{内部增长率})=\frac{\frac{2}{50}\times(1-50\%)}{1-\frac{2}{50}\times(1-50\%)}=2.04\%$$

或者：

$$ROA=\frac{2}{50}\times100\%=4\%$$

$$g(\text{内部增长率})=\frac{4\%\times(1-50\%)}{1-4\%\times(1-50\%)}=2.04\%$$

$$g(\text{可持续增长率})=\frac{\frac{2}{25}\times(1-50\%)}{1-\frac{2}{25}\times(1-50\%)}=4.17\%$$

或者：

$$ROE=\frac{2}{25}\times100\%=8\%$$

$$g(\text{可持续增长率})=\frac{8\%\times(1-50\%)}{1-8\%\times(1-50\%)}=4.17\%$$

（2）不合理。

理由：市场部经理建议12%的增长率太高，远超出了公司可持续增长率4.17%。生产部经理建议维持2022年的产销规模，太过于保守，也不合理。

2. 市场部经理的建议属于成长型（或扩展型、发展型）战略。生产部经理的建议属于稳定型（维持型或防御型）战略。

3. 在保持董事会设定的资产负债率和股利支付率指标的前提下，公司可以实现的最高销售增长率为：

$$\text{销售增长率}=\frac{\frac{2}{40}\times(1-40\%)\times\left(1+\frac{0.6}{0.4}\right)}{\frac{50}{40}-\frac{2}{40}\times(1-40\%)\times\left(1+\frac{0.6}{0.4}\right)}=6.38\%$$

【例4-5】 2022年12月，九州新创科技公司欲投资建设一个专门生产教学用笔记本电脑的生产线，预计生产线寿命为5年。2015年曾为建设该项目聘请某咨询机构进行项目可行性研究现金支出80万元。该项目的初始投资额及有关销售、成本资料如下：

（1）购置机器设备等固定资产投资1 000万元（包括运输、安装调试和相关税金等全部成本），固定资产折旧采用平均年限法按10年计提，预计届时无残值；第5年估计机器设备的市场变现价值为600万元。

（2）项目投资后，各期营运资本投入假定为下一年销售收入的5%。

（3）销售数量、单价、成本数据：

①第1年的销售量预计为5 000台，第2年、第3年每年销售量增加30%，第4年停止增长；

②第1年的销售单价为6 000元/台，以后各年销售单价下降10%；

③第1年单台设备的变动成本为4 800元，以后各年单位变动成本逐年降低13%；

④固定成本第1年为300万元，以后各年增长8%。

变动成本和固定成本包含了企业所有的成本费用，即折旧、利息、摊销等已包含在其中。

（4）适用的企业所得税税率为25%。

要求：

1. 简要说明如何确定项目折现率。
2. 项目可行性研究费用80万元是否应计入项目投资支出并说明理由。
3. 确定项目初始现金流量、营业现金流量和净现值。
4. 根据上述计算结果，指出项目财务的可行性。

解析：

1. 在采用折现法进行投资决策时，项目折现率选择的主要参考标准有：

（1）以市场利率为标准。资本市场的市场利率是整个社会投资报酬率的最低水平，可以视为无风险最低报酬率要求。

（2）以投资者希望获得的最低投资报酬率为标准，这就考虑了投资项目的风险补偿因素以及通货膨胀因素。

（3）以企业平均资本成本率为标准。企业投资所需要的资金，都或多或少地具有资本成本，企业筹资所承担的资本成本水平，给投资项目提出了最低报酬率要求。必须指出，在项目风险与公司风险显著不同的情况下，进行项目投资决策时应当采用项目的资本成本作为折现率的参考标准，否则可能误导决策，造成公司投资机会的丧失。

2. 可行性研究费用80万元不应计入项目投资支出。项目投资决策应考虑与该项目相关的现金流，而不应考虑无关成本。与投资相关的现金流是指实施一个项目才导致的现金流入或现金流出，如果不实施该项目，就不会发生的现金流，即考虑增量现金流。而那些无论项目是否实施都已经发生的现金流，则不需要考虑。其中，沉没成本是指那些已经发生、目前的决策对其没有影响的成本。如新建项目的一些前期费用，尽职调查费、投资咨询费等，属于沉没成本，不应当考虑。

但需要注意的是，项目决策需要考虑机会成本。所谓机会成本是指接受一个项目时必须放弃的收益，虽然没有真实发生，但所放弃的潜在收益却是属于新项目的成本，必须加以考虑。另外，项目决策还需要考虑项目带来的溢出效应，即采取新项目后可能对公司其他部门、业务等产生的影响，它可能是正面的也可能是负面的。

3. 项目初始现金流量 $NCF_0 = -(1\ 000 + 3\ 000 \times 5\%) = -(1\ 000 + 150) = -1\ 150$（万元）。

营业现金净流量 $NCF_1 \sim NCF_4$ 如表 4－2 所示。

第 5 年现金净流量 $NCF_5 = 546 + 166 + 600 - (600 - 500) \times 25\% = 1\ 287$（万元）。

净现值（NPV）计算如表 4－2 所示。

4. 由于净现值＝1 162 万元，大于 0，所以该项目具有财务可行性。

表 4－2　　净现值计算表

序号	项目	数量关系	年限					
			0	1	2	3	4	5
1	初始投资（万元）		－1 000					
2	销售数量（台）			5 000	6 500	8 450	8 450	8 450
3	销售单价（元）			6 000	5 400	4 860	4 374	3 937
4	销售收入（万元）	④＝②×③		3 000	3 510	4 107	3 696	3 327
5	单位变动成本（元）			4 800	4 176	3 633	3 161	2 750
6	总变动成本（万元）	⑥＝②×⑤		2 400	2 714	3 070	2 671	2 324
7	固定成本（万元）			300	324	350	378	408
8	利润（万元）	⑧＝④－⑥－⑦		300	472	687	647	595
9	所得税（万元）	⑨＝⑧×25%		75	118	172	162	149
10	净利（万元）			225	354	515	485	446
11	折旧（万元）			100	100	100	100	100
12	营业现金净流量（万元）	⑫＝⑩＋⑪	0	325	454	615	585	546
13	营运资本（万元）		－150	－176	－205	－185	－166	
14	营运资本增量（万元）		－150	－26	－29	20	19	166
15	出售固定资产（万元）							600
16	出售固定资产纳税（万元）	100×25%						25
17	年度现金净流量（万元）		－1 150	299	425	635	604	1 287
18	折现系数（10%）		1	0.909	0.826	0.751	0.683	0.621
19	年度现金流量现值（万元）	⑲＝⑰×⑱	－1 150	272	351	477	413	799
20	净现值（万元）		1 162					

注：营运资本增量＝本年营运资本－上年营运资本。

【例4-6】甲公司是一家从事汽车零配件生产、销售的公司，在创业板上市，2020年年报及相关资料显示，公司资产、负债总额分别为10亿元、6亿元。负债的平均年利率为6%，发行在外普通股股数为5 000万股；公司适用的所得税税率为25%。

近年来，受到顾客个性发展趋势和“互联网+”模式的深度影响，公司董事会于2021年初提出，要从公司战略高度加快构建“线上+线下”营销渠道，重点推进线上营销渠道项目（以下简称“项目”）建设，以巩固公司的行业竞争地位。项目主要由信息系统开发、供应链及物流配送系统建设等组成，预计总投资为2亿元。2021年3月，公司召开了由中、高层人员参加的“线上营销渠道项目与投融资”专题论证会。部分参会人员的发言要点如下：

（1）经营部经理：在项目财务决策中，为完整反映项目运营的预期效益，应将项目带来的销售收入全部作为增量收入处理。

（2）投资部经理：根据市场前景、项目运营等相关资料预测，项目预计内含报酬率高于公司现有的平均投资收益率，具有财务可行性。

（3）董事会秘书：项目所需的2亿元资金可通过非公开发行股票（定向增发）方式解决。定向增发计划的主要条款包括：①以现金认购方式向不超过25名特定投资者发行股份；②发行价格不低于定价基准日前20个交易日公司股票交易价格均价的80%；③如果控股股东参与定向认购，其所认购股份应履行自发行结束之日起12个月内不得转让的义务。

（4）财务总监：董事会秘书提出的项目融资方案可供选用，但公司融资应考虑资本成本、项目预期收益等多项因素影响。财务部门提供的有关资料显示：①如果项目举债融资，需要向银行借款2亿元，新增债务年利率为8%；②董事会为公司资产负债率预设的警戒线为70%；③如果项目采用定向增发融资，需增发新股2 500万股，预计发行价为8元/股；④项目投产后预计年息税前利润为0.95亿元。假定不考虑其他因素。

要求：

1. 根据资料（1）~（2），逐项判断经营部经理和投资部经理的观点是否存在不当之处，对存在不当之处的，分别说明理由。

2. 根据资料（3），逐项判断定向增发计划主要条款①~③项是否存在不当之处；对存在不当之处的，分别说明理由。

3. 根据资料（4）的第①项和第②项，判断公司是否可以举债融资，并说明理由。

4. 根据资料（4），依据EBIT-EPS无差异分析法原理，判断公司适宜采用何种融资方式，并说明理由。

解析：

1. (1) 经营部经理的观点存在不当之处。

理由：公司在预测新项目的预期销售收入时，必须考虑新项目对现有业务潜在产生的有利或不利影响。因此，不能将其销售收入全部作为增量收入处理。

(2) 投资部经理的观点存在不当之处。

理由：如果用内含报酬率作为评价指标，其判断标准为该项目预计内含报酬率大于公司或项目的加权平均资本成本。

2. 关于定向增发方案的主要条款：

条款①无不当之处。

条款②无不当之处。

条款③存在不当之处。

理由：控股股东所认购之股份应履行自发行结束之日起18个月内不得转让的义务。

3. 可以举债融资。

理由：公司新增贷款2亿元后的资产负债率 $=(6+2)\div(10+2)\times100\% = 66.67\%$，低于70%。

4. 公司适宜采用债务融资。

理由：依据EBIT－EPS无差异分析法原理，使EPS相等的息税前利润测算方式如下：

$$\frac{(EBIT-6\times6\%)\times(1-25\%)}{5\ 000+2\ 500}=\frac{(EBIT-6\times6\%-2\times8\%)\times(1-25\%)}{5\ 000}$$

得到：EBIT＝0.84亿元。

项目投产后预计公司年息税前利润为0.94亿元，大于0.84亿元。

【例4－7】甲公司是一家在上海证券交易所上市的大型国有集团公司，主要从事M产品的生产与销售，是国内同行业中的龙头企业。2023年初，甲公司召开经营与财务工作专题会议。部分参会人员发言要点摘录如下：

(1) 总经理：近年来，国内其他企业新建了多个与本公司产品同类的生产线，对公司产品原有的市场形成一定冲击。不过，与国内同行业相比，公司在产品质量、技术水平、研发和营销能力、管理协同和人才竞争力等方面依然具有领先优势。面对M产品技术变革步伐加快、客户需求多样化的市场形势，2023年，公司应继续坚持“需求引导、创新驱动、特色突出”的经营战略，大力开展技术创新，为客户提供优质独特的产品和服务体验，持续保持公司在全行业中的竞争优势。

(2) 财务部经理：公司业务在2021年经历了快速发展，营业收入同比增长38%。但是债务规模也随之大幅攀升，2021年末资产负债率高达85%，显示出财务风险较大。2022年，公司努力优化资本结构，主要做了以下工作：①适度压缩债务规模，提高留存收益比例。②综合采用吸收直接投资、引入战略投资者和向原股东配股发行等方式进行权益融资（增发定价基准日前20个交易日公司股票均价为每股17元；增发前公司总股本数量为25亿股）。③严格控制赊销条件，强化应收账款催收力度，大幅改善应收账款周转率。④严格控制并购事项，慎重进入核心能力之外的业务领域。2022年末，公司资产负债率同比下降了10个百分点，为充分利用现有资源、实现财务业绩和资产规模稳定增长奠定了基础。2023年，公司应当根据自身经营状况确定与之匹配的发展速度。

（3）投资部经理：公司2022年完成增资发行后，资金充裕，可以同时投资多个项目。为保持公司技术优势，需加大技术项目投资。现有A、B两个项目可供选择，加权平均资本成本均为9%。经测算，A、B两个项目的内含报酬率分别为17.87%和15.04%，净现值分别为0.37亿元和0.68亿元。

（4）企业发展部经理：公司技术创新和管理能力较强，M产品市场优势明显。鉴于国内市场日趋饱和，应加快开拓国际市场。我国政府提出的“一带一路”倡议得到了沿线国家的积极响应，一些沿线国家既是公司产品的原材料产地，也是公司产品的巨大潜在市场。沿线国家大多数处于工业化中后期阶段，产品生产和技术水平有待提高。建议公司2023年从这些沿线国家中选择一些风险适度、业务互补性强的项目，开展相关的境外直接投资业务。

假定不考虑其他因素。

要求：

1. 根据资料（1），指出甲公司采取的经营战略具体类型及甲公司实施该战略所具备的适用条件。

2. 根据资料（2），从资本筹措与使用特征的角度，判断财务经理发言所体现的财务战略具体类型，并说明理由。

3. 根据资料（2）和我国现行增发融资相关规定，计算确定甲公司可申请配股发行股票的最大发行量及该发行量下的最低融资额。

4. 根据资料（3），结合企业投资项目的一般分类方法，对甲公司面临A、B两个投资项目进行决策，并说明理由。

5. 根据资料（4），指出企业发展部经理建议所体现的开展境外直接投资的主要动机。

解析：

1. 差异化战略。

适用条件：在产品质量、技术水平、研发和营销能力、管理协同和人才竞争力等方面具有领先优势。

2. 稳健性战略。

理由：适应压缩了债务融资规模，提高留存收益比例；严格控制并购事项及慎重进入核心能力之外的业务；充分利用现有资源，实现财务业绩和资产规模稳定增长。

3. 股票最大发行量 $=25\times30\%=7.5$（亿股）

配股发行最低融资额 $=7.5\times17\times80\%=102$（亿元）

4. 若 A、B 两个项目为独立项目或依存项目，则均可采纳：

理由：A、B 两个项目内含报酬率 IRR 均大于加权平均资本成本 9% ［或：A、B 两个项目净现值 NPV 均大于 0］。

若 A、B 两个项目为互斥项目，则选择 B 项目。

理由：净现值法将项目的收益与股东财富直接关联。当 NPV 法与 IRR 法出现矛盾时，以 NPV 法为准。

5. 甲公司境外直接投资的主要动机：获取原材料；分散和降低经营风险；发挥自身优势，提高竞争力。

【例 4－8】 E－TOWN 投资有限公司（以下简称“ET 公司”）股权投资项目相关资料如下：

一、项目概况

目标企业：晨光（北京）科技有限公司

主营业务：生产销售中高功率 LED 照明系列产品及电视背光产品封装服务。

注册资本：3.85 亿元人民币，早期投资人包括亦创资本、鹏程创投、博大集团等。

投资金额：2 亿元人民币，以股权形式投资晨光北京公司（投资后成为中外合资企业），投前估值 12.55 亿元人民币，投后持股比例 13.75%。

建设目标：募集资金主要用于并购及扩产，2022 年公司策略性进行战略调整后，海外业务快速成长，产能紧张（目前已经超过 85% 的产能利用率）。

晨光（北京）科技有限公司股权结构如图 4－1 所示。

图 4－1　公司股权结构

二、行业特征

规模：据预测，全球 LED 封装市场在 2025 年将达到 260 亿美元规模，年复合增长率为 12%，中国作为全球 LED 照明产品的生产基地，占据 80% 的产量。

趋势：当前 LED 行业发展的驱动因素主要为照明（政策影响＋成本下降＋价格临界点），当前 LED 照明市场渗透率已经超过 30%，中高功率照明为未来的主流发展趋势。

从应用来讲，未来替代照明是主要应用方向，年复合增长率将超过14%，此外细分的汽车照明、商业及工业用照明、景观照明也将成为新的行业增长点（见图4-2）。

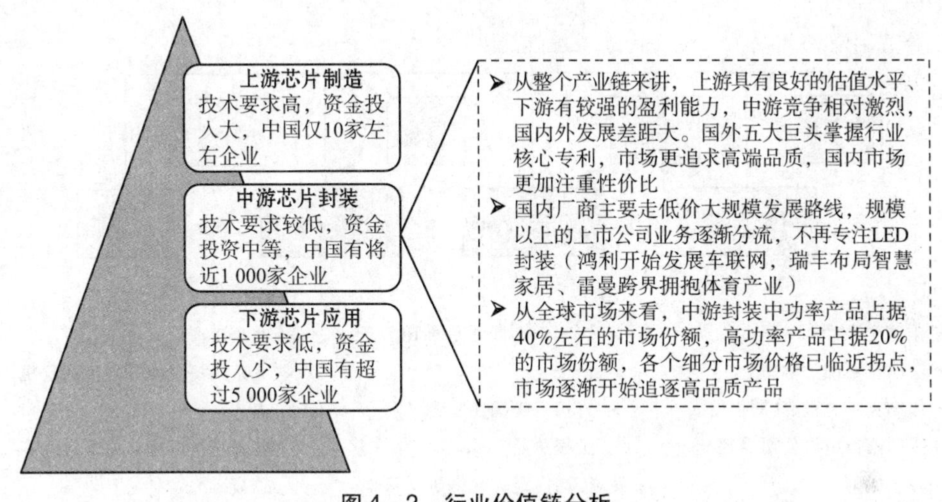

图4-2 行业价值链分析

三、技术亮点

开创了国内首款无外置驱动器的全集成LED光引擎模组（光引擎为当前技术趋势之一），用于欧洲、美国、澳大利亚等国家和地区的可调光筒灯、吸顶灯。

可提供成熟的多芯片COB集成光源模组方案。

目前国内为数不多的掌握较为成熟倒装技术的企业（其他两家为三安、德豪润达）。

获得国外知名企业合成白光LED荧光粉成分专利使用权，主要应用在电视背光领域，国内只有国星、聚飞光电等两三家企业获得授权。

国内电视背光量子点技术的掌握者（以液晶的价格达到OLED的色域水平）。

四、管理团队

总体而言，公司核心管理团队具备极强的行业经验和深厚的技术实力，属于研发型的创业团队，近年来开始逐步完善其商务团队建设（建立了四个事业部销售体系，见图4-3）。

五、当前竞争地位

晨光主要从事中高功率LED封装，定位中、高端市场，但目前就规模而言还处于市场二线规模，而受制于行业规模效应的影响，在规模尚未得到突破前，目前晨光的盈利表现并不抢眼。2022年实现盈亏平衡。

从企业内生增长型来看，近两年企业一直保持快速的增长趋势，增长性较好（见表4-3）。

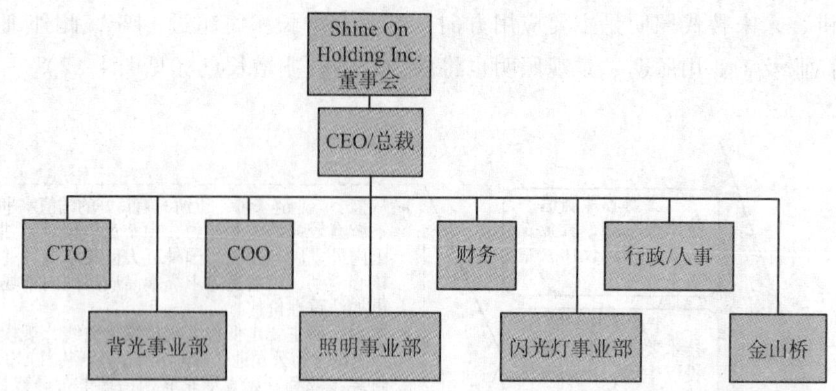

CEO
- 国家千人计划专家
- 美国怀俄明大学博士
- 昂纳克副总裁/共同创始人
- 美国南方电讯公司经理/技术导师
- 朗讯贝尔实验室研究员

CTO
- 国家千人计划专家 UCD 博士
- 曾担任美国弗莱明研发工程总监
- 美国纽瓦克网络研发总监
- 贝尔实验室高级研发员

COO
- 北京市海聚人才
- 北京经济技术开发区高层次人才
- 曾担任美国星岛光电集团副总裁
- 肯塔基研发总监/中国区总经理

图 4－3　管理团队与四个事业部销售体系

表 4－3　　　　LED 企业成长及盈利分析

公司	营业收入（2021 年）（亿元）	成长性（营收增长）（%）	盈利性（毛利率）（%）	盈利性（净利率）（%）
多安光电	45.8	22.71	45	32.98
江淮科技	40.8	39.25	23.66	10.95
德润光华	41.5	32.74	21.37	0.32
宏图光电	10.2	38.38	24.91	9.23
长风光电	9.07	32.97	16.74	2.62
西京光电	15.4	35.07	25.08	8.68
云龙光电	9.91	－9.72	28.80	17.85
汉东光电	3.81	－5.99	30.77	7.92
行业平均	—	23	27	11.32
晨光 2021	1.89	55	8.63	－12.73
晨光 2022	3.97	100	18	1.60

六、业务开展情况

（一）业务开展情况——模式（见图4－4）

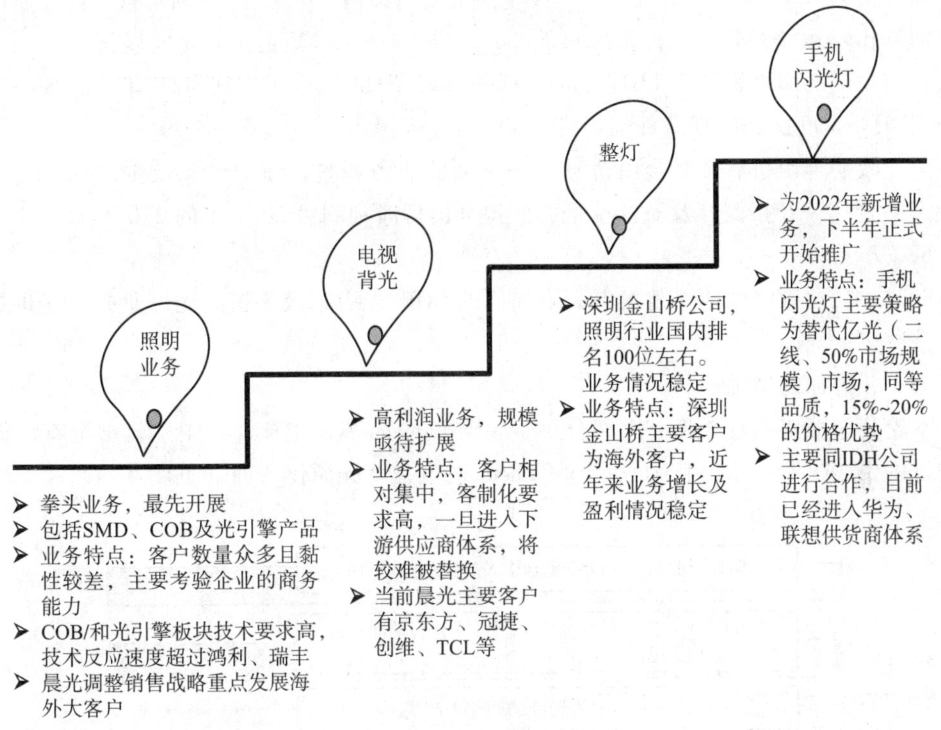

图4－4　公司业务模式

（二）业务开展情况——成长型（见图4－5）

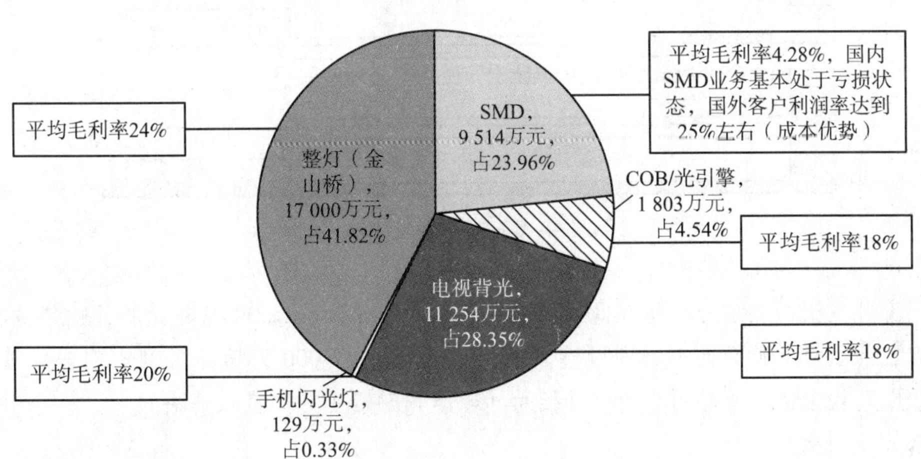

图4－5　2022年公司营业收入3.97亿元的业务分布

（三）业务开展情况——战略调整

晨光2022年以前是一个技术型的海归创业企业，且在北京远离下游市场（长三角、珠三角），市场反应速度较慢，2022 年后公司策略性地进行了战略调整，完成对深圳金山桥的改造，并成功实现扭亏为盈。

在传统的 LED 照明产品封装上，策略性地剥离国内 SMD 业务并利用自己高品质的产品和海外市场运作经验，大力拓展海外 SMD 客户，扬长避短走国际化发展路线。

目前主要的海外客户为 LGIT/LiteOn/Lumens，2022 年全年实现海外销售 2 350 万元，2023 年第一季度已经实现海外销售额 1 000 万元人民币。

晨光收购金山桥后，对金山桥进行了全面的业务调整，新增设备及生产线，进行技术及产品合作，开拓筒灯及海外市场，使得金山桥净利润由 2021 年的 270 万元迅速提高到 1 680 万元。

同时，公司策略性地调整发展高附加值的 COB/光引擎及手机闪光灯业务，逐步丰富业务条线。

七、并购标的情况

本轮公司募集的资金将有大部分用于收购 Lumens 苏州工厂，该工厂目前拥有世界上最先进的倒装生产技术，且为三星和 Lumens 的电视背光源供货商（见图 4－6）。

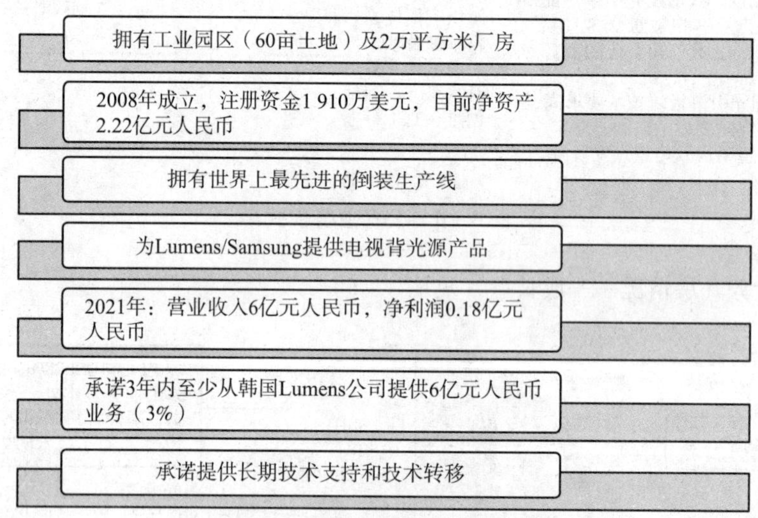

图 4－6　并购商业计划

国家开发银行北京分行将在此次并购中提供 1 000 万～2 000 万美元的并购贷款，目前双方已经签订并购意向书，项目整体估值 6 000 万～7 000 万美元，以“现金＋股权”形式收购，现金部分不超过 5 000 万美元（以本轮融资＋并购贷款解决）。

八、盈利预测

根据项目方提供的盈利预测数据，结合以往的业务成长速度，ET 公司对其盈利预测情况进行了相应的调整，在不考虑收购的情况下，盈利预测，如表 4－4 所示。

2021 年 LED 照明市场迅速发展，导致产品价格快速下降，而公司的应对略有滞后，原材料价格未能及时跟上产品价格的下降速度，导致 2021 年盈利大幅下滑。

表 4-4 企业年度盈利数据

项目	2020 年	2021 年	2022 年	2023 年	2024 年	2025 年
营业收入（亿元）	1.94	1.89	3.97	6	9	13.5
毛利润（亿元）	0.23	0.15	0.7	1.03	1.6	2.45
毛利率（%）	11.86	7.94	17.63	17.17	17.78	18.15
净利润	-0.17	-0.08	0.07	0.36	0.54	0.81
净利率（%）	-0.88	-4.23	0.18	6	6	6

考虑在收购的情况下，按照收购标的每年贡献 6 亿元收入，3% 净利润测算如表 4-5 所示。

表 4-5 企业年度盈利数据

项目	2022 年	2023 年	2024 年	2025 年
营业收入（亿元）	3.97	12	15	19.5
毛利润（亿元）	0.7	—	—	—
毛利率（%）	18	—	—	—
净利润（万元）	700	7 160.11	8 101.58	13 270.50
净利率（%）	1.76	5.97	5.40	6.8

九、内部收益率预测

根据对项目方未来业绩及退出的乐观、中性、悲观预期，测算其内部报酬率（IRR）如下：

乐观：企业 5 年内上市退出，并且成功完成对 Lumens 苏州工厂的收购，盈利满足预期，2025～2027 年以 10% 的业务增长模型计算（市盈率 25 倍，当前平均市盈率 90 倍）。

中性：企业 5 年内上市退出，成功完成 Lumens 苏州工厂的收购，盈利情况打八折计算（按市盈率 20 倍上市）。

悲观：如果企业未能在 1 年内完成海外架构拆除且无法安排合理的退出渠道，ET 公司资金将以年化 10% 的利率退出。

不同状态下 IRR 测算结果如表 4-6 所示。

表 4-6 IRR 测算结果 单位：%

乐观情况 IRR	中性情况 IRR	悲观情况 IRR
22	10	10

十、投资架构及退出

晨光公司目前是全外资的海外架构，为适应国内上市及资产重组的需要，公司已着手拆除海外架构。ET 公司出资将投入晨光（北京）公司，投后晨光将成为中外合资企业。退出保障方面，晨光开曼公司承担回购责任，同时我方享有公司清算时的最优先清算权（优先于 ABC 轮股东），以及其他股东出售公司股权时的同比例跟售权（见图 4－7）。

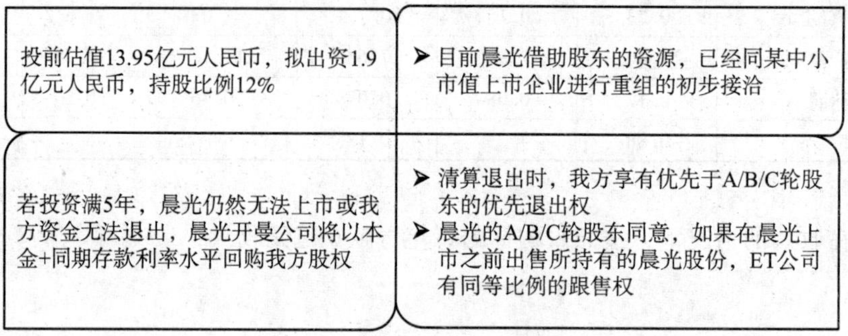

投前估值13.95亿元人民币，拟出资1.9亿元人民币，持股比例12%	➢ 目前晨光借助股东的资源，已经同某中小市值上市企业进行重组的初步接洽
若投资满5年，晨光仍然无法上市或我方资金无法退出，晨光开曼公司将以本金+同期存款利率水平回购我方股权	➢ 清算退出时，我方享有优先于A/B/C轮股东的优先退出权 ➢ 晨光的A/B/C轮股东同意，如果在晨光上市之前出售所持有的晨光股份，ET公司有同等比例的跟售权

图 4－7　项目投资交易结构

十一、估值分析——P/S 估值

鉴于 LED 封测行业近年来利润率大幅下降，行业发展规模效应明显，且国内上市 LED 封测企业 PE 虚高，可参考性较低，故而选取市销率（P/S）指标进行主要估值分析。

ET 公司通过对市场上主要的 LED 封装上市企业分析，P/S 倍数平均为 8.75 倍（见表 4－7），考虑到晨光未上市且同一线企业规模差距较大，但公司有一流的技术水平和管理团队，2022 年战略调整后未来企业内生增长能力乐观，且上一轮估值时对应 P/S 倍数为 3.75 倍（营业收入 1.88 亿元），故此合理估值取四折左右，经综合分析，ET 公司可以接受的市销率（P/S）范围是 3.5～4 倍。

表 4－7　　可比企业 P/S 倍数

可比企业	P/S 倍数
江南光电	13.75
九洲光电	4.34
西京光电	4.6
宏图光电	8.28
长风光电	3.02
汉东光电	20.73
奎山光电	10.43
中阳里光电	4.87
均值	8.75

项目初始要价22亿元人民币，经双方多轮磋商同意，确认投前估值为12.55亿元人民币。

晨光公司曾于2016年、2018年和2020年进行了A轮、B轮和C轮共三轮融资，融资时公司估值分别为0.75亿元、5亿元和10亿元。

十二、估值分析——DCF三阶段模型

考虑到晨光为刚进入成长期的企业，DCF分为三阶段模型，2023～2025年为高速增长阶段，营收增长速度为每年50%（是其过往平均成长速度）；2024～2027年为平稳阶段，营收增长速度为每年20%，2027年后进入零增长状态，采用永续模型（见表4-8）。

表4-8　　晨光公司现金流量计算　　单位：万元

项目	EV	2023年	2024年	2025年	2026年	2027年	永续累计
净利润		7 160.11	8 101.58	13 270.50	16 056.60	19 267.92	
折旧摊销		4 000	4 500	5 000	5 500	6 000	
（流动资金变化）		3 000	4 000	5 000	6 500	8 000	
（资本支出）		2 000	3 000	4 000	5 000	6 000	
现金流量FCFF		6 160.11	5 601.58	9 270.50	10 056.60	11 267.91	140 848.93

要求：

1. 结合案例资料，阐述ET公司的股权投资分析要点。

2. 假定项目加权平均资本成本（WACC）为9%，运用折现法测算该项目整体价值，并按照折现率正负变动1%进行项目价值敏感性分析。

3. 结合DCF法和P/S法，判断ET公司是否可以接受该项目估值，并说明理由。

4. 根据上述资料分析，给出投资结论和主要理由（至少三点）。

解析：

1. 根据案例，ET公司股权投资项目选择的分析要点如下：

（1）目标公司的治理结构与管理团队。旨在考察公司运营的稳定性、规范性和管理能力。

（2）业务状态与商业模式。业务状态可以细分为产品与服务、行业现状与趋势、竞争格局及发展规划等。商业模式重点考察公司的盈利点在哪里，即盈利模式的类型。

（3）财务状况，包括历史业绩分析、盈利预测及同业间的横向比较。

（4）投资亮点、退出路径及风险分析等。

2. 该项目投前价值及敏感性分析如表4-9所示。

表4-9　目标企业价值分析　单位：万元

项目	EV	2023年	2024年	2025年	2026年	2027年	永续累计
净利润		7 160.11	8 101.58	13 270.50	16 056.60	19 267.92	
折旧摊销		4 000	4 500	5 000	5 500	6 000	
（流动资金变化）		3 000	4 000	5 000	6 500	8 000	
（资本支出）		2 000	3 000	4 000	5 000	6 000	
现金流量		6 160.11	5 601.58	9 270.5	10 056.6	11 267.91	140 848.93
WACC（8%）	121 684.85	5 703.81	4 802.45	7 359.22	7 391.9	7 668.75	88 758.72
WACC（9%）	115 956.08	5 651.48	4 714.74	7 158.52	7 124.35	7 323.37	83 983.62
WACC（10%）	110 565.4	5 600.1	4 629.41	6 965.06	6 868.79	6 996.49	79 505.55

当i=8%时，目标企业价值=11.60亿元

当i=9%时，目标企业价值=12.17亿元

当i=10%时，目标企业价值=11.05亿元

3. 按市销率法（P/S）估值：目标企业价值V=3.97×4=15.88（亿元）

可以接受双方达成一致的估值12.55亿元。理由：该估值介于两种方法的估值区间。

4. 投资结论：项目具有投资价值。主要理由如下：

（1）项目整体投前估值12.55亿元人民币，ET公司出资2亿元人民币，投资后持股比例为13.75%，估值较为公允、合理。

（2）项目退出保障措施稳妥可行，风险可控。

（3）项目目前扭亏为盈，进入成长阶段，考虑到公司成功调整发展战略、积极拓展商务能力，并获得关键专利授权，未来有望突破规模限制，通过并购计划实现快速成长。

【例4-9】2013年11月18日，中原特钢股份有限公司（以下简称“中原特钢”，证券代码：002423），通过查验兵器装备集团财务有限责任公司（以下简称“财务公司”）《金融许可证》《企业法人营业执照》等证件资料，并审阅财务公司出具的包括资产负债表、利润表、现金流量表等在内的定期财务报告，对财务公司的经营资质、业务和风险状况进行了评估，于2013年11月19日，再次与财务公司签订《金融服务协议》，并对外发布关联交易公告。有关资料如下：

一、公司概况

1. 财务公司。

财务公司是由中国兵器装备集团公司（以下简称“兵装集团”）及其所属部分成员单位共同投资组建，是为集团成员单位提供资金管理和金融服务的非银行金融机构，成

立于2005年10月，注册资本15亿元人民币。其中：兵装集团出资人民币47 800万元，占注册资本的31.87%；中国长安汽车集团股份有限公司（以下简称“中国长安”）出资人民币22 000万元，占注册资本的14.67%；南方工业资产管理有限责任公司（以下简称“南方资产”），出资人民币20 600万元，占注册资本的13.73%；保定天威保变电气股份有限公司（以下简称“天威保变”，证券代码：600550）出资人民币15 000万元，占注册资本的10%；重庆长安汽车股份有限公司（以下简称“重庆长安”，证券代码：000625）出资人民币8 000万元，占注册资本的5.33%；其他成员单位出资人民币36 600万元，占注册资本的24.40%（见图4－8）。

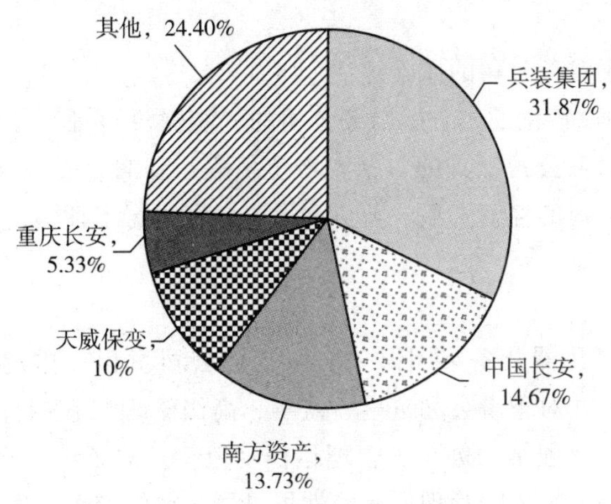

图4－8 财务公司股权结构

财务公司经营范围：（1）对成员单位办理财务和融资顾问、信用鉴证及相关的咨询、代理业务；（2）协助成员单位实现交易款项的收付；（3）经批准的保险代理业务；（4）对成员单位提供非融资性担保函；（5）办理成员单位之间的委托贷款及委托投资；（6）对成员单位办理票据承兑与贴现；（7）办理成员单位之间的内部转账结算及相应的结算、清算方案设计；（8）吸收成员单位的存款；（9）对成员单位办理贷款及融资租赁；（10）从事同业拆借；（11）经批准发行财务公司债券；（12）承销成员单位的企业债券；（13）对金融机构的股权投资；（14）有价证券投资，投资范围仅限于政府债券、央行票据、金融债券、基金、成员单位企业债券等风险较低的品种及股票一级市场投资；（15）成员单位产品的消费信贷、买方信贷及融资租赁。

2. 中原特钢。

中原特钢是兵装集团的子公司，始建于1970年。2007年8月29日由原有限责任公司整体变更为股份有限公司（变更前名称为河南中原特殊钢集团有限责任公司），2010年6月3日中原特钢在深圳证券交易所上市。公司注册资本38 651万元，经营范围包括特殊钢锻件、特殊钢材料的机械加工与产品制造、技术服务、咨询服务、仓储、普通货运（含铁路运输）等。兵装集团财务公司与中原特钢的股权关系如图4－9所示。

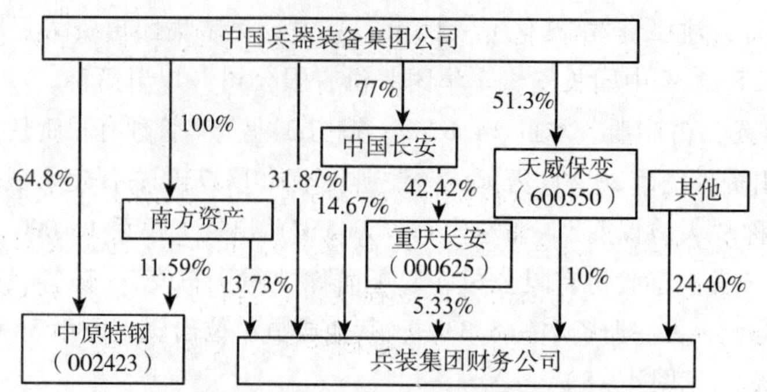

图 4－9　兵装集团财务公司与中原特钢的股权关系

二、中原特钢关于财务公司的风险评估

2013 年 11 月，中原特钢通过查验财务公司的《金融许可证》《企业法人营业执照》等证件资料，并审阅财务公司出具的包括资产负债表、利润表、现金流量表等在内的定期财务报告，对财务公司的经营资质、业务和风险状况进行了评估，具体情况报告如下：

1. 内部控制。

（1）控制环境。

财务公司已按照《兵器装备集团财务有限责任公司章程》中的规定建立了股东大会、董事会和监事会，并对董事会和董事、监事、高级管理层在内部控制中的责任进行了明确规定。公司法人治理结构健全，管理运作规范，建立了分工合理、责任明确、报告关系清晰的组织结构，为风险管理的有效性提供了必要的前提条件。

（2）风险识别与评估。

财务公司制定了一系列的内部控制制度及各项业务的管理办法和操作规程。建立内部稽核审计部门，对公司的业务活动进行监督和稽核。财务公司根据各项业务的不同特点制定各自不同的风险控制制度、操作流程和风险防范措施等，各部门责任分离、相互监督，对各种风险进行预测、评估和控制。

（3）业务控制情况。

财务公司根据国家有关部门及中国人民银行规定的各项规章制度，制定了《兵器装备集团财务有限责任公司结算业务管理办法》，做到首先在程序和流程中规定操作规范和控制标准，有效控制了业务风险。

（4）内控总体评价。

财务公司的内部控制制度是完善的，执行是有效的。在资金管理方面较好地控制了资金流转风险；在信贷业务方面建立了相应的信贷业务风险控制程序，使整体风险控制在合理的水平。

2. 财务公司经营及风险管理情况。

（1）经营情况。

截至 2013 年 9 月 30 日，财务公司合并资产总额为 3 354 853 万元；保证金及客户存款为 2 214 022 万元；合并净资产为 282 651 万元；资本净额（核心资本＋附属资本－扣减项）为279 622.50万元；2013年1～9月财务公司营业收入为75 301万元；净利润为61 788万元。

（2）管理情况。

财务公司自成立以来，一直坚持稳健经营的原则，严格按照《中华人民共和国公司法》《中华人民共和国银行业监督管理法》《企业会计准则》《企业集团财务公司管理办法》和国家有关金融法规、条例以及公司章程规范经营行为。未发现与财务报表相关的资金、信贷、投资、稽核、信息管理等风险控制体系存在重大缺陷。

（3）监管指标。

根据原《企业集团财务公司管理办法》第三十四条的规定，截至2013年9月30日，财务公司的各项监管指标均符合规定要求。

资本充足率＝资本净额÷（风险加权资产＋12.5倍的市场风险资本）×100%

＝279 622.50÷1 902 645.25×100%＝14.70%

拆入资金余额为0，资本总额为282 412.50万元，拆入资金余额低于资本总额。

公司短期证券投资、长期投资与资本总额的比例＝17 413.52÷282 412.50×100%＝6.17%，证券投资、长期投资与资本总额的比例低于70%。

公司担保余额155 856.20万元，资本总额282 412.50万元，担保余额不高于资本总额。

自有固定资产与资本总额的比＝760.80÷282 412.50×100%＝0.27%，不高于20%。

3. 本公司在财务公司的存贷款情况。

2013年1～9月，本公司在财务公司的每日存款平均余额为9 447.19万元；截至2013年9月30日，本公司在财务公司存款余额为24 983.95万元，贷款余额为46 600万元（含中国南方工业集团公司委托贷款30 000万元）。年初至披露日，本公司在财务公司累计发生应计利息为1 429.83万元，预计最近连续12个月累计利息为2 340万元，占公司最近一期经审计净资产的1.3%（公司2012年末净资产为180 224.49万元）。

本公司在财务公司的存款安全性和流动性良好，未发生财务公司因现金头寸不足而延迟付款的情况。

4. 风险评估意见。

财务公司严格按照中国银行业监督管理委员会《企业集团财务管理办法》规定经营，经营业绩良好，经过分析与判断，本公司作出如下评估结论（截至2013年9月30日）：

本公司认为，根据对财务公司风险管理的了解，未发现财务公司与财务报表相关的资金、信贷、投资、审计、信息管理等风险控制体系存在重大缺陷；财务公司运营正常，资金充裕，内控健全，资产质量良好，资本充足率较高，拨备充足，与其开展存贷款金融服务业务的风险可控。

三、中原特钢关于与财务公司签订《金融服务协议》的关联交易公告

通过对财务公司的风险审核，中原特钢决定于2013年11月19日，再次与财务公司签订《金融服务协议》，并对外发布关联交易公告。公告主要内容如下：

1. 关联交易概述。

中原特钢根据经营与发展需要，拟与财务公司重新签订《金融服务协议》，财务公司将继续为本公司提供结算、存款、信贷及其经中国银行业监督管理委员会批准的可从事的其他金融业务的服务。

2. 交易标的的基本情况。

公司在财务公司开设账户，财务公司向公司提供结算、存款、信贷及经中国银行业监督管理委员会批准的可从事的其他业务。

3. 金融服务协议的主要内容。

（1）交易类型。

结算服务：财务公司根据公司指令为公司提供付款服务和收款服务，以及其他与结算业务相关的辅助服务；财务公司应确保资金结算网络安全运行，保障资金安全，满足公司支付需求。

存款服务：公司在财务公司开立存款账户，并本着存取自由的原则，将资金存入财务公司开立的存款账户，存款形式可以是活期存款、定期存款、通知存款、协定存款等；财务公司保障公司存款的资金安全，在公司提出资金需求时及时足额予以兑付。

信贷服务等其他金融服务：财务公司将在国家法律、法规和政策许可的范围内，按照中国银行业监督管理委员会要求、结合自身经营原则和信贷政策，全力支持公司业务发展中对人民币资金的需求，为公司设计科学合理的融资方案，为公司提供综合授信及票据贴现等信贷服务，公司可以使用财务公司提供的综合授信额度办理贷款、票据承兑、融资租赁以及其他类型的金融服务，财务公司将在自身资金能力范围内尽量优先满足公司需求。

（2）协议期限。

有效期一年，协议有效期满，除非双方同意或者一方提出终止协议要求并提前1个月书面通知对方，协议将自动延期1年。

（3）预计金额。

公司在财务公司的每日最高存款余额原则上不高于人民币5亿元；财务公司给予公司的授信总额原则上不高于人民币5亿元。

（4）交易定价原则与定价依据。

财务公司免费为公司提供付款、收款及其他与结算业务相关的辅助服务等结算服务；为公司提供存款服务的存款利率将根据中国人民银行统一颁布的同期同类存款的存款利率厘定，将不低于公司在其他国内金融机构取得的同期同档次存款利率；向公司提供的贷款、票据贴现、票据承兑、融资租赁等信贷业务提供优惠的信贷利率及费率，不高于公司在其他国内金融机构取得的同期同档次信贷利率及费率水平；向公司提供的其他金融服务，应遵循公平合理的原则，按照不高于市场公允价格或国家规定的标准收取相关费用。

（5）关联交易期间应履行的义务。

关联交易期间，财务公司如出现风险处置预案中规定的任一情形的，本公司应当及时履行临时报告的信息披露义务。本公司将在定期报告中对涉及财务公司关联交易的存款、贷款等金融业务进行持续披露，对财务公司的风险状况进行评估，并每半年提交一次风险持续评估报告，并在半年度报告、年度报告中予以披露。

要求：

1. 简述企业集团资金集中管理有哪些功能与优势。

2. 简述财务公司有哪些职能。

3. 根据2022年10月我国银保监会发布的《企业集团财务公司管理办法》规定，企业集团设立财务公司的主要条件（3~5个）有哪些？开展业务必须满足什么条件（可列示5条以上）。

4. 简要分析中原特钢要定期审查并披露对财务公司的风险评估的原因。

解析：

1. 企业集团资金集中管理是集团资金管理所采取的主要形式。集中资金管理具有以下功能和优势：

（1）规范集团资金使用，增强总部对成员企业的资金控制能力。通过资金的集中管理，集团总部对下属公司的资金使用获得知情权，同时对支付行为进行有效监督，实现对下属经营活动的动态控制，保证资金使用的安全性与规范性。

（2）增强集团资源配置优势。集团通过资金集中管理，盘活资金存量，降低财务费用，同时优化集团的资产负债结构，有利于增强集团的融资与偿债能力。通过资金集中管理，可为集团扩大规模、调整产业结构和合理投资提供支持，从集团层面实现资源的优化配置。通过集团的集中资金管理平台，实现网上结算，不产生在途资金，提高资金使用效率，节约资本成本。

2. 财务公司是指以加强企业集团资金集中管理和提高企业集团资金使用效率为目的，为企业集团成员单位（以下简称“成员单位”）提供财务管理服务的非银行金融机构。财务公司的职能包括：(1) 结算服务，以财务公司为中心，实现集团成员单位资金的快速安全流动。(2) 融资服务，开展面向成员单位的信贷业务、债券承销、非融资性保函、财务顾问、信用鉴证业务。(3) 咨询代理业务等。

此外，财务公司的功能与经济责任不仅体现在“为集团提供财务管理服务”上，还体现为其自身的自主经营，即集团财务公司作为非银行金融机构，应成为集团重要的业务板块之一，也是集团业务多元化的一个表现，进一步开发信托、保险与融资租赁业务，为集团整体利润提供增长点。

3. 申请设立财务公司的企业集团应当具备下列条件：(1) 符合国家政策并拥有核心主业。(2) 具有2年以上企业集团内部财务和资金集中管理经验。(3) 最近1个会计年度末，总资产不低于300亿元人民币或等值可自由兑换货币，净资产不低于总资产的30%，作为财务公司控制股东的，最近1个会计年度末，净资产不低于总资产的40%。(4) 财务状况良好，最近2个会计年度营业收入总额每年不低于200亿元人民币或等值可自由兑换货币，税前利润总额每年不低于10亿元人民币或等值可自由兑换货币；作为财务公司控股股东的，还应满足最近3个会计年度连续盈利。(5) 现金流量稳定并具有较大规模，最近2个会计年度末的货币资金余额不低于50亿元人民币或等值可自由兑换货币。

财务公司开展业务还需要满足以下监管指标的要求：(1) 资本充足率不低于银保监会最低要求。(2) 流动性比例不得低于25%。(3) 贷款余额不得高于存款余额与实收资本之和的80%。(4) 集团外负债总额不得超过资本净额。(5) 票据承兑余额不得超过资产总额的15%。

4. 中原特钢与财务公司同属于兵装集团的下属企业，属于关联方企业。双方的《金融服务协议》属于关联交易。一方面，中原特钢对于关联交易应履行信息披露义务；另一方面，财务公司属于高风险企业，有时候甚至可能成为整个集团财务困境的导火索，为保证上市公司的资产安全与股东权益，中原特钢应定期对财务公司的风险状况进行审查，并对外披露，这对财务公司也起到监督的作用。当然，财务公司有配合上市公司的风险审查的义务。

财务公司应保持一定的流动性，即指财务公司能以适当的成本及时获取可用资金以满足成员单位提取存款及正常的贷款需求。但由于财务公司的资金来源主要是集团成员单位存款和同业拆借资金，具有明显的短期性，存在随时被提取的可能，一旦集中挤兑，必然产生很大的流动性风险。因此，中原特钢尤其关注财务公司的资本充足率、拆入资金比率、担保金额等监管指标。

【例4－10】[①]四环药业股份有限公司（以下简称“四环药业”）有关资产重组与定向增发的主要内容包括：(1) 资产置换与借壳上市：四环药业以资产置换与发行股份方式向天津市水务局引滦入港工程管理处（以下简称“入港处”）及其一致行动人天津市水利经济管理办公室（以下简称“经管办”）与天津渤海发展股权投资基金有限公司（以下简称“渤海发展基金”）购买其所持有的天津市滨海水业集团股份有限公司（以下简称“滨海水业”）100%股权，滨海水业实现借壳上市。(2) 定向增发（非公开增发）：四环药业为募集资产置换所需的资产购买资金与配套流动资金，分别向入港处、经管办、渤海发展基金与其他不超过10名特定投资者非公开发行股份。

一、公司简介

四环药业是由中联建设装备股份公司变更而来，主要经营生物医药、中西药、医疗设备等产品。公司于1996年8月在深交所上市，公开发行1 250万股社会公众股，股本为5 000万元。公司2006年度报告显示，公司连续两年亏损，根据深交所上市规则的有关规定，公司于2007年4月30日被实行退市风险警示，股票简称变更为“ST四环”。四环药业2012年末的股权结构如图4－10所示。

① 注：本例为扩展阅读内容。

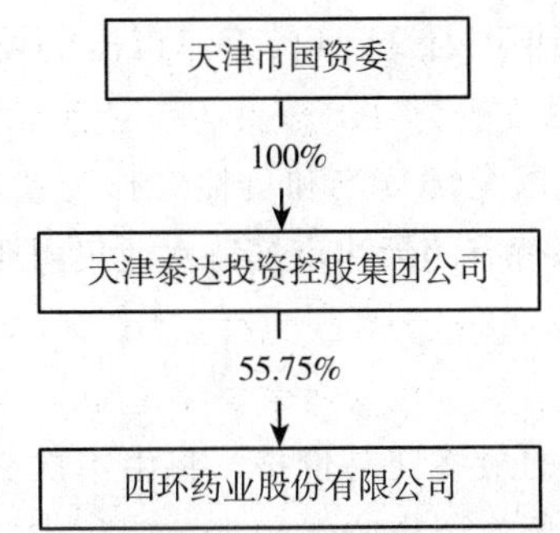

图4－10　四环药业2012年末股权结构

滨海水业是天津市唯一一家经营多水源供应、提供多品质供水的企业，主要从事原水开发和供应、区域间调水、粗质水、自来水生产及输送、直饮水、淡化海水、资源化河道水配置利用、水务新技术研发应用、水务基础设施投资建设及运营管理等相关业务。公司注册资金2.55亿元，资产总额17.85亿元，拥有9家全资、控股及参股公司，员工总数500多人。近年来滨海水业营业收入呈现逐年增长态势，2011年、2012年及2013年上半年分别达4.8亿元、6.2亿元、3.3亿元。资产置换上市前股东结构如图4－11所示。

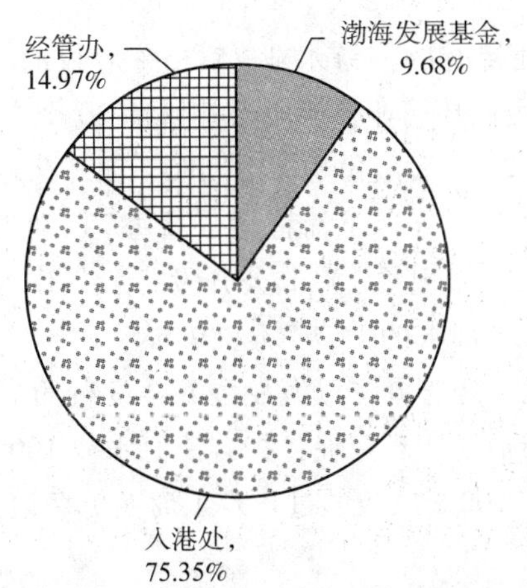

图4－11　滨海水业2012年末股权结构

二、重大资产置换与借壳上市

1. 交易简介。

2012年9月27日，四环药业刊登重大事项停牌公告，公司股票因重大资产重组事项停牌；2012年12月25日，四环药业发布公告《重大资产置换及发行股份购买资产并募集配套资金暨关联交易预案》，公司拟进行重大资产重组，将置出原有的医药类相关业务，并通过资产置换及发行股份购买资产将主营业务变更为水务类业务。2013年5月27日，四环药业与入港处、经管办、渤海发展基金、泰达控股签订《四环药业股份有限公司重大资产重组协议》；2013 年 5 月 29 日，天津市国资委批复同意本次重大资产重组方案。

重组方案显示，四环药业以全部资产和负债（作为置出资产），与天津市水务局引滦入港工程管理处（入港处）持有的天津市滨海水业集团股份有限公司（滨海水业）股权中的等值部分进行置换。

2. 资产估值。

本次交易置出、置入资产的最终交易价格，将由本次交易各方根据具有证券期货业务资格的评估机构出具的并经国有资产监督管理部门核准或备案确认的标的资产的评估结果协商确定。

本次交易拟置入资产为滨海水业 100% 股权，由天津华夏金信资产评估有限公司以 2012 年 6 月 30 日为基准日采用资产基础法进行了预评估。经初步估计，滨海水业 100% 股权（作为置入资产）预估值为 89 184.58 万元，较账面价值增值 48 677.45 万元，增值率为 120.17%。其中，入港处持有滨海水业 75.35% 股权，估值约为 67 200.58 万元。

本次交易拟置出资产为四环药业全部资产负债，公司聘请中企华资产评估有限责任公司对标的资产进行评估，以 2012 年 12 月 31 日为评估基准日，采用资产基础法评估，预估值约为 9 969.13 万元，较四环药业 2012 年 9 月 30 日母公司报表所有者权益 4 599.01 万元，增值 116.77%。

3. 对价支付。

针对置出资产与入港处持有的滨海水业 75.35% 股权的差额部分约 57 231.45 万元（67 200.58 - 9 969.13），由四环药业按照股票停牌前 20 个交易日均价 11.27 元/股，向入港处非公开发行约 5 078.21 万股股份购买。同时，四环药业将以 11.27 元/股的价格分别向天津市水利经济管理办公室（以下简称“经管办”）和天津渤海发展股权投资基金有限公司（以下简称“渤海发展基金”）非公开发行股份作为对价，受让两者持有的滨海水业股权，分别为置入资产股权的 14.97% 和 9.68%。

四环药业合计向入港处、经管办和渤海发展基金发行约 7 028.87 万股，上述资产置换及发行股份购买资产完成后，四环药业将持有滨海水业 100% 股权。2013 年 12 月 5 日完成了本次重组拟置入资产 100% 股权的过户及工商变更登记工作。

4. 借壳上市。

重大资产置换实施时，四环药业将成立一家全资子公司，用以承接上市公司全部资产及负债。资产置换完成后，入港处将拥有该全资子公司 100% 股权。通过与四环药业的重大资产置换，滨海水业实现借壳上市。2014 年 2 月，四环药业名称由“四环药业股份有限公司”变更为“渤海水业股份有限公司”，证券简称由“四环药业”变更为“渤海股份”，公司主营业务也因此由生物医药、中西药的研究开发变更为盈利能力稳定的原水和自来水开发供应、管道输水运输、供水设施管理、维护和保养、水务基础设施投资建设及运营管理等相关业务。四环药业变身水务公司后，2013 年业绩暴增 10 余倍。渤海股份 2014 年 11 月最新收盘价为 18.18 元，月内累计上涨 4.42%，月内累计大单资金净流入 151.79 万元，预计 2014 年业绩最大增幅达到 610.29%。

三、募集购买资产资金的非公开发行

发行面值：境内上市人民币普通股（A股），每股面值为人民币1.00元。

发行对象：入港处、经管办、渤海发展基金。

发行数量：根据对置入资产和置出资产的价值预估，本公司发行股份购买资产所发行的股份数量约7 028.87万股。具体包括，向入港处非公开发行约5 078.21万股股份；同时向经管办和渤海发展基金非公开发行约1 184.64万股股份和766.02万股股份。入港处、经管办和渤海发展基金以资产认购取得以上股份（见表4－10）。

表4－10　　募集资产购买资金的非公开发行对象

序号	询价对象/配售对象	认购价格（元/股）	获售股数（万股）	占发行比例（%）	认购总额（万元）
1	入港处	11.27	5 078.21	72.25	57 231.43
2	经管办	11.27	1 184.64	16.85	13 350.89
3	渤海发展基金	11.27	766.02	10.90	8 633.05
合计		—	7 028.87	100	79 215.37

发行价格：本次发行股份购买资产所发行股份的价格系根据定价基准日前20个交易日的公司A股股票交易均价所确定，四环药业股票已因本次重组于2012年9月27日停牌，按照前述方法计算的发行价格为11.27元/股。

股份锁定：入港处、经管办和渤海发展基金以资产认购取得的上市公司股份自该等股份上市之日起36个月内不得转让。

未分配利润分享方案：自评估基准日至资产交割日（过渡期间），置出资产产生的损益由入港处享有或承担，不因期间损益数额而变更拟置出资产最终定价；置入资产产生的收益归上市公司享有，亏损由入港处、经管办、渤海发展基金三方按其持有滨海水业股权的相对应比例以现金向上市公司补足。

发行前后公司股权结构：本次交易使得上市公司实际控制权发生变更（见表4－11）。

表4－11　　发行前后公司股权结构

股东名称	发行前		发行后	
	股份数量（万股）	持股比例（%）	股份数量（万股）	持股比例（%）
天津泰达投资	5 197.5	55.75	4 741.92	29
入港处	—	—	5 533.79	33.84
经管办	—	—	1 184.64	7.24
渤海发展基金	—	—	766.02	4.68

续表

股东名称	发行前		发行后	
	股份数量（万股）	持股比例（%）	股份数量（万股）	持股比例（%）
其他股东	5 125	44.25	4 125	25.23
股份合计	9 322.5	100	16 351.37	100

对主营业务的影响：四环药业主营业务将因此由生物医药、中西药的研究开发变更为盈利能力稳定的原水和自来水开发供应、管道输水运输、供水设施管理、维护和保养、水务基础设施投资建设等。

四、募集重组配套资金的非公开发行

为提高本次重组绩效、增强重组完成后上市公司持续经营能力，四环药业计划向不超过10名特定投资者非公开发行股份募集本次重组的配套资金，募集资金总额不超过本次交易总额的25%，所募集资金用于补充公司流动资金，以提升整合绩效并优化公司财务结构。

四环药业于2013年12月启动非公开发行股份募集重组配套资金工作。截至2013年12月23日17：00，发行对象已将认购资金全额304 556 697.90元汇入主承销商专用账户。

发行概况如下：

股票面值：本次发行股票种类为境内上市人民币普通股（A股），每股面值为人民币1.00元。

发行数量：共发行30 005 586股A股股票，全部采取向特定投资者非公开发行股票的方式发行。

发行价格：公司本次非公开发行股份募集资金的定价基准日为四环药业董事会通过《四环药业股份有限公司资产置换及发行股份购买资产并募集配套资金暨关联交易预案》相关议案的决议的公告日，即2012年12月26日。发行底价为定价基准日前20个交易日公司股票均价的90%①。

$$\begin{aligned}\text{发行底价} &= \text{定价基准日前20个交易日股票均价}\times 90\% \\ &= \frac{\text{定价基准日前20个交易日股票交易总额}}{\text{定价基准日前20个交易日股票交易量}}\times 90\% \\ &= 10.15\ (\text{元/股})\end{aligned}$$

发行价格采取投资者集中竞价方式确定。公司和独立财务顾问根据本次发行的申购情况对有效申购进行了累计投标统计，通过簿记建档的方式，按照价格优先、时间优先的原则，最终确定发行价格为10.15元/股，与发行底价的比率为100%。

募集金额：本次非公开发行股票募集资金总额为304 556 697.90元。发行费用共计1 000万元（承销费用），扣除发行费用的募集资金净额为294 556 697.90元。本次发行不涉及购买资产或者以资产支付，认购款项全部以现金支付。

① 按最新规定该比例已由90%调整为80%。

股份锁定：公司本次发行对象认购的股票限售期为新增股份上市首日起12个月，经深圳证券交易所核准，本次新增股份将于2014年3月4日上市，预计上市流通时间为2015年3月4日。

未分配利润分享方案：本次发行完成前，截至2013年6月30日，上市公司经审计的累计亏损额已达23 315.60万元，不存在滚存未分配利润，因此未作相应安排。

发行对象：本次非公开发行依据《上市公司证券发行管理办法》《上市公司非公开发行股票实施细则》和中国证监会关于非公开发行股票的其他规定，发行人与独立财务顾问兴业证券根据簿记建档等情况，按照价格优先、时间优先等原则确定认购获配对象及获配股数（见表4－12）。

表4－12　募集配套流动资金的非公开发行对象

序号	询价对象/配售对象	认购价格（元/股）	获售股数（万股）	占发行比例（%）	认购总额（万元）
1	张怀斌	10.15	410	13.66	4 161.5
2	天津滨海北辰镒泰股权投资基金有限公司	10.15	320	10.66	3 248
3	西藏瑞华投资发展有限公司	10.15	500	16.66	5 075
4	吴丽娟	10.15	310	10.33	3 146.5
5	李海英	10.15	460	15.33	4 669
6	恒泰证券股份有限公司	10.15	310	10.33	3 146.5
7	上海盛宇股权投资中心	10.15	310	10.33	3 146.5
8	新华基金管理有限公司	10.15	310	10.33	3 146.5
9	天津创业投资管理有限公司	10.15	70.5586	2.35	716.17
合计		—	3 000.5586	100	30 455.67

资金用途：本次非公开发行募集资金30 455.67万元，原用途是满足并购重组配套资金需求，用于补充公司流动资金。2013年7月26日，公司董事会决定调整本次重大资产重组募集配套资金的使用用途，拟全部用于以下项目（见表4－13）。本次发行募集资金与募投项目所需资金的差额，由公司自筹解决。

表4－13　募集资金用途　单位：万元

序号	项目名称	项目总投资额	拟以募集资金投入金额
1	天津市北辰区双青片区北辰西道、七纬路污水干管及泵站工程BT项目	18 470.8	18 406.3
2	大邱庄综合污水处理厂BOT项目	12 626.17	12 049.37
合计		31 096.97	30 455.67

发行前后公司情况对比：公司控制人未发生实际变化（见表4－14）。

表4－14　　发行前后前五大股东持股情况

序号	发行前		发行后	
	股东名称	持股比例（%）	股东名称	持股比例（%）
1	天津泰达投资	55.75	天津泰达投资	38.29
2	谢红刚	0.94	西藏瑞华投资	4.06
3	李春阳	0.88	入港处	3.98
4	舒荣荣	0.61	李海英	3.73
5	于滨国	0.49	张怀斌	3.33

要求：

1. 简述什么是借壳上市、公司借壳上市有哪些方式，并指出上述案例采用的是哪种方式。

2. 简述如何判断是否属于重大资产重组行为，并分析上述案例是否属于重大资产重组行为。

3. 简述资产重组中的资产估价方法有哪些，并分析上述案例在资产置换中的资产价值评估采用了什么方法。

4. 简述公司权益融资有哪些方式、上市公司增发股票有哪些形式，并指出上述案例采用了哪些方式进行权益融资。

5. 简述股票发行的定价方法有哪些，并分析上述案例采用了哪种股票发行定价方法。

解析：

1. 借壳上市是指非上市公司通过收购或其他合法方式获得上市公司的控制权，并将自身的相关资产及业务注入获得控制权的上市公司，从而实现未上市资产和业务间接上市的行为。

公司借壳上市有以下模式：

（1）传统模式——先收购股权再置换资产。一般是非上市公司先收购壳公司（即目标上市公司），获得其控股权；然后以控股股东的身份改组壳公司，剥离壳公司原劣质资产，将自身的优质资产和业务注入壳公司，从而实现间接上市。

（2）主流模式——换股吸收合并。换股吸收合并是指吸收方（壳公司：四环药业）向被吸收方股东（借壳公司：渤海水业）定向增发股份，收购方（借壳公司的大股东）以所持被吸收方借壳公司的股票与定向增发的股份按一定比例进行换股，被吸收方（借壳公司）变为吸收方（壳公司）的全资子公司，实现资产置入，然后注销被吸收方借壳公司法人资格，收购方成为吸收方（壳公司）的股东从而获得控股权。

显然，渤海水业的借壳上市采取的是典型的“换股吸收合并模式”。根据2011年修订的《上市公司重大资产重组管理办法》中关于借壳上市判断的相关规定，四环药业本次重大资产重组中涉及的置入资产总额预估值为89 184.58万元，2011年末公司资产总额为13 250.79万元，置入资产占上市公司控制权发生变更的前一个会计年度经审计的合并财务会计报告期末资产总额的比例为673.05%，达到100%以上，因此本次交易构成借壳上市。

2. 重大资产重组，是指上市公司及其控股或者控制的公司在日常经营活动之外购买、出售资产或者通过其他方式进行资产交易达到规定的比例，导致上市公司的主营业务、资产、收入发生重大变化的资产交易行为。根据《上市公司重大资产重组管理办法》有关规定，上市公司及其控股或者控制的公司购买、出售资产的资产总额、最近一个会计年度所产生营业收入、资产净额达到合并财务会计报告相应指标50%，且超过5 000万元人民币，构成重大资产重组。

四环药业因2010年、2011年再度连续两年亏损，根据《深圳交易所股票上市规则》的规定，公司股票自2012年3月12日起被实行退市风险警示的特别处理。如果2012年度经审计的净利润继续为负，根据《深圳证券交易所股票上市规则》的有关规定，公司股票将被暂停上市。本次重组是上市公司改善资产质量，增强公司持续盈利能力，保护债权人及中小股东利益的重要举措。

四环药业的重大资产重组旨在通过资产置换及发行股份购买资产的方式实现上市公司主营业务的转型，从根本上改善公司的经营状况，增强公司的持续盈利能力和发展潜力，提升公司价值和股东回报。通过本次交易，一方面，可提升公司整体资产质量，公司现有资产、负债、业务、人员均被剥离出上市公司；将盈利能力较强的优质水务类资产注入，改变公司主营业务不稳定的局面，增强上市公司的资产规模、盈利能力、核心竞争力，解决可持续发展问题，切实保障广大股东特别是中小股东利益。另一方面，滨海水业实现间接上市，为其快速可持续发展提供了广阔的空间，同时充分发挥天津水务系统整体优势，借力资本市场，将上市公司打造成国内一流的水务企业，为公司股东带来丰厚回报。

本次四环药业置入资产的资产总额、营业收入与资产净额均达到上市公司对应指标的50%以上，且超过人民币5 000万元，此外，本次交易导致主营业务发生重大转变，置出上市公司全部经营性医药资产，同时发行股份购买水务类资产，因此本次交易构成重大资产重组，需提交中国证监会并购重组审核委员会审核。

3. 重组资产估值常采用的方法有收益法、市场法与资产基础法（成本法）。

收益法，是指通过将被评估资产未来收益资本化或折现来确定被评估资产的价值。收益法主要运用折现技术，即一项资产的价值由所获得的未来收益决定，折现率为该资产的预期风险回报率。收益法最常用的是现金流量折现法。

市场法，是将被评估资产与参照资产或市场上已交易资产进行比较，以确定资产价值的方法。通常市场法是以一些可比资产的财务指标为估值比率，如市盈率、账面市值比（市净率）、价格对现金流比率等，基于被评估资产的账面价值为基础乘以这些估值比率，经过一定的调整作为资产的评估价值。

资产基础法及成本法，是在合理评估被评估企业各项资产价值与负债的基础之上确定被评估企业的价值。成本法的关键是选择各项资产价值的标准（主要有账面价值法、重置成本法与清算价格法），并在价值估算的基础上考虑损耗因素（包括有形损耗、功能损耗与经济性损耗）。

根据相关公告显示，四环药业的本次资产置换中的资产价值评估主要采用的方法是资产基础法与市场法。具体做法主要有：对评估的货币资金（包括现金、银行存款和其他货币资金）与应收账款，以核实无误后的账面值作为评估值。长期股权投资达到控股的以长期股权投资单位净资产评估值乘以持股比例确定长期股权投资的评估值，参股的情况以能够取得的参股单位最近一期报表净资产乘以持股比例确定长期股权投资评估值。

对投资性房地产（建筑物，含占地）的评估选用市场法，求取评估对象在评估基准日的客观合理的价值。

对评估固定资产（包括房屋建筑物、构筑物及其他辅助设施、管道及沟槽、机器设备、车辆、电子设备和在建工程）采用成本法进行评估。比如，对房屋建筑物及构筑物的评估，评估人员依据被评估单位提供的房屋建筑物（构筑物）清查评估明细表，对房屋建筑物（构筑物）进行了实地勘查、测量，向被评估单位有关人员询问工程概况。依据被评估单位提供的有关资料，参照2008年《天津市建筑工程预算基价》《天津市安装工程预算基价》《天津市装饰装修工程预算基价》和2012年6月天津市建设工程定额管理研究站、天津市建设工程造价管理协会提供的《天津市工程造价信息》，并考虑工程的间接成本及相关税费确定房屋建筑物的重置成本。在对房屋建筑物进行现场勘查、鉴定的基础上，考虑房屋建筑物使用年限、维护保养状况等因素，采用年限法及完损等级评分法，乘以评分权重系数确定成新率，最终计算出房屋建筑物（构筑物）的评估净值。

对无形资产的（主要是土地使用权）的评估，在了解用地性质的基础上，根据待估宗地的情况和掌握的资料，采用基准地价修正法和市场法进行评估。

流动负债与长期债务以核实后的账面价值为基础进行评估，即根据评估目的实现后的被评估单位实际需要承担的负债项目金额确定评估值。

4. 公司的融资方式按大类来分，可分为债权融资和股权融资。所谓股权融资是指企业的股东愿意让出部分企业所有权，通过企业增资的方式引进新的股东的融资方式。股权融资所获得的资金，企业无须还本付息，具有永久性，无到期日，无须归还。股权融资的特点决定了其用途的广泛性，既可以充实企业的营运资金，也可以用于企业的投资活动。其中，吸收直接投资引入战略投资者与发行股票（IPO、增发、配股等）是股权融资的主要方式。

根据股票发行对象的不同，股票的发行方式可以分为公开发行与非公开发行。公开发行即向社会公众等全部投资者发行股票；非公开发行又称为定向增发，即上市公司向指定的投资者（大股东或机构投资者）额外发行股份募集权益资本的融资方式。前者需要满足监管部门所设定的盈利状况、分红要求等各项条件；而后者只针对特定对象，以不存在严重损害其他投资者合法权益为前提，除了规定发行对象不得超过10人、发行价不得低于市价的90%、发行股份12个月内（大股东认购的为36个月）不得转让，以及募资用途需符合国家产业政策、上市公司及其高管不得有违规行为等外，没有其他条件。这就是说，非公开发行并无盈利要求，即使是亏损企业也可申请发行。非公开发行在不损害市场公平与保护中小股东的前提下，可以节约发行人的时间与成本、保守商业秘密、节约政府的监督资源，因此也越来越成为上市公司和投资者青睐的对象。

公开发行新股的认购方式通常为现金，而定向增发往往以重大资产重组或者引进长期战略投资者为目的，因此认购方式不限于现金，还包括权益、债券、无形资产、固定资产等。

本案例中总共涉及两笔非公开增发：一是为了募集重大资产重组的资产购买资金需要，增发对象以置入资产的价值来认购股份；二是为了募集资产重组的配套流动资金需要，增发对象全部以现金购买股份。

5. 股票发行的定价方法主要有内在价值定价法、市场定价法与竞价询价法等。其中：

（1）基于价值的定价方法主要有股利折现模型、现金流折现模型、剩余收益模型等。

（2）基于市场的定价方法有可比公司法（即参考同类资产的交易价格）、市价折扣法。

可比公司法，根据可比公司的市场价值，得出被评估公司的价值，又叫相对估价法或乘数估价法，即根据公司特定的指标乘以相应的可比乘数因子对拟发行股票进行定价。根据比较的指标不同，可以将可比公司评估方法分为市盈率乘数法、公司价值乘数法、销售收入乘数法与账面价值（市净率）乘数法等。

市价折扣法，多使用于增发股票，根据股票的历史价格进行调整确定增发股票价值。如中国证券市场股票增加发行实施的是市价折扣法，按照《上市公司证券发行管理办法》，公开增发的发行价格应不低于公告招股意向书前20个交易日公司股票均价或前一个交易日的均价。而对于定向增发，《上市公司证券发行管理办法》规定："发行价格不低于定价基准日前20个交易日公司股票均价的90%"。

（3）上网竞价法，由上市公司和证券承销商先按市价折扣法或市盈率法确定证券发行的底价，在申购时间内，投资者确定申购价格和认购数量（申购价格大于或等于事先确定的发行底价），待申购完成之后，交易系统首先筛选出有效申购，并确定股票发行的实际发行价格，发行价之上的申购按发行价格进行成交。

累计投标询价法，由上市公司和承销商首先确定定价下限和上限，上市公司和承销商通过路演等方式来宣传上市公司，为投资者提供相应的信息，对机构投资者和普通投资者采用网下累计投标询价和网上累计投标询价的方式进行询价，并得到股票增加发行的申购总数量，采用回拨机制确定申购量和发行量的比例，并最终确定股票增加发行的发行价格和公开发行的数量。

本案例中，四环药业的二次增发股票均采用市价折扣法与网上询价相结合的办法。即以“定价基准日前20个交易日公司股票均价的90%”确定增发股票的发行底价，再结合投资者竞购确定实际发行价格。在配套资金的募集中，发行底价为定价基准日（2012年12月26日）前20个交易日公司股票均价的90%，即10.15元/股。实际发行价格，则由公司和独立财务顾问根据发行的申购情况对有效申购进行了累计投标统计，通过簿记建档的方式，按照价格优先、时间优先的原则，最终确定发行价格为10.15元/股，与发行底价的比率为100%。

第五章　企业成本管理

【例5-1】 甲公司为一家国有企业的下属子公司，主要从事X、Y两种产品的生产与销售，现拟新投产A、B两种产品。2023年初，甲公司召开成本管控专题会议，有关人员发言要点如下：

（1）市场部经理：经市场部调研，A、B产品的竞争性市场价格分别为207元/件和322元/件。为获得市场竞争优势，实现公司经营目标，建议：①以竞争性市场价格销售A、B产品；②以15%的产品必要成本利润率［（销售单价－单位生产成本）÷单位生产成本×100%］确定A、B的单位目标成本。

（2）财务部经理：根据传统成本法测算，制造费用按机器小时数分配后，A、B产品的单位生产成本分别为170元和310元。根据作业成本法测算，A、B产品的单位生产成本分别为220元和275元。根据A、B产品的生产特点，采用机器小时数分配制造费用的传统成本法扭曲了成本信息，建议按作业成本法提供的成本信息进行决策。

（3）企业发展部经理：产品成本控制应考虑包括产品研发、设计、制造、销售、售后服务等价值链各环节所发生的全部成本。如果只考虑产品制造环节所发生的成本，而不考虑价值链其他环节所发生的成本，将有可能得出错误的决策结果。根据企业发展部测算，A、B产品应分摊的单位上游成本（研发、设计等环节成本）分别为13元和18元，应分摊的单位下游成本（销售、售后服务等环节成本）分别为8元和12元。

假定不考虑其他因素。

要求：

1. 根据资料（1），依据目标成本法，分别计算A、B两种产品的单位目标成本。

2. 根据资料（2），结合产品单位目标成本，指出在作业成本法下A、B两种产品哪种更具有成本优势，并说明理由。

3. 根据资料（3），结合作业成本法下的单位生产成本，分别计算A、B两种产品的单位生命周期成本。

4. 根据资料（1）~（3），在不考虑产品必要成本利润率的条件下，结合竞争性市场价格和作业成本法下计算的生命周期成本，分别判断A、B两种产品的财务可行性。

解析：

1. A产品的单位目标成本＝207÷（1＋15%）＝180（元）

B产品的单位目标成本＝322÷（1＋15%）＝280（元）

2. B 产品更具有成本优势。

理由：A 产品的单位生产成本 220 元大于单位目标成本 180 元，B 产品的单位生产成本 275 元小于单位目标成本 280 元，所以 B 产品更具有成本优势。

3. A 产品的单位生命周期成本 = 220 + 13 + 8 = 241（元）

B 产品的单位生命周期成本 = 275 + 18 + 12 = 305（元）

4. A 产品的单位生命周期成本 241 元大于竞争性市场价格 207 元/件，不具有财务可行性。B 产品的单位生命周期成本 305 元小于竞争性市场价格 322 元/件，具有财务可行性。

【例 5-2】 乙公司为一家制造类企业，主要生产 X、Y 两种产品。X、Y 两种产品均为标准化产品，市场竞争非常激烈。乙公司高度重视战略成本管理方法的运用，拟通过成本领先战略助推企业稳步发展。相关资料如下：

（1）随着业务发展和生产过程的复杂化，乙公司制造费用占生产成本的比重越来越大，且制造费用的发生与传统成本法采用单一分摊标准的相关性越来越小。乙公司自 2018 年以来采用作业成本法进行核算与管理。

2022 年 6 月，X、Y 两种产品的产量分别为 500 台和 250 台，单位直接成本分别为 0.4 万元和 0.6 万元。此外，X、Y 两种产品制造费用的作业成本资料如表 5-1 所示。

表 5-1　　X、Y 两种产品制造费用的作业成本资料

作业名称	作业成本（万元）	成本动因	作业量		
			X 产品	Y 产品	合计
材料整理	200	人工小时	100 小时	60 小时	160 小时
机器运行	400	机器小时	300 小时	100 小时	400 小时
设备维修	100	维修小时	50 小时	50 小时	100 小时
质量检测	150	质检次数	25 次	25 次	50 次
合计	850	—	—	—	—

（2）通过作业成本法的运用，乙公司的成本核算精度大大提高。为此，乙公司决定通过作业成本法与目标成本法相结合的方式进行成本管理。通过市场调研，乙公司在综合考虑多种因素后，确定 X、Y 两种产品的竞争性市场单价分别为 1.85 万元和 1.92 万元；单位产品必要利润分别为 0.20 万元和 0.25 万元。

假定不考虑其他因素。

要求：

1. 根据资料（1），结合作业成本法，分别计算 X、Y 两种产品的单位制造费用，并指出作业成本法及传统成本法下制造费用分摊标准的区别。

2. 根据资料（2），结合目标成本法，分别计算 X、Y 两种产品的单位目标成本，并说明甲公司确定竞争性市场价格应综合考虑的因素。

3. 根据资料（1）~（2），结合上述要求 1 和要求 2 的计算结果，指出甲公司应重点加强哪种产品的成本管理，并说明理由。

解析：

1. X 产品的单位制造费用 =［100 ×（200 ÷ 160）+ 300 ×（400 ÷ 400）+ 50 ×（100 ÷ 100）+ 25 ×（150 ÷ 50）］÷ 500 = 1.1（万元）

Y 产品的单位制造费用 =［60 ×（200 ÷ 160）+ 100 ×（400 ÷ 400）+ 50 ×（100 ÷ 100）+ 25 ×（150 ÷ 50）］÷ 250 = 1.2（万元）

区别：作业成本法下，制造费用根据多种作业动因进行分配；传统成本法下，制造费用主要采用单一分摊标准进行分配。

2. X 产品单位目标成本 = 1.85 − 0.20 = 1.65（万元）

Y 产品单位目标成本 = 1.92 − 0.25 = 1.67（万元）

应综合考虑的因素：客户可接受的价格、主要竞争对手情况、自身目标市场份额。

3. 甲公司应重点加强 Y 产品的成本管理。

理由：Y 产品的实际单位成本 1.8 万元大于目标单位成本 1.67 万元，而 X 产品的实际单位成本 1.5 万元小于目标单位成本 1.65 万元。

【例 5－3】 甲集团公司（以下简称“集团公司”）下设 A、B、C 三个事业部及一家销售公司。A 事业部生产 W 产品，该产品直接对外销售且成本全部可控；B 事业部生产 X 产品，该产品直接对外销售；C 事业部生产 Y 产品，该产品既可以直接对外销售，也可以通过销售公司销售。集团公司规定：各类产品直接对外销售部分，由各事业部自主制定销售价格；各事业部通过销售公司销售的产品，其内部转移价格由集团公司确定。为适应市场化改革、优化公司资源配置，2022 年 7 月 5 日，集团公司组织召开上半年经营效益评价工作专题会。有关人员的发言要点如下：

（1）A 事业部经理：集团公司批准的本事业部上半年生产计划为生产 W 产品 20 000 件，固定成本总额 10 000 万元，单位变动成本 1 万元。1 ~ 6 月，本事业部实际生产 W 产品 22 000 件（在核定的产能范围内），固定成本为 10 560 万元，单位变动成本为 1 万元。为了进一步加强对 W 产品的成本管理，本事业部拟于 7 月启动作业成本管理工作，重点开展作业分析，通过区分增值作业与非增值作业，力争消除非增值作业，降低产品成本。

（2）B 事业部经理：集团公司年初下达本事业部的年度目标利润总额为 10 000 万元。本事业部本年度生产经营计划为：生产并销售 X 产品 60 000 台，全年平均销售价格 2 万元/台，单位变动成本 1 万元。1 ~ 6 月，本事业部实际生产并销售 X 产品 30 000 台，平均销售价格 2 万元/台，单位变动成本为 1 万元。目前，由于市场竞争加剧，预计下半年 X 产品平均销售价格将降为 1.8 万元/台。为了确保完成全年的目标利润总额计划，本事业部拟将下半年计划产销量均增加 1 000 台，并在全年固定成本控制目标不变的情况下，相应调整下半年 X 产品单位变动成本控制目标。

（3）C 事业部经理：近年来，国内其他公司研发了 Y 产品的同类产品，打破了本事业部对 Y 产品独家经营的局面。本事业部将进一步加强成本管理工作，将 Y 产品全年固定成本控制目标设定为 2 000 万元、单位变动成本控制目标设定为 1.1 万元。

（4）销售公司经理：本年度 Y 产品的市场销售价格很可能由原来的 2.1 万元/件降低到 1.8 万元/件，且有持续下降的趋势。建议集团公司按照以市场价格为基础进行协商的方法确定 Y 产品的内部转移价格。

假定不考虑其他因素。

要求：

1. 根据资料（1），分别计算 A 事业部 2022 年上半年 W 产品计划单位成本和实际单位成本；结合成本性态，从成本控制角度分析 2022 年上半年 W 产品成本计划完成情况。

2. 根据资料（1），指出作为增值作业应同时具备的条件。

3. 根据资料（2），分别计算 B 事业部 X 产品 2022 年全年固定成本控制目标，以及 2022 年下半年 X 产品单位变动成本控制目标。

4. 根据资料（3）~（4），确定 C 事业部 Y 产品内部转移价格的上限和下限。

解析：

1. 上半年 W 产品计划单位成本 =（20 000 × 1 + 10 000）÷ 20 000 = 1.5（万元）

上半年 W 产品实际单位成本 =（22 000 × 1 + 10 560）÷ 22 000 = 1.48（万元）

分析：上半年 W 产品的实际单位成本低于计划单位成本，完成了产品单位成本控制目标。但是，从成本控制角度分析，单位产品的实际变动成本与计划变动成本持平，而固定成本总额超支 560 万元，未能很好地控制固定成本。

2. 作为增值作业应同时具备以下条件：

（1）该作业的功能是明确的；

（2）该作业能为最终产品或劳务提供价值；

（3）该作业在企业的整个作业链中是必需的，不能随意去掉、合并或被替代。

3. X 产品 2022 年固定成本控制目标 = 60 000 × 2 − 60 000 × 1 − 10 000 = 50 000（万元）

调整后下半年 X 产品单位变动成本的控制目标 =（30 000 × 2 + 31 000 × 1.8 − 30 000 × 1 − 50 000 − 10 000）÷ 31 000 = 0.83（万元/台）

4. Y 产品内部转移价格的上限是其市场价格 1.8 万元/件，下限是其变动成本 1.1 万元/件。

【例 5 − 4】 丙公司专门从事甲、乙两种产品的生产，有关资料如下：

（1）有关甲、乙两种产品的基本资料如表 5 − 2 所示。

表 5-2　　甲、乙两种产品的基本资料

产品名称	产量（件）	单位产品机器小时（小时）	直接材料单位成本（元）	直接人工单位成本（元）
甲	1 000	4	5	10
乙	4 000	4	12	4

（2）丙公司每年制造费用总额为 20 000 元，甲、乙两种产品复杂程度不一样，耗用的作业量也不一样。丙公司与制造费用相关的作业有 5 个，为此设置了 5 个成本库。有关制造费用作业成本的资料如表 5-3 所示。

表 5-3　　制造费用作业成本资料

作业名称	成本动因	作业成本（元）	作业动因		
			甲产品	乙产品	合计
设备维护	维护次数	6 000	8 次	2 次	10 次
订单处理	生产订单份数	4 000	70 份	30 份	100 份
机器调整准备	机器调整准备次数	3 600	30 次	10 次	40 次
机器运行	机器小时数	4 000	400 小时	1 600 小时	2 000 小时
质量检验	检验次数	2 400	60 次	40 次	100 次
合计	—	20 000	—	—	—

假定不考虑其他因素。

要求：

根据上述资料，分别用传统成本计算法和作业成本法计算上述甲、乙两种产品的总成本和单位成本。

解析：

1. 传统成本法下计算两种产品的制造费用（用“机器小时数”作为费用分配依据）：

已知甲、乙两种产品的机器小时总数分别为 4 000 小时和 16 000 小时，制造费用总额为 20 000 元，则：

制造费用分配率 = 20 000 ÷ 20 000 = 1（元/小时）

甲产品的制造费用 = 4 000 × 1 = 4 000（元）

乙产品的制造费用 = 16 000 × 1 = 16 000（元）

2. 作业成本法下计算两种产品的制造费用：

首先计算各项作业的成本动因分配率，计算结果如表 5-4 所示。

表 5-4　　作业成本动因分配率

作业名称	成本动因	作业成本（元）	作业动因			
			甲产品	乙产品	合计	分配率
设备维护	维护次数	6 000	8	2	10	600
订单处理	生产订单份数	4 000	70	30	100	40
机器调整准备	机器调整准备次数	3 600	30	10	40	90
机器运行	机器小时数	4 000	400	1 600	2 000	2
质量检验	检验次数	2 400	60	40	100	24
合计	—	20 000	—	—	—	—

因此，利用作业成本法计算两种产品的制造费用。计算过程与结果如下：

甲产品制造费用 $=8\times600+70\times40+30\times90+400\times2+60\times24=12\ 540$（元）

乙产品制造费用 $=2\times600+30\times40+10\times90+1\ 600\times2+40\times24=7\ 460$（元）

3. 两种成本计算法计算的产品成本如表 5-5 所示。

表 5-5　　两种产品计算法下甲、乙产品总成本与单位成本　　单位：元

项目	甲产品（产量 1 000 件）				乙产品（产量 4 000 件）			
	总成本		单位成本		总成本		单位成本	
	传统方法	ABC 方法	传统方法	ABC 方法	传统方法	ABC 方法	传统方法	ABC 方法
直接材料	5 000	5 000	5	5	48 000	48 000	12	12
直接人工	10 000	10 000	10	10	16 000	16 000	4	4
制造费用	4 000	12 540	4	12.54	16 000	7 460	4	1.865
合计	19 000	27 540	19	27.54	80 000	71 460	20	17.865

上述计算结果表明，在传统成本法下分摊制造费用采用机器工时标准，乙产品的产量高所以分摊的制造费用数额就高。在作业成本法下，制造费用的分摊根据多种作业动因进行分配，甲产品的产量虽然不大，但生产过程作业难度较高，所以按照作业动因进行成本分摊反而分得较多的是制造费用。这种分配方法更精细，计算出的产品成本更准确，更有利于企业做出正确决策。通过计算可以得出，传统成本法下甲产品的单位成本为 19 元，乙产品的单位成本为 20 元，甲产品低于乙产品，单位成本相差不大；但在 ABC 方法下，甲产品的单位成本为 27.54 元，乙产品的单位成本为 17.865 元，甲产品单位成本远远大于乙产品单位成本。

【例5-5】A企业的有关资料如下：

（1）A企业是一家特种机床设备的制造商，主要从事甲、乙两种型号的产品制造，一直采用传统成本核算方法。2022年6月，甲、乙两种产品的直接材料与直接人工如表5-6所示。

表5-6 甲、乙两种产品的直接材料与直接人工

产品名称	产量（件）	单位产品机器小时（小时）	直接材料单位成本（万元）	直接人工单位成本（万元）
甲	1 000	4	5	10
乙	500	4	12	4

B部门是A企业的一个生产车间，主要从事甲、乙产品的材料接收、成型加工、质量检验三项工作，可分别采用人工小时、机器小时与检验次数作为三项作业的成本动因，根据2022年6月的统计，B部门共发生制造费用6 000万元，因甲、乙两种产品的复杂程度不一样，所耗用的制造费用也不同，各项作业耗用量以及各产品耗用作业量如表5-7所示。

表5-7 B部门产品耗用作业量

作业项目	作业成本（万元）	作业动因	作业量	
			甲产品	乙产品
材料接收	1 800	人工小时	400小时	200小时
成型加工	3 000	机器小时	600小时	400小时
质量检验	1 200	检验次数	200次	300次

（2）同大多数高速发展的企业一样，A企业开始面临增长瓶颈，发展速度减缓。为此，总经理提出以价格换市场的建议，决定大幅降低产品价格（拟降价10%）。为配合低成本战略顺利实施，总经理向采购部门下达命令：从现在起的三年内，企业的综合采购成本，每年必须降低10%。为此，采购部门经理马上布置工作，收集同类竞争对手的采购成本控制方法。

（3）市场部经理建议增加毛利率较高的乙产品的生产，另增加一条流水线，将每月乙产品的产量提高1 000件。但是，生产部门经理不同意，他指出乙产品的加工工艺比较复杂，也许增加乙产品的产量并不能像预期的那样带来利润。

假定不考虑其他因素。

要求：

1. 根据资料（1），2022年6月有关产品成本耗用的基本资料，分别用传统成本法与作业成本法计算两种产品的总成本与单位成本，并指出A企业成本核算存在的问题。

2. 根据资料（2），指出A企业采用的竞争策略与成本管理方法的特征。

3. 根据资料（3），判断市场部经理的建议是否可行，并说明理由。

解析：

1. 直接成本计算如表5-8所示。

表5-8 直接成本计算

产品名称	产量（件）①	单位产品机器小时（小时）	直接材料单位成本（万元）②	直接人工单位成本（万元）③	直接材料（万元）④=①×②	直接人工（万元）⑤=①×③	直接成本（万元）合计④+⑤
甲	1 000	4	5	10	5 000	10 000	15 000
乙	500	4	12	4	6 000	2 000	8 000

传统成本法下，以产品作为成本分配对象、以单位产品耗用资源占当期资源消耗总额的比例（如人工小时、机器小时）作为间接制造成本的分配依据，是就成本论成本。该案例中，采用“机器小时数”作为费用分配依据，因产品甲、乙的单位机器小时数刚好相等，所以可以直接以产量数作为费用分配标准，如表5-9所示。

表5-9 传统成本核算方法计算制造费用

总制造费用（万元）①	分配率②	制造费用（万元）③=①×②
6 000	甲：1 000/(1 000+500)=2/3	4 000
	乙：1/3	2 000

作业成本法的成本核算逻辑是生产导致作业发生，产品耗用作业，作业耗用资源，资源消耗成本。与传统成本核算方法相比，作业成本法考虑了产品所消耗的作业量，因此其“相关性”提高大大提升了成本信息的精确度，从而更加有利于企业利用成本信息进行管理决策。计算结果如表5-10所示。

表5-10 ABC法计算制造费用

作业项目	作业成本（万元）①	作业动因	作业量			作业成本（万元）		
			甲产品②	乙产品③	合计④=②+③	分配率⑤=①/④	甲成本⑥=②×⑤	乙成本⑦=③×⑤
材料接收	1 800	人工小时	400小时	200小时	600小时	3	1 200	600
成型加工	3 000	机器小时	600小时	400小时	1 000小时	3	1 800	1 200
质量检验	1 200	检验次数	200次	300次	500次	2.4	480	720
合计	6 000						3 480	2 520

计算两种产品分别在两种核算办法下的总成本与单位成本，如表5－11所示。

表5－11 两种方法下计算的总成本与单位成本 单位：万元

项目	甲产品				乙产品			
	总成本		单位成本		总成本		单位成本	
	传统方法	ABC方法	传统方法	ABC方法	传统方法	ABC方法	传统方法	ABC方法
直接材料	5 000	5 000	5	5	6 000	6 000	12	12
直接人工	10 000	10 000	10	10	2 000	2 000	4	4
制造费用	4 000	3 400	4	3.4	2 000	2 600	4	5.2
合计	19 000	18 400	19	18.4	10 000	10 600	20	21.2
产品售价	20 000		20		11 000		22	
毛利	1 000	1 600	1	1.6	1 000	400	2	0.8

从表5－11的计算可以看出，传统成本法下所计算的甲产品单位成本，高于ABC方法下的单位产品成本，而乙产品则刚好相反。

如果各产品的现有售价不变，则也可发现，两种不同成本计算方法对甲、乙两种产品的毛利估计会产生较大偏差。具体来说，相较于作业成本，传统成本法显然低估了甲产品的毛利水平、高估了乙产品的毛利水平，从而有可能误导产品定价决策、产品生产组合决策。进一步分析发现，由于乙产品的间接制作过程相对复杂，其所耗用的资源也更多，从而产品成本也更高，即虽然两种产品所耗用的接收材料的人工相等（0.4小时/件），但是乙产品耗用更多的成型加工、质量检验作业，具体如表5－12所示。

表5－12 单位产品耗用作业情况

作业项目	作业成本	作业量	甲产品	乙产品	单位耗用作业	
					甲产品（1 000件）	乙产品（500件）
材料接收	1 800万元	人工小时	400小时	200小时	0.4小时/件	0.4小时/件
成型加工	3 000万元	机器小时	600小时	400小时	0.6小时/件	0.8小时/件
质量检验	1 200万元	检验次数	200次	300次	0.2次/件	0.8次/件

目前，A公司采用的是传统成本计算方法。传统成本法核算的主要缺点就是常常少计复杂的、低产量的产品成本，而多计高产量产品的成本，从而使成本信息不真实、不相关，而导致存货计价不准确、产品线决策不正确、资源分配不合理、产品定价不切合实际，最终使企业失去竞争优势。由于上述理由，建议A公司采用作业成本法核算。

2. 本案例中，A 公司采取的是低成本策略，即通过低成本降低商品价格，做到成本领先。实施这一战略，要求企业必须从战略视角加大对成本的管理力度，比如可实施目标成本法，即：根据市场情况确定目标成本并围绕目标成本的分解与落实而进行的一系列成本管理活动。目标成本管理主要分为两个阶段：第一阶段即目标成本的确定；第二阶段包括目标成本的分解与落实。本案例中 A 企业根据对自身竞争形势的分析，提出以价格换市场的竞争策略，决定大幅降低产品价格，拟降价 10%，并在此基础上对采购部门下达成本管理目标，应该说属于目标成本管理方法的一个方面。但是，目标成本第二阶段的工作在 A 企业并未得到充分的体现，成本控制并不能仅限于采购部门的努力，它还应该在目标成本的基础上，利用跨职能组织的成本管理合理利用已有成本信息（尤其是作业成本信息等）支持面向目标成本的全面设计，包括产品设计、工程工艺技术改进、外购材料与询价、产品制造过程的持续改进等，从而最终降低产品成本。

3. 市场部经理的建议不可行。理由：根据表 5 - 11，如果采用作业成本法核算的话，可以看出乙产品的单位毛利率低于甲产品。所以，从产品组合决策看，增加乙产品产量并不能比增产甲产品产量带来更多的利润。

【例 5 - 6】 C 公司是一家汽车制造企业，公司的新产品 B 型车正处于研发阶段，产品的目标售价最早确定为 6 万元/台，分析后发现仅材料的成本就超过 4 万元，该车新上市时处于亏损状态。而国内同等级的竞争车型的整车售价都只在 4 万元左右。如果 B 型车继续按照每台车 6 万元的目标售价进行开发，最后上市的产品肯定缺乏竞争力。

根据汽车行业的经验，研发过程所发生的成本虽然只占产品总成本的 3% 左右，但研发过程却决定着产品总成本的 75% 左右。为此，公司领导决定实施“面向成本设计”的“成本管理工程”，高强度控制整车成本并提升产品的价值。

资料一：支撑成本管理工程的组织保障。

“面向成本设计的成本管理”工作的第一步是，搭建集成化的精细化设计推进工作管理平台，建立包括总会计师“挂帅”的成本管理工程“推进领导组”“推进办公室”“各部门工作小组”三层次组织机构和立体化矩阵式项目团队。

精细化设计的组织机构体现了并行工程和集成管理的思想、发挥了专家顾问的作用，以产品平台为基础组建了立体化矩阵式项目团队，将财务部主管成本价格工作的部分人员调入汽车研究院，辅助设计研究院对 B 产品价格的分析。根据 C 公司汽车研发的组织机构，B 型车的成本管理工程确定为 7 个推进组，技术人员担任推进组组长，财务人员担任副组长，质量人员负责产品的质量控制，采购人员负责供应商筛选，市场人员负责把握产品的功能配置，销售人员负责确定产品的卖点。通常情况下，各推进组采用并行工作的方式，并定期向办公室汇报工作进展情况。

资料二：成本管理工程的工作流程。

成本管理工程是个系统化的工作过程，主要内容包括：

（1）市场调研：在选定车型后，进行市场调研，广泛收集数据。收集数据主要是面向竞争车型，包括价格信息、功能配置、销售情况、主要用户群、汽车的造型、色彩搭配、结构等。

（2）目标售价确定：根据产品在市场上的定位，并与同类产品进行比较确定目标售价。成本管理工程各小组在分析中主要采用“对标”技术，即在市场上选择多台同类型车，开辟专门场地作为剖析和对标的工作场所，对优势竞争车型进行成本、价格、功能和质量等全方位的精细对比，通过对标寻找成本提升空间。

（3）功能分析：对产品进行功能定义和整理，对零部件进行功能分析和评价，进行价值计算等。任何功能的获取都必须为其支付费用，各小组、办公室的任务就是对产品的功能及获得这种功能所支付的成本费用进行综合分析，分析其是否合理、是否必要，进而寻求提高产品功能、降低产品成本的途径，达到提升产品价值的目标。例如，对于女士用车，点烟器往往就是冗余功能；对于城市用车，底盘自动升降就是冗余功能。功能分析在成本管理工程中占有非常重要的地位，因此，在功能分析时，不能只靠技术人员来进行，它需要将相关部门的人员（特别是市场和销售部门）都集中起来，采用跨团队联动作业的方式，充分发挥各部门人员的专业优势，共同为功能分析进行把关。

（4）建立目标价格体系：确定各个功能获得需要付出的成本体系。

（5）价值分析：提升产品的功能价值系数 V（即功能取得和成本付出之比）是成本管理工程的目标。价值分析的目的就是找到 $V<1$ 的功能进行分析，尽可能将其功能价值系数提升到 1 以上。

（6）选定成本设计的对象：汽车是一类复杂的产品，不可能对全部零件进行设计，因此，应选择最有研究与应用价值的成本设计对象。按照作业成本法的测算原理，对 B 车型而言，生产该型汽车的主要零配件有 2 000 多个，这些零配件其实就是成本设计所关注的主要对象。

（7）创新方案：它是产生新方案的过程。在产生新方案时，要充分考虑产品的档次和功能的匹配，要充分考虑用户的需求，充分运用竞争机制来控制成本，例如，在对 ABS 系统进行分析时发现，该零件属于独家供货，价格居高不下，后来采用引进第二家供应商的策略，成功地将价格降低了 200 元/车，单件价值提高了 20%。

（8）方案评价：通过方案验证的新方案可能有多个，需要进一步优选。优选的目标函数是成本或价值，约束条件是质量、性能等。即新方案确实降低了产品的成本，但该方案是否有效，还取决于是否满足用户对质量和性能的要求。方案优选时，应聘请技术、质量、采购、销售、财务、供应商等各方面的人员参加，站在各自的角度对方案进行把关，选出最佳方案。

（9）分析计算和实验检验：所选新方案可能需要采用新设计、新材料、新工艺等新技术，必须通过计算机仿真和试验检验才能得出是否可行的结论。

（10）目标售价反算：经过方案分析和试验后，将全部价值分析后的所有零部件进行整合，计算出现有整车成本，然后与原定的目标成本售价相对比，以比较设计方案的可行性。如果不可行，则降低利润或抬高售价，如果目标售价过高，则需要重新制订方案。

成本管理工程彻底改变了C公司新产品开发决策思路，它使新产品开发决策由主观判断转变为价值和目标成本否决，降低了新产品开发的风险。C公司将成本管理工程推广应用到所有新产品开发和B型车的持续改进中，成效显著。以B型车为例，该型车累计产量达7万辆，产品毛利和市场竞争力均大幅提升。

假定不考虑其他因素。

要求：

1. 根据上述资料，指出C公司采用的是什么成本管理方法，并简述其成本管理的核心流程。

2. 设定成本目标是目标成本管理的第一个阶段，结合B型车的经验，简述应当如何设定目标成本。

3. C公司成本管理工程的关键是将已确定的目标成本落到实处，一是指事前将目标成本落实到产品设计中，二是指将产品设计“图纸上”的目标成本真正转化成产品制造过程中的发生成本。请结合B型车的成本管理案例，对目标成本的落实与实现过程有何建议。

解析：

1. C公司采用的是目标成本管理方法，即确定成本目标并围绕目标成本落实而展开的一系列活动的总称。它不仅是一种成本控制方法，也是企业在既定的营销策略下进行利润规划的一种方法。目标管理过程由价格引导，关注客户，以产品和流程设计为中心，并依赖跨职能团队。目标成本管理的核心流程包括：(1) 在市场调查、产品特性分析的基础上，确定目标成本。(2) 组建跨职能团队，并运用价值工程方法，将目标成本嵌入产品设计、工程、外购材料的过程控制之中。(3) 将设计完的产品生产方案投入生产制造环节，并通过制造环节的“持续改善策略”进一步降低产品制造成本。

2. “目标成本”是基于产品的竞争性市场价格，在满足企业从该产品中取得必要利润的情况下，所确定的产品或服务的最高期望成本。目标成本的设定经历三个阶段：(1) 市场调查：通过市场调查，真实了解顾客对产品特性、功能、质量与销售价格的需求。(2) 竞争性价格的确定。竞争性价格是指在卖方市场下，由竞争对手和顾客所决定的产品价格。竞争性价格的确定需要考虑顾客的可接受价格、同类或相近类型竞争对手的产品价格、预期要达到的市场份额。确定竞争性价格的具体方法有市价比较法和目标份额法。(3) 必要利润的确定。必要利润指企业在特定战略下所要求的利润水平，它客观上表现为投资者的必要报酬率，从资本市场角度则体现为企业的加权平均资本成本。根据产品的目标价格与必要利润即可测定产品的目标成本。

3. 目标成本的实现过程。(1) 用目标成本约束产品设计。正如本案例中所说，汽车的研发过程所发生的成本虽然只占产品总成本的3%左右，但研发过程却决定着产品总成本的75%左右。即一旦设计完成，产品制造环节的材料投入与用料结构等流程工艺都被“固化”，发生在制造环节的各成本项目也均被事前设定。因此，通过精细化的产品设计，设计环节植入成本控制意识，是实现目标成本的必要手段。(2) 应用价值工程技术进行产品设计。价值工程主要应用于产品设计时的“产品特性、产品功能”与“产品成本”之间的分析。价值工程的目的在于最大化顾客价值的同时，减少产品成本。在本案例中，B型车的成本管理工程成本设计在产品功能分析、功能目标成本与价值分析方面就充分利用了这个技术，将产品某项功能的获得与付出的成本相匹配，发现价值功能系数小于1的冗余功能，尽可能节约成本。(3) 产品制造与持续改进。目标成本在实施过程中不是一次性的，而是一个连续的循环过程，企业总是循着目标成本的“确定—分解—实现—再确定—再分解”这样一个循环过程，达到对成本的持续改进。

【例5-7】某企业生产A、B、C三种产品，其中B产品期初存货量为0，本期产量为100件，销量为50件，单位售价为40万元。B产品本期有关成本资料如表5-13所示。

表5-13　　B产品本期有关成本资料　　单位：万元

序号	成本项目	金额
1	单位直接材料成本	8.5
2	单位直接人工成本	3.6
3	单位变动制造费用	5.5
4	固定性制造费用总额	400
5	单位变动性销售及管理费用	4.8
6	固定性销售及管理费用总额	280

假定不考虑其他因素。

要求：

1. 根据变动成本法，计算B产品本期的利润金额。
2. 根据完全成本法，计算B产品本期的利润金额。

解析：

1. 变动成本法下B产品利润的计算过程如下：

(1) 单位产品成本 = 8.5 + 3.6 + 5.5 = 17.60（万元）

(2) 销售成本 = 17.60 × 50 = 880（万元）

(3) 边际贡献总额 = 40 × 50 - (880 + 4.8 × 50) = 880（万元）

(4) 利润 = 880 - (400 + 280) = 200（万元）

变动成本法下的贡献式损益表如表5-14所示。

表5－14 变动成本法下的贡献式损益表 单位：万元

序号	报表项目	金额
1	营业收入	2 000
2	变动成本	1 120
3	其中：变动生产成本	880
4	变动非生产成本	240
5	边际贡献	880
6	固定成本	680
7	其中：固定生产成本	400
8	固定非生产成本	280
9	利润	200

2. 如果采用完全成本法，则B产品利润的计算过程如下：

（1）单位产品成本＝8.5＋3.6＋5.5＋(400÷100)＝21.60（万元）

（2）销售成本＝21.60×50＝1 080（万元）

（3）期间成本＝4.8×50＋280＝520（万元）

（4）利润＝40×50－1 080－520＝400（万元）

【例5－8】优妙公司是一家专业生产移动硬盘的高科技企业，由于现在市场上大容量U盘热销，公司准备推出一种容量为64G的U盘。公司确定采用目标成本法，为此需要确定竞争性价格，从而确定生产U盘的目标成本。已知：生产新型大容量的U盘可以利用现有生产设备，现有生产设备生产能力利用率为60%，生产新型大容量的U盘后，生产设备生产能力利用率可以提高到85%，现有生产设备的年固定成本为1 000万元。经调查，确定竞争性价格为100元。已知优妙公司权益乘数为2，股权资本成本为15%，负债平均利率为7%，公司所得税税率为25%。优妙公司对于大容量U盘项目在加权平均资本成本的基础上要求的额外利润率为15%。

要求：

1. 为确定目标成本，需要确定竞争性价格。简述确定竞争性价格应该考虑的因素和具体方法。

2. 从成本管理角度，确定必要利润需要考虑哪些因素？

3. 不考虑其他因素，确定新型大容量的U盘的目标成本。

解析：

1. 一般而言，竞争性价格的确定需要综合考虑以下三个因素：

（1）可接受价格，是指顾客愿意为他们所要求的功能与特性支付的价格，企业应根据顾客的价格承受能力来设计产品的功能、特性和审美，并以此调整产品的价格。

（2）竞争对手分析，是指分析竞争对手所提供的产品功能、特性、审美和价格，以及由此产生的成本和顾客的评价。

（3）目标市场份额，即预估怎样的价格可以实现企业特定战略之下的目标市场份额。

确定竞争性价格的具体方法主要有两种：①市价比较法，即以已上市产品的市场价格为基础，加上新产品增加或减少的功能或特性（包括质量、外观等）的市场价值；②目标份额法，即为预测在既定预期市场占有率目标下的市场售价。

2. 从成本管理角度，企业在确定产品必要利润并借此确定新产品目标成本时，除考虑投资者必要报酬率之外，还可能考虑以下两种不同行为动机对目标成本测定的影响：①采用相对激进的方法确定成本目标，例如提高必要利润水平，这样可以增强目标成本对产品设计过程的“硬预算”约束力，并辅以成本目标实现的“激励”属性，以最终实现目标利润；②采用相对宽松的方法确定目标成本，例如调低必要利润水平，从而为产品设计提供相对较多的备选项，以提高产品设计的灵活性。

3. 由于权益乘数为2，因此股东权益 ÷ 总资产 = 1 ÷ 2 × 100% = 50%，负债比重为50%。

必要利润率 = 加权平均资本成本 + 额外利润率 = 15% × 50% + 7% ×（1 − 25%）× 50% + 15% = 25.13%

由于现有生产设备生产能力利用率为60%，生产新型大容量的U盘后，生产设备生产能力利用率可以提高到85%，在生产能力范围以内。因此，决策时不用考虑固定成本。

目标成本 = 100 − 100 × 25.13% = 74.87（元）

【例5－9】高达塑料制品公司生产甲、乙、丙三种产品，年产量分别是2 000吨、3 000吨和2 500吨，每种产品生产过程中分别产生有毒废弃物120吨、200吨和180吨，经过焚化炉处理再向外排放，全年废弃物处理费用30 000元，设备启动费用18 000元，设备维修费用30 000元，焚化炉运转费用32 000元。相关的作业动因：甲、乙、丙产品产生的废弃物搬动次数分别为40次、30次和50次，焚化炉启动次数分别为6次、8次、6次，焚化炉每次启动前的维修时间为1小时，运转时间分别为100小时、150小时和150小时。

要求：

试比较制造成本法和作业成本法在计算分配到甲、乙、丙三种产品的环境成本的差异。

解析：

1. 将与废弃物处理相关的费用按照作业划分如表 5－15 所示。

表 5－15　　废弃物处理相关的费用（按作业划分）

项目	金额（元）
废弃物处理	30 000
设备启动	18 000
设备维修	30 000
焚化炉运转（折旧、动力等）	32 000
合计	110 000

2. 作业动因分析如表 5－16 所示。

表 5－16　　废弃物处理相关的费用（按作业动因分析）

废弃物处理的相关项目	金额	成本动因	甲	乙	丙	合计	动因比率
废弃物处理	30 000	废弃物移动（次）	40	30	50	120	250
设备启动	18 000	启动次数（次）	6	8	6	20	900
设备维修	30 000	维修小时（小时）	6	8	6	20	1 500
焚化炉运转（折旧、动力等）	32 000	直接工时（小时）	100	150	150	400	90

3. 产品分摊的环境成本计算如表 5－17 所示。

表 5－17　　产品分摊的环境成本

废弃物处理的相关费用	甲	乙	丙
废弃物处理（元）	10 000	7 500	12 500
设备启动（元）	5 400	7 200	5 400
设备维修（元）	9 000	12 000	9 000
焚化炉运转（折旧、动力等）（元）	8 000	12 000	12 000
合计（元）	32 400	38 700	38 900
成本占比（%）	29.45	35.18	35.37
单位成本（元/吨）	16.2	12.9	15.56

综上，传统成本分配法下以废弃物处理时间为分配标准，则作业成本法和制造成本法的差异如表 5－18 所示。

表 5－18　　制造成本法和作业成本法下的环境成本差异

成本核算方法	甲		乙		丙	
	金额（元）	占比（%）	金额（元）	占比（%）	金额（元）	占比（%）
制造成本法	27 500	25	41 250	37.5	41 250	37.5
作业成本法	32 400	29.45	38 700	35.18	38 900	35.37

【例 5－10】新星化学试剂制造有限公司专门从事各类化学试剂的生产，年产 300 万支，现有的生产工艺流程会产生有毒废弃物 30 吨，需处理后对外排放，处理费用 6 万元/吨；最终产品使用后也会有残留化学物质，消费者购买产品需支付环保税 1.2 元/支，产品报废后的处理成本为 1 元/支。由于绿色产品成为市场主流，公司打算开发新工艺，预计研发投入 900 万元，添置辅助设备 300 万元，寿命 5 年，无残值；并采用新型环保材料，直接材料增加 300 万元，直接人工不变，有毒废弃物减少到 5 吨，运用新工艺和新型环保材料后的最终产品为绿色产品，消费者无须支付生态税，产品报废后的处理成本为 0.8 元/支。假设公司原来直接材料和直接人工合计 5 000 万元，生产设备年折旧费用 600 万元，年销售费用 500 万元，新工艺研发成本按 10 年摊销。

要求：

试从成本管理角度讨论进行新工艺流程研发的必要性。

解析：

1. 分别比较原有工艺流程和新工艺流程下的成本：

（1）原有工艺流程下的成本。

生产成本＝5 000＋600＋30×6＝5 780（万元）

销售成本＝500 万元

则，企业角度生命周期成本为 6 280 万元。

使用成本＝300×1.2＝360（万元）

则，消费者角度生命周期成本为 6 640 万元。

弃置成本＝300×1＝300（万元）

则，社会角度生命周期成本为 6 940 万元。

（2）新工艺流程下的成本。

研发成本＝900÷10＝90（万元）

生产成本＝5 000＋300＋600＋300÷5＋5×6＝5 990（万元）

销售成本＝500 万元

则，企业角度生命周期成本为 6 580 万元。

使用成本＝300×0＝0

则，消费者角度生命周期成本为 6 580 万元。

弃置成本＝300×0.8＝240（万元）

则，社会角度生命周期成本为6 820万元。

2. 综上所述，采用原有工艺流程下的产品成本固然较小，但产品最终是由消费者选择，额外支付的生态税等因素会影响消费者的购买决策，消费者必然会考虑到使用成本。此外，随着环境成本内化程度的不断加深，弃置成本也将逐渐转由企业承担，故新工艺流程的研发和生产将更加符合整体社会的可持续发展。

第六章　企业并购

【例 6－1】甲公司为一家在上海证券交易所上市的企业，也是全球著名集成电路制造商之一。2023 年初，基于公司战略目标公司准备积极实施海外并购。相关资料如下：

（1）并购对象选择。甲公司认为，通过并购整合全球优质产业资源，发挥协同效应，是加速实现公司占据行业全球引领地位的重要举措；并购目标企业应具备以下基本条件：①应为集成电路设计商，位于产业链上游。且在业内积累了丰富而深厚的行业经验，拥有较强影响力和行业竞争力；②拥有优秀的研发团队和领先的关键技术；③具有强大的市场营销网络。经验证，初步选定海外乙公司作为并购目标。

（2）并购价值评估。甲公司经综合分析认为，企业价值/息税前利润（EV/EBIT）和市价/账面净资产（P/BV）是适合乙公司的估值指标。甲公司在计算乙公司加权平均评估价值时，赋予 EV/EBIT 的权重为 60%，P/BV 的权重为 40%。

可比交易的 EV/EBIT 和 P/BV 相关数据如表 6－1 所示。

表 6－1

交易日期	可比交易	EV/EBIT	P/BV
2022 年 6 月 9 日	可比交易 1	10.47	1.81
2022 年 7 月 15 日	可比交易 2	9.04	2.01
2022 年 9 月 10 日	可比交易 3	12.56	1.53
2022 年 9 月 28 日	可比交易 4	7.44	3.26
2022 年 11 月 2 日	可比交易 5	15.49	6.39

（3）并购对价。根据尽职调查，乙公司 2022 年实现息税前利润（EBIT）5.5 亿元，2022 年末账面净资产（BV）21 亿元。经多轮谈判，甲、乙公司最终确定并购交易价 60 亿元。

（4）并购融资。2022 年末，甲公司资产负债率为 80%，甲公司与 N 银行存续贷款合约的补充条款约定，如果甲公司资产负债率超过了 80%，N 银行将大幅调高贷款利率。贷款利率如提高，甲公司债务融资成本将高于权益融资成本。

甲、乙公司协商确定，本次交易支付方式为现金收购。甲公司自有资金不足以全额并购对价，其中并购对价的 40% 需要外部融资。甲公司综合分析后认为，有两种方式可供选择：一是从N银行获得贷款；二是通过权益融资的方式，吸收境内外投资者的资金。

假定不考虑其他因素。

要求：

1. 根据资料（1），从经营协同效应的角度，指出甲公司并购乙公司动机。

2. 根据资料（2）~（3），运用可比交易分析法，计算如下指标：①可比交易的EV/EBIT平均值和P/BV平均值；②乙公司加权平均评估价值。

3. 根据资料（2）~（3），运用可比交易分析法，从甲公司的角度，判断并购对价是否合理，并说明理由。

4. 根据资料（4），指出甲公司宜采用哪种融资方式，并说明理由。

解析：

1. 并购动机：纵向一体化，资源互补。

2. （1）EV/EBIT的平均值＝(10.47＋9.04＋12.56＋7.44＋15.49)÷5＝11（倍）

P/BV的平均值＝(1.81＋2.01＋1.53＋3.26＋6.39)÷5＝3（倍）

（2）按可比交易EV/EBIT平均值计算，乙公司评估价值＝5.5×11＝60.5（亿元）

按可比交易P/BV平均值计算，乙公司评估价值＝21×3＝63（亿元）

乙公司加权平均评估价值＝60.5×60%＋63×40%＝36.3＋25.2＝61.5（亿元）

或：

乙公司加权平均评估价值＝5.5×11×60%＋21×3×40%＝61.5（亿元）

3. 对甲公司而言，并购对价合理。

理由：乙公司的并购对价为60亿元，低于乙公司评估价值61.5亿元。

或：

理由：可比交易法下溢价水平加权平均值＝11×60%＋3×40%＝7.8（倍）

并购对价下溢价水平加权平均值＝60/5.5×60%＋60/21×40%

＝10.91×60%＋2.86×40%

＝7.69（倍）

并购对价的溢价水平较低（7.69<7.8）。

4. 融资方式：采用权益融资方式。

理由：权益融资资本成本相对更低；从N银行贷款将会进一步提高甲公司资产负债率，从而加大财务风险。

【例6－2】甲公司为一家生产和销售家用空气净化器的上市公司，总部位于西安，主要经营业务集中在西北地区，管理和营销水平较高。2023年初，甲公司董事会审议通过未来五年发展规划，决定通过并购拓展以上海为中心、辐射长三角的新市场。为落实董事会决议，甲公司管理层拟订了并购方案。方案要点如下：

（1）并购对象选择，甲公司拟选择乙公司作为目标公司。乙公司为甲公司的竞争对手，主要产品类型与甲公司相同，总部位于上海。乙公司规模较小，但掌握生产新型空气净化器的关键核心技术，该技术将引领未来空气净化器的发展方向。甲公司拟向乙公司所有股东提出100%股权收购要约。

（2）并购对象估值。经过市场调研并咨询第三方权威机构意见，甲公司拟采用可比企业分析法估计目标公司价值。尽职调查显示，乙公司盈利水平持续稳定上升，预计2021年可实现净利润为1.8亿元。通过行业分析、同行业可供参考的平均市盈率为14倍，考虑到乙公司的技术优势，拟确定市盈率为16倍。

（3）并购对价、交易成本及并购收益测定。通过评估作价并结合多种因素，并购价款预计为32亿元。另外，甲公司预计将支付评估费、审计费、律师费和公证费等并购费用0.2亿元。据测算，甲公司目前的评估价值为220亿元，若并购成功，两家公司经过整合后的整体价值预计将达到280亿元。

（4）并购融资安排。因自有现金不足以支付本次并购对价，甲公司计划从外部融资15亿元。具体有两种外部融资方式可供选择：一是并购贷款：二是定向增发普通股。综合考虑公司实际情况后，管理层设定的融资原则为：一是融资需时较短，确保并购如期完成；二是不允许稀释现有股东股权。

假定不考虑其他因素。

要求：

1. 根据资料（1），从并购双方行业相关性和并购的形式两个角度，分别指出此次并购的具体类型。

2. 根据资料（2），以市盈率为乘数，采用"可比企业分析法"计算乙公司价值，并说明可比企业的选择标准。

3. 根据资料（2）~（3），计算甲公司并购乙公司的并购收益、并购溢价和并购净收益，并从财务角度说明此项并购交易是否可行。

4. 根据资料（4），分析甲公司应该选择哪种外部融资方式，并说明理由。

解析：

1. 横向并购、要约收购。

2. 乙公司价值 = 1.8 × 16 = 28.8（亿元）

所选取的可比企业应在营运上和财务上与被评估企业具有相似的特征。若在实务中难以寻找到符合条件的可比企业时，可以选择一组参照企业，其中一部分在财务上与被评估企业相似，另一部分在营运上与被评估企业具有可比性。

3. 并购收益 = 280 − (220 + 28.8) = 31.2（亿元）

并购溢价 = 32 − 28.8 = 3.2（亿元）

并购净收益 = 31.2 − 3.2 − 0.2 = 27.8（亿元）

甲公司并购乙公司后能够产生27.8亿元的并购净收益，从财务角度看，此项并购交易是可行的。

4. 甲公司应选择并购贷款。

理由：并购贷款需时较短，且不稀释现有股东股权，对甲公司而言并购贷款优于定向增发普通股融资方式。

【例6-3】2022年6月27日，A公司旗下B公司（属于水泥行业）与C公司原股东——D创业投资公司（占73.76%股权）及E投资公司（占26.24%股权）签署股权转让协议，支付现金9.6亿元，并为C公司约2.3亿元的银行借款作担保，完成对C公司全部股权的收购。

C公司成立于2012年12月25日，主要从事水泥及熟料的生产、储存、销售及提供售后服务，在华南地区拥有一条日产熟料1万吨的生产线，熟料的年产能为310万吨，水泥的年产能为150万吨。

通过并购C公司，B公司大幅提高了其在华南地区的水泥产能。之后，A公司以C公司区域为核心市场，先后在周边区域联合重组了近40家水泥企业，产能规模得到了大幅的提升。

要求：

1. 说明企业从事并购交易的动机主要包括哪几个方面，并简要分析B公司并购C公司的动机。

2. 指出从并购双方所在行业的相关性分析上述并购属于哪种类型。

3. 简要说明这种类型并购的目的和优点。

解析：

1. 企业从事并购交易的动机主要包括以下几个方面：

（1）企业发展动机。

企业既可以通过内部投资、资本的自身积累获得发展，也可以通过并购获得发展，且并购方式的效率更高，主要体现在：①并购可以让企业迅速实现规模扩张；②并购可以突破进入壁垒和规模的限制，迅速实现发展；③并购可以主动应对外部环境变化；④加强市场控制能力；⑤获取价值被低估的公司；⑥降低经营风险。

（2）发挥协同效应。

并购后两个企业的协同效应主要体现为经营协同效应、管理协同效应和财务协同效应。主要体现在经营协同、管理协同和财务协同等方面。

B公司通过收购C公司巩固和强化了在C公司经济区的优势地位，增强了竞争力。同时，A公司不断完善区域市场和产业布局，实现了战略区域内资源与市场的合理有效配置，区域市场影响力、控制力和竞争力显著增强。因此，B公司并购C公司的动机可以总结为企业发展动机和加强市场控制能力。

2. 按照并购双方所在行业的相关性，可以将并购分为横向并购、纵向并购和混合并购。

B公司和C公司同属于水泥行业，因此，B公司收购C公司属于横向并购。

3. 横向并购的目的在于消除竞争、扩大市场份额、增加兼并企业的垄断实力或形成规模效应。其优点在于：可以迅速扩大生产规模，节约共同费用，便于提高通用设备的使用效率、在更大范围内实现专业分工协作、统一技术标准、加强技术管理和进行技术改造、统一销售产品和采购原材料等。

【例6-4】自2022年5月以来，A公司一直就并购事宜与境外B公司商谈。根据B公司的市值和盈利状况，A公司的收购价格估计高达53亿~56亿美元。

2022年5月底，向相关的国家主管部门进行汇报后，基于B公司运营范围广阔、跨越多个国家的现实，A公司提出要在签订协议之前对B公司各国业务进行现场尽职调查。

2022年6月中旬，A公司派出了一个包括高级主管、银行家、律师、顾问等专家组成的小组，到B公司拥有业务的各个国家做市场调查。

2022年7月2日，A公司召开董事会会议，对收购进行最后评估表决，最终的决议推翻了之前的判断，决定放弃收购。其中有4位董事投了反对票，理由是收购溢价过高、B公司资产估值分歧、管理外国业务及相关管理层困难等。

2022年7月3日，B公司公告称，由于潜在收购方无法在可接受时间内提供有吸引力的报价，公司决定停止有关出售全部股本的所有谈判。

2022年7月3日，B公司宣布谈判破裂的当天，其在纳斯达克股票市场的股价暴跌26%，至每股33.33美元，证实了市场对B公司困境的担心以及之前对A公司收购的良好预期。

A公司最后放弃对B公司的收购，最主要的原因在于签订协议前的“现场尽职调查”，经过深入的调查后查明B公司的市值仅为34亿美元左右，其上年的总收入也不过11亿美元，A公司的报价已经超过其市值的1.5倍和收入的5倍，当初53亿美元的基准价格确实有点高，而且并购这家公司的实际风险也很大，特别是要在收购后运营并整合这样一家公司相当困难。之后，B公司的股市表现也证实了A公司的推测。

要求：

1. 说明什么是企业并购尽职调查，尽职调查包括哪些内容？
2. 说明企业并购尽职调查的目的是什么？

解析：

1. 企业并购尽职调查是指投资者为了成功收购某企业的股权或资产，在双方达成意向后，由收购方对目标企业涉及本次并购的所有事项和资料进行现场调查、分析和判断，并做出专业投资意见或建议的活动。

企业并购尽职调查的内容通常包括四个方面：一是目标企业的基本情况，如主体资格、治理结构、主要产品、技术和服务等；二是目标企业的经营成果和财务状况，包括公司的盈利状况或潜在亏损，资产和产权以及贷款和担保情况；三是目标企业的法务事项，包括产权和资产归属、纠纷和诉讼情况，企业无形资产状况，债务情况等；四是目标企业的发展前景，对其所处市场进行分析，并结合其商业模式作出一定的预测。

2. 企业并购尽职调查是核实目标公司资产状况的一个重要途径。尽职调查的目的在于使买方尽可能地发现有关要购买的股份或资产的全部情况，发现风险并判断风险的性质、程度以及对并购活动的影响和后果。因而，并购方在调查中需要慎防卖方欺诈，关注可能的风险，如财务报告风险、资产风险、或有债务风险、环境责任风险、劳动责任风险、诉讼风险等。

【例6-5】A公司、B公司和C公司为国内笔记本电脑产品的三家主要生产商，笔记本电脑市场价格竞争比较激烈。B公司与C公司同在华北地区，A公司在华南地区。A公司和C公司规模较大，市场占有率和知名度高，营销和管理水平也较高。B公司通过3年前改组后转产笔记本电脑，规模较小，资金上存在一定问题，销售渠道不畅。但是，B公司拥有一项生产笔记本电脑的关键技术，且属于未来笔记本电脑的发展方向，需要投入资金扩大规模和开拓市场。A公司财务状况良好，资金充足，是金融机构比较信赖的企业，其管理层的战略目标是发展成为行业的主导企业，在市场份额和技术上取得优势地位。2022年12月，在得知C公司有意收购B公司后，A公司开始积极筹备并购B公司。

（1）并购预案。

A公司以平均每股股票12元的价格收购B公司100%的股权。A公司的估计价值为12亿元，A公司收购B公司后，两家公司经过整合，预计新公司价值将达到19亿元。B公司普通股股数为0.5亿股。A公司预计在收购价款外，还要支付收购审计费用等中介费用0.45亿元。

（2）B公司的盈利能力和市盈率指标。

2020~2022年税后利润分别为：3 000万元、3 200万元和4 000万元。其中：2022年12月26日，B公司在得知A公司的收购意向后，处置了几台长期闲置的生产设备，税前收益为1 100万元，已计入2022年损益。B公司的所得税税率为25%，与B公司有高度可比性的另一家生产笔记本电脑的公司的市盈率指标为20。

假设A公司与B公司并购前不存在关联方关系。

要求：

1. 运用市盈率法分析计算B公司的价值，以及并购收益和并购净收益。

2. 根据B公司价值和并购收益，结合其他情况，进行此项收购的利弊分析，作出是否并购的判断。

解析：

1. (1) 运用市盈率法计算B公司价值。

市盈率法基本步骤包括：检查调整目标企业的利润业绩，选择市盈率参数和计算目标企业价值。

①调整目标企业的利润业绩。

根据资料 (2)，A公司检查B公司利润金额，发现B公司在2022年12月26日处置了几台长期闲置的生产设备，主要是为了抬高该年利润数，并进而提高公司出售价格而采取的行动。处置设备产生的利润今后不会重复发生，在估价时要将其从利润金额中扣除，以反映B公司的真实盈利能力。

B公司处置设备所得税前收益为1 100万元，调整后的B公司2022年税后利润为：4 000 - 1 100 × (1 - 25%) = 3 175 (万元)。

A公司发现B公司2020～2022年的利润由3 000万元增加到4 000万元，变动较大，应采用其最近3年税后平均利润作为净收益指标：

(3 000 + 3 200 + 3 175) ÷ 3 = 3 125 (万元)

②选择市盈率参数。

将与B公司有高度可比性的另一家生产笔记本电脑公司的市盈率指标作为市盈率参数。

③计算目标企业价值。

按照B公司最近3年平均税后利润和可比公司市盈率计算B公司的价值：

3 125 × 20 = 62 500 (万元) = 6.25 (亿元)

(2) 计算并购收益和并购净收益。

计算并购收益的目的是分析此项并购是否真正创造价值，由此考虑收购是否应该进行。

并购收益 = 并购后新公司价值 - (并购前并购方价值 + 并购前被并购方价值) = 19 - (12 + 6.25) = 0.75 (亿元)

并购溢价 = 并购交易对价 - 并购前被并购资产价值 = 12 × 0.5 - 6.25 = -0.25 (亿元)

并购净收益 = 并购收益 - 并购溢价 - 并购费用 = 0.75 + 0.25 - 0.45 = 0.55 (亿元)

A公司并购B公司后能够产生5 500万元的并购净收益，单从财务管理角度分析，此项并购交易是可行的。

2. (1) A公司收购B公司可能带来的利益：

①有利于整合资源，提高规模效益。笔记本电脑市场产品价格竞争激烈，国内只有3家主要生产商。各厂商自行扩大再生产能力不再具备盈利前景。A公司并购B公司可以实现资源整合，提高规模效益。

②有助于巩固A公司在行业中的优势地位。虽然与B公司相比，A公司处于优势地位，但与C公司势均力敌。通过并购B公司，A公司取得了笔记本电脑产品的技术优势，再加上其雄厚的资金实力和有力的营销网络，有助于A公司建立起在行业中的优势地位。

③有助于实现双方在人才、技术、管理和财务上的优势互补。并购后，A公司通过在管理、品牌和营销渠道上的优势促进B公司提高效益，B公司拥有的先进技术可以为A公司所用，实现双方的优势互补。

④有助于实现A企业的战略目标，具有战略价值。A公司有效地运用其在管理、营销和资金等方面的优势，通过并购扩大了市场占有率，可将市场拓展到竞争对手C公司的所在地区，削弱对手C公司的潜在发展能力和竞争力。

（2）A公司收购B公司可能存在的风险和弊端：

①营运风险。A公司与B公司管理风格、水平和方式不同，距离遥远，收购后公司管理和营销上可能会出现问题。

②融资风险。A公司自身价值为12亿元，B公司转让出价为6亿元。如接受B公司出价，A公司因为并购而发生负债融资，这不仅会造成巨额的利息支出，还可能会影响A公司的财务结构，并进而制约其融资和资金调度能力。

③资产不实风险。A公司对B公司资产和负债状况的信息了解有限，B公司可能会存在虚增资产、少计负债、盈利不实的情况，并由此给A公司造成损失。

结合问题1中对并购收益和并购净收益的计算，以及上述利益风险分析，A公司并购B公司带来的利益超过了潜在的风险，有助于实现企业的战略目标，因此，A公司应采取行动并购B公司。

【例6-6】 2022年10月7日，国内食品行业A公司与B基金联合宣布：A公司将收购英国C公司60%的股份，该项目交易对价近6.8亿英镑（约合55.59亿元人民币）。据悉，C公司价值为12亿英镑（1英镑=8.1744元人民币），余下的40%股份将继续由B基金和管理层持有。公开数据显示，A公司2022年9月市盈率约为29.88，2020~2022年的净利润数据如表6-2所示。

表6-2　**A公司2020~2022年净利润数据**　单位：万元

季度	2022年	2021年	2020年
第一季度	3 238.42	2 684.91	2 550.5
第二季度	6 429.16	4 644.98	3 556.37
第三季度	12 546.94	8 706.92	7 124.44
第四季度	8 915.75	7 747.36	6 206.25
合计	31 130.27	23 784.17	19 437.56

据了解，作为英国第二大谷物和谷物类食品生产商，C公司旗下的品牌自1932年开始在英国生产和销售，至今已经成为英国最大的早餐谷物品牌，约占英国14.5%的市场份额。有消息称，两年前，C公司品牌通过专营进口食品代理商进入中国一线城市的超市售卖，但年销售额仅有600万元。

C公司首席执行官表示"中国市场潜力巨大，但中国谷物早餐市场尚处于起步阶段"。事实上，目前中国谷物麦片市场以每年20%的速度增长，由于主打健康和养生理念，利润空间扩大，已有多个品牌觊觎该市场。"对于C公司而言，当前欧美澳等地食品需求增幅趋缓，企业盈利空间下降，亟须开发新市场。此外，由于受到经济下滑、企业经营不善、资金短缺等影响，企业需注入新的资金用于发展。并购后，市场问题、资金短缺问题都可以得到解决。"对于A公司而言，通过并购，可以快速、低成本地实现其海外扩张，从而推动自身企业机制的全面国际化发展。

要求：

1. 运用市盈率法分析计算A公司的价值，以及并购溢价。

2. 2023年该项并购完成交割后A公司的总市值达到了177亿元，且市盈率由过去的29.88以上提升到90.5，说明A公司并购后企业价值有所增加，请利用上述数据计算并购收益和并购净收益（假设并购费用为0）。

解析：

1.（1）A公司的净利润2020～2022年由1.94亿元增加到3.11亿元，增长变动幅度较大，应采用其最近3年税后平均利润作为净收益指标：

$(19\,437.56+23\,784.17+31\,130.27)\div 3=24\,784$（万元）

利用最近3年平均税后利润和其市盈率计算得到A公司企业价值为：

$24\,784\times 29.88=740\,545.92$（万元）$=74.05$（亿元）

（2）计算并购溢价：

C公司价值为12亿英镑（1英镑=8.1744元人民币），则C公司价值约为98.09亿元人民币，A公司收购其60%的股权，则并购获得的价值约为58.85亿元，而A公司的交易对价近6.8亿英镑（约合55.59亿元人民币）。

并购溢价＝并购交易对价－并购前被并购资产价值

$=6.8\times 8.1744-12\times 8.1744\times 60\%=55.59-58.85=-3.26$（亿元）

2. 并购收益＝并购后新公司价值－（并购前并购方价值＋并购前被并购方价值）

$=177-(74.05+58.85)=44.1$（亿元）

并购净收益＝并购收益－并购溢价－并购费用

$=44.1-(-3.26)=47.36$（亿元）

【例6－7】A公司、B公司和C公司为国内汽车配件产品的三家主要生产商。汽车配件市场价格竞争比较激烈。B公司与C公司同在华北地区，A公司在华南地区。A公司和C公司规模较大，市场占有率和知名度高，营销和管理水平也较高。B公司通过3

年前改组后，转产汽车配件，规模较小，资金上存在一定问题，销售渠道不畅。但是，B公司拥有一项生产汽车配件的关键技术，且属于未来汽车配件的发展方向，需要投入资金扩大规模和开拓市场。A公司财务状况良好，资金充足，是金融机构比较信赖的企业，其管理层的战略目标是发展成为行业的主导企业，在市场份额和技术上取得优势地位。2021年，在得知C公司有意收购B公司后，A公司开始积极筹备并购B公司。A公司经研究拟采用发行债券筹集并购资金，有关数据如表6－3所示。

表6－3　A公司不同融资方案有关数据

债券融资方案	债券市场价值 D（万元）	债券利率（%）	公司股票市场价值 S（万元）	股票β	无风险报酬率 R_f（%）	市场证券组合必要报酬率 R_m（%）
—	0	—	3 515.63	1.3	3	10
1	300	6	3 238.64	1.3	3	10
2	600	6	2 977.94	1.4	3	10
3	900	7	2 598.59	1.55	3	10
4	1 200	8	2 189.19	1.7	3	10
5	1 500	9	1 646.34	2.1	3	10

要求：

1. 简要说明企业并购融资方式选择上需要考虑的因素。

2. 计算不同融资方案下A公司的市场价值和加权平均资本成本，并指出A公司应选择哪个方案并说明理由（计算加权平均资本成本时小数点后保留两位小数）。

解析：

1. 企业并购融资方式对并购成功与否有直接影响，在融资方式的选择上需要综合考虑以下因素的影响：

（1）融资成本高低。

（2）融资风险大小。

（3）融资方式对企业资本结构的影响。

（4）融资时间长短。

2. 计算A公司市场价值和加权平均资本成本如表6－4所示。

表 6-4 A 公司市场价值和加权平均资本成本

公司市场价值 V（万元）①=②+③	债券市场价值 D（万元）②	公司股票市场价值 S（万元）③	债券资本成本 K_d（%）	权益资本成本 K_e（%）	加权平均资本成本 K_{WACC}（%）
3 515.63	0	3 515.63	—	12.10	12.10
3 538.64	300	3 238.64	4.50	17.10	11.46
3 577.94	600	2 977.94	4.50	12.80	11.41
3 498.59	900	2 598.59	5.25	13.85	11.64
3 389.19	1 200	2 189.19	6.00	14.90	11.75
3 146.34	1 500	1 646.34	6.75	17.70	12.48

公司市场价值 V = 债券市场价值 D + 股票市场价值 S

债券资本成本 K_d = 债券利率 ×（1 - 所得税税率）

权益资本成本 $K_e = R_f + \beta \times (K_m - R_f)$

加权平均资本成本 K_{WACC} = 权益资本成本 K_e × 股票市场价值占公司市场价值的百分比 + 债券资本成本 K_d × 债券市场价值占公司市场价值的百分比

根据表 6-4，当公司市场价值等于 3 577.94 万元时，为最佳融资方案，因为此方案的加权平均资本成本最低（11.41%）。

【例 6-8】A 公司是美国最大的保健用品和美容化妆品公司之一，有 10 亿美元的净资产，营业收入稳定。20 世纪 70 年代，A 公司创始人邀请曾任 B 公司总经理的甲担任 A 公司总裁。甲接手后，在 4 年内将营业额增加了 1.5 倍。但到了 80 年代中期，A 公司的业绩有所下降，股价徘徊在 30 美元/股左右。分析家认为股价低于拍卖资产的真实价值，因此引起了并购者的极大兴趣。

C 公司是一家名不见经传的总资产只有 1.5 亿美元的公司，其主要业务是经营超市。1985 年，C 公司总裁宣布有意收购 A 公司。

一开始 A 公司总裁甲断然拒绝了 C 公司的收购建议，他认为 C 公司企图收购 A 公司无异于痴人说梦，当时很多人也这样认为，但事实却作出了一个相反的回答。

C 公司宣布拟以每股 47.5 美元的价格收购当时股价仅为 30 美元/股的 A 公司的股票，并声称收购后将只保留美容化妆品部，而将其他部门全部卖掉，卖价估计可达 19 亿美元，正好相当于收购 A 公司的价格。这等于让 C 公司白得了 A 公司的美容化妆品部。

A 公司为挫败 C 公司，采取了一系列防御措施。其一，用每股 57.5 美元的价格收购了 1 000 万股自己公司的股票，相当于总发行量的 1/4；其二，与纽约一家专门收购企业的投资公司 D 达成以 56 美元每股的价格出售公司股票的协议，协议还规定万一有第三人以高价竞争而使 D 公司购买 A 公司股票失败，D 公司有权在第三人控股达到 40% 时以 1

亿美元的代价买下A公司的两个分公司，成为A公司的“白衣骑士”。

C公司的支持者为E证券公司。协议公布的第二天，C公司宣布愿以每股56.25美元的价格购买A公司。同时声称已经获得5亿美元的银行贷款。同时，E证券公司也表示将认购3.5亿美元C公司发行的“垃圾债券”作为收购A公司的备用金，另外，C公司诉讼控告A公司与D公司达成协议，没有给股东以公平的机会就确定了公司的买主，因而损害了公司股东的利益。

法院判C公司胜诉，宣布A公司与D公司的协议无效。最后，C公司以每股58美元的价格购入A公司。收购两个月后，C公司将A公司的两个部门以10亿美元的价格卖掉，完成了“垃圾债券”的循环过程。

要求：

1. 说明美国20世纪80年代的并购中，盛行发行的“垃圾债券”作为一种分歧较大的筹资方式，有什么正面及负面影响，如何在并购实践中兴利除弊。

2. 简要说明此案例对我国实现国有企业的债务市场化有何启示。

解析：

1. 在美国20世纪80年代的并购中，发行“垃圾债券”进行敌意收购是这一时期的主流。作为敌意收购时代的一个后果，一系列的反收购防御措施被发明出来，如“毒丸”“金色降落伞”“驱鲨剂”等，这些防御措施使敌意收购的代价变得异常高昂，但经验研究却证实，这种兼并大大降低了代理成本。也就是说，“垃圾债券”时代的敌意并购为股东创造了新增价值。

毋庸置疑，“垃圾债券”在美国风行的十年对美国经济产生了很大的推动作用，既筹集了数千亿美元游资，又使日本等国资金大量流入。同时，更使得美国企业在强大外力压迫下刻意求新、改进管理等。但也得承认，由于并购中使用的高成本“垃圾债券”主要由被收购企业的资产或现金流来偿还，收购后难以偿债的情况也给美国经济带来了混乱，包括储蓄信贷业的破产、杠杆收购的恶性发展以及债券市场的混乱等。

但并非所有的“垃圾债券”都会带来这些结果。只要具备相应的条件，能够将重整后的目标企业以较高的价格出售，就能最大限度地保证杠杆收购的成功以及“垃圾债券”的循环。其中最关键的就是目标企业的选择以及对收购后的目标企业进行恰当的整合，方法如下：

（1）真正具有潜在价值的目标企业一般要求收购前企业负债较低、企业经营状况和现金流量比较稳定等。

（2）并购后整合的基本要求是收购后的企业管理层有较高的管理技能、企业经营计划周全合理。

（3）投资银行在“垃圾债券”筹资中的作用也不容忽视：杠杆收购由于其复杂性，常需要由具备一定专业知识、头脑灵活、熟悉市场、社会关系娴熟的投资银行家来运作。在“垃圾债券”方案设计及承销中，投资银行的作用非常明显。在杠杆收购中，需要10%~50%的“垃圾债券”融资，这当然离不开投资银行。

2. 对我国如何实现国有企业的债务市场化的启示如下：

（1）建立国有企业债务市场化机制，实现银企关系的良性发展。

目前，我国国有企业存在大量的不良债务，导致国有银行积累了巨额的不良资产，这既不利于国有企业的改革，也不利于银行的商业化。同时，国有银行巨额不良贷款本身已构成了巨大的危机。这种情况仅仅依靠现有的金融工具和现行的财政、金融和投资体制，恐怕很难改善。

根据杠杆收购原理，债务市场化可以解决国有企业的过度负债问题。所谓债务市场化就是指将国有企业对国有银行的不良债务转化为低级证券，通过原债权人和债务人以外的第三方企业来市场化。具体操作如下：首先，银行对欠付企业进行警告，仍难以收回的，可将其债权转化为证券式债权（即“垃圾债券”）；其次，债权银行将证券式债权以一定折扣出售给有意于投资债务企业的第三方；再次，第三方企业将收购的债权转化为股权，对债务企业控股；最后，第三方企业接手原债务企业，对其重整后出售，收回投资。

（2）需要适度放松对发行债券融资的限制。

目前，我国债券市场不发达，市场容量有限，审批手续严格，对发行主体的盈利能力、负债规模及资金用途等都有严格的要求。对债券的发行限制已经非常严格，更谈不上发行“垃圾债券”了。正是由于微观上我国对并购融资设置了种种障碍，使得我国虽然已经具备杠杆收购的宏观经济条件，但典型的杠杆收购案例并不多见。

目前我国正处于产业大规模调整与重组时期，由此引发的更新、并购等所需资金单靠股市以及以营利为目的的商业银行不能完全满足其资金需求。适应时势，我国应适当放松对企业发行债券资格、用途等的限制，明确企业债券可以用于以并购为目的的股权投资，适当发展“垃圾债券”筹资方式。

（3）快速发展投资银行等金融中介机构。

在西方企业并购的全过程中，投资银行一直扮演着财务顾问和并购策划的角色。实践证明，没有投资银行的参与，并购很难成功，而且业务本身的层次和效率也很难提高。但目前在我国，真正按照西方投资银行的体系建立、运作的投资银行几乎没有，只存在一些规模较小、业务单一的证券公司或投资公司等从事着投资银行的部分业务，基本未涉及并购业务。这主要是由于相应的法规不健全，且在中国对投资银行没有准确的定位。同时，资本市场尚未完善，信息披露不充分，导致投资银行对并购目标的了解很少，也阻碍了投资银行并购业务的发展。我国进行企业并购，发展杠杆收购，应尽快发展投资银行的业务，并充分发挥投资银行等金融机构的中介作用，充分运用投资银行、证券公司的资本实力、信用优势和信息资源，为企业并购开创多样的融资渠道。

【例6-9】市场经济发展到今天，许多跨国企业、商业巨头为了占有更多的市场、获取更高的利润，试图通过吞并其他的企业，进行强强联合来增强自己的实力。然而，众多企业并购案例和实践告诉我们，尽管并购可以使企业规模在短时间内迅速膨胀，但这并不意味着企业的工作效率和竞争力也一定能提高。从某种程度上讲，有相当一部分企业并购反映的是账面上财富的转移，并没有产生新的财富。A 公司在 1998 ~ 1999 年对全球 115 个并购交易的调查表明，58% 的并购交易未能达到最高管理层预定的价值目标。在超过半数的案例中，两个合作伙伴没能将新企业带到一个更高的水平，而是以支持者失望、合作者不努力工作和价值被破坏而告终。在对并购价值被破坏案例的原因调查中，被调查者认为并购的不同阶段对并购失败的风险影响程度是不同的，并购后整合阶段的失败风险（并购整合风险，通常指并购企业由于无法实现在战略、管理、财务、人力资源和企业文化等方面的协同效应而导致并购失败的风险）最大，如图 6 - 1 所示。

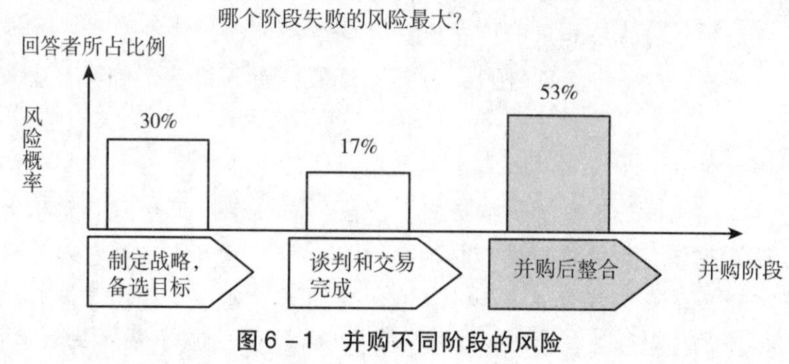

图 6 - 1　并购不同阶段的风险

要求：

1. 根据上述资料，说明什么是并购后整合，并购后整合包括哪些内容。
2. 指出财务整合的主要内容。

解析：

1. 由于企业并购是一项关系到未来长远发展的战略活动，因此并购后的整合至关重要。并购企业通过一系列程序取得了对目标企业的控制权，只是完成了并购目标的一半，在收购完成后，必须对目标企业进行整合，以实现其长期发展的战略目标。并购后整合具体包括：战略整合、管理整合、财务整合、人力资源整合和企业文化整合。

2. 财务整合的主要内容有：财务管理目标整合；会计人员及组织机构整合；会计政策及会计核算体系整合；存量资产整合；资金流量整合；业绩评价考核体系整合。

【例 6 - 10】 A 公司是国内一家通信企业。B 公司是法国一家从事手机及相关产品和服务的研发、生产、销售的企业。B 公司有先进的研发和销售体系，但是，近三年半时间里一直处于亏损状态。2021 年 9 月，A 公司以 5 500 万欧元并购了法国 B 公司的手机业务，双方成立了合资企业 C 公司，从事手机及相关产品和服务的研发、生产及销售。A 公司借助 B 公司的销售渠道销售自己的手机，通过合资公司的发展使其成为全球手机领域里的国际知名制造商。A 公司预期这次并购不仅将大大控制整体研发成本，而且可以更快速地推出创新和尖端产品，据此提出了采取“技术创新”和“开源节流”两大策略，以实现双方在交叉期销售、采购、生产及研发领域的四大协同效应。

然而，当C公司运营后，A公司与B公司的文化冲突就显现出来了，无论是双方的合作目标还是决策方式、管理制度、销售策略及员工待遇方面，都存在难以弥合的文化价值差异。A公司一向鼓励内部企业家精神，强调员工对企业的奉献和牺牲精神，A公司的管理近乎军事化，决定了的事情就要迅速采取行动；而B公司的员工十分看重管理的人性化，适应一种宽松而受到尊重的工作环境，他们习惯于按预先设定好的体制和程序做事，该工作就工作，该休息就休息。合资企业成立之初，A公司选派了30人到C公司，占据了合资公司的核心位置，在企业的经营决策上仍按照A公司的方式进行，B公司职工无法接受这种独断专行的领导风格。A公司采用国内手机商的销售方式，雇用很多销售人员直接去做终端销售，到处撒网，对销售人员的要求不高，待遇也不高，采用薪酬待遇方式，即相对较低的底薪加上较高的提成；B公司看重市场开发，看重销售渠道的建设，销售人员不直接作终端销售，而是作市场分析，请经销商来推销，B公司的员工可以一直享受稳定的高薪收入。

A公司面对双方的文化差距或冲突，难以化解企业文化整合这道难题，C公司的经营状况迅速恶化，并购后出现严重危机：

（1）并购后的亏损日益严重。

2021年第四季度，C公司出现了3 000万欧元的巨额亏损，2022年第一季度的亏损更严重。并购之前，A公司在国内的手机市场上处于上升态势，而合并后的2021年国内手机销量下降了23.3%，毛利润同比下降了58.6%。

（2）并购后的人才大量流失。

合资企业成立后，A公司想把习惯采用的薪酬待遇方式强加在法籍员工的身上，遭到了员工的强烈抵制，法国的员工工会也不同意。A公司在整合法籍员工高薪待遇方面失败之后，被迫对两国的员工采用了不同的薪酬方式，采用了双重标准，这又使国内员工产生不满，导致员工的忠诚度下降和离职率上升。由于文化冲突不断显现，2021年11月C公司的经营亏损相当严重，C公司中原A公司负责手机生产、研发和销售的部门经理或部长相继离开了C公司。除了原A公司的骨干大量流失外，2021年底，C公司高层经理中的原B公司的员工也基本离开了。

（3）并购后的合资企业解体。

由于C公司难以持续经营，2022年5月，A公司宣布将以换股形式，收购B公司持有C公司45%的股份，至此，B公司正式退出C公司的经营与管理。这给双方带来了巨大的损失，按照双方的相关协议，B公司这次出售将承担大约2.8亿港币的资产缩水，折价幅度高达81%；而对于A公司来说，B公司离开之后，它将独自承担4亿港币的亏损。C公司的解体，也意味着A公司想通过合并后利用B公司的技术和品牌使自己占领国际手机市场的目标彻底落空。

要求：

根据上述资料，分析A公司面临的整合问题。

解析：

1. 企业发展目标上整合难。

A公司看重的是B公司手机的技术和品牌，B公司有先进的研发和销售体系，这是A公司手机业务发展最需要的平台。A公司希望通过合资公司的发展使其成为全球手机领域里的国际知名制造商，而B公司在与A公司成立合资公司之前的三年半时间里一直处于亏损状态。B公司接受并购，只想减轻亏损，寻找盈利的机会。双方关于合资企业的发展目标不同，这就注定了合资企业不可避免地会发生文化冲突。

2. 企业经营决策上整合难。

A公司一向鼓励内部企业家精神。合资企业成立之初，A公司选派了30人到C公司，占据了合资公司的核心位置。这些人在企业的经营决策上仍按照A公司的方式发号施令，而B公司职工无法接受这种“内部企业家”的独断专行，“内部企业家”无法在法国员工面前树立起决策权威。

3. 企业管理制度上整合难。

B公司的员工十分看重管理的人性化，适应一种宽松而受到尊重的工作环境，他们习惯于按预先设定好的体制和程序做事，该工作就工作，该休息就休息。而A公司的管理近乎军事化，决定了的事情就要迅速采取行动，强调员工对企业的奉献和牺牲精神。两种管理文化和管理制度的差异太大，而整合的做法就是把A公司的一套管理制度强制贯彻，结果只能使矛盾更加激化。

4. 企业销售方式上整合难。

A公司原想借助B公司的销售渠道销售自己的手机，但合资企业成立后，A公司品牌的手机一直都没有在B公司海外销售渠道上出现，因为双方在销售方式上有很大的差距，体现了不同的企业文化。B公司看重市场开发，着重销售渠道的建设，销售人员不直接做终端销售，而是做市场分析，决定花钱请哪些经销商来推销；而A公司采用国内手机商的销售方式，雇用很多销售人员直接去做终端销售，到处撒网，对销售人员的要求不高，待遇也不高，导致B公司的销售人员大量辞职。

5. 企业员工待遇上整合难。

B公司的员工一直享受稳定的高薪收入，这与法国的经济发展程度和法国文化是相适应的，A公司在收购B公司手机业务之前就应该考虑到这一点。但合资企业成立后，A公司想把习惯采用的薪酬待遇方式，即相对较低的底薪加上较高的提成的方式强加在法籍员工的身上，遭到了员工的强烈抵制，法国的员工工会也不同意。A公司在整合法籍员工高薪待遇方面失败之后，被迫对两国的员工采用了不同的薪酬方式，即双重标准，这又使国内员工产生不满，导致员工的忠诚度下降和离职率上升。

【例6-11】 境内并购案例：特变电工并购战略分析。

一、公司简介

新疆特变电工股份有限公司（以下简称“特变电工”）的前身新疆昌吉市特种变压

器厂成立于1974年，是一家从事特种变压器、开关制造和修理的集体企业。

自1996年以来，借助资本市场的力量，通过并购，短短16年时间，公司变压器产能扩张400倍，销售收入增长396倍，电线电缆销售收入增长100倍，实现了跨越式发展。

16年的快速发展，充分显示了公司优良的管理能力、整合能力及资本运作能力。电网投资的快速增长以及变压器行业的低集中度为公司的成长提供了巨大的空间，公司有望成为国内变压器行业的整合者。

二、公司股权结构

1993年2月，新疆昌吉市特种变压器厂投入部分经营性资产，以定向募集方式发起设立"新疆特种变压器制造股份有限公司"。1996年1月，公司通过增资扩股，吸收新疆电线电缆厂的部分经营性资产，从而具备了电线电缆的生产能力，同时更名为"新疆特变电工股份有限公司"。

1997年6月，公司发行人民币普通股票3 000万股，募集资金1.56亿元。2003年1月，公司原第一大股东新疆昌吉市特种变压器厂，通过管理层收购，整体改制为新疆天山投资有限公司。

通过此次改制，新疆天山投资有限公司先后于2001年11月、2002年9月受让西安电力机械制造公司、上海邦联科技实业有限公司、新疆昌吉市特种变压器厂持有的特变电工部分法人股，而成为特变电工第一大股东。至此，特变电工高管通过对公司第一、第二大股东的控制，实际上已经成功地完成了对公司的管理层收购（见图6－2）。

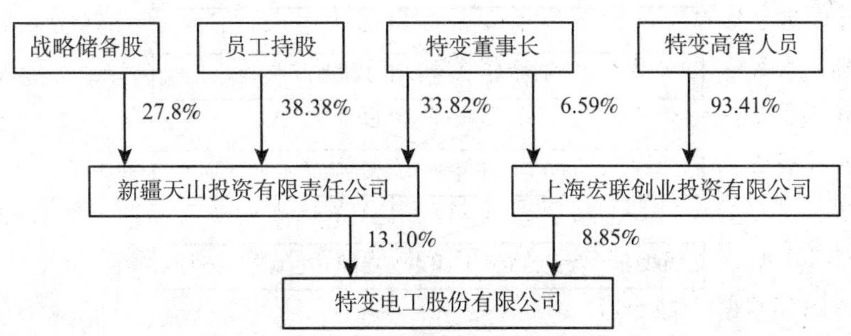

图6－2 特变电工实际控制人关系

三、公司并购战略

（一）做强做大规模

通过1999年入主天津特种变压器厂，2000年重组衡阳变压器厂，2003年重组沈阳变压器厂，目前，公司形成了四大变压器生产基地，产能合计约1亿千伏安，全球排名第三，仅次于乌克兰扎布罗什变压器厂（年生产能力1亿千伏安）和ABB公司（旗下29家变压器厂，年生产能力0.8亿～1亿千伏安）之后。

根据权威机构统计，全国变压器生产企业超过1 100家（包括电力变压器、电子变压器、互感器、整流器等相关企业）。但我国变压器市场呈现明显的二元格局，有能力生产500千伏变压器的企业不超过10家，其中包括特变电工旗下的沈阳变压器厂、西安变压器厂、天威保变、常州东芝、重庆ABB、上海阿尔斯通等。通过多年的以市场换技术的培育，沈变、天威保变和西变三大变压器传统企业实现了关键领域的重大突破，全面掌握了500千伏交直流和750千伏交流变压器的制造技术，并具有了±800千伏直流输变电、1 000千伏高压交流输变电成套设备的研发能力，在高端市场已经打破了国外企业一统天下的局面。

在电线电缆方面，1996年公司生产能力为10 000千米，年销售额仅为6 467万元。通过1998年重组四川德阳电缆厂，2003年重组山东鲁能泰山电缆有限公司，公司目前成为中国最大的电线电缆生产基地之一，2012年电线电缆销售收入突破45亿元，10年时间增长72倍。

特变电工并购路线如图6-3所示。

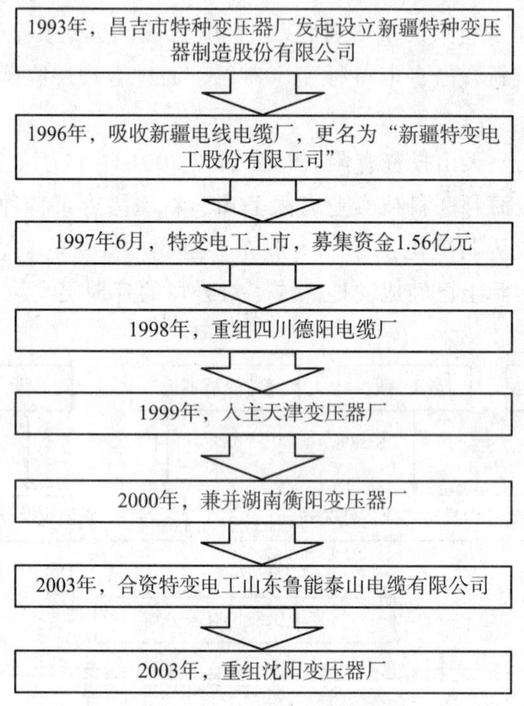

图6-3 特变电工并购路线

在以上一系列并购中，最值得称道的是两个典型案例。

一是通过并购业内有效资产组建特变电工衡阳变压器有限公司，快速扩张企业规模，迈出打造变压器王国的关键一步。

衡阳变压器厂始建于1958年，是中国变压器制造第四大厂商，同时也是长江以南生产变压器和互感器综合能力最大的国家骨干企业。2000年12月特变电工为了实现“立足新疆市场，面向国际、国内市场”发展的战略，在湖南省良好的投资环境吸引下，对累计亏损已达5 300余万元、净资产不足160万元的衡阳变压器厂采用承债并购的方式进行资产重组，成立并控股经营特变电工衡阳变压器有限公司。在盘活资产的同时，特变电工将配股募集资金近亿元投入衡阳变压器有限公司进行技术改造，提高了产品技术等级并将产能扩大了1倍以上。衡阳变压器有限公司在首个经营年度就一举实现盈利1 175万元。近年来特变电工通过对衡阳变压器有限公司持续不断地进行技术改造和企业文化及管理理念的输入，在短短10多年时间里，衡阳变压器有限公司以惊人的发展速度让输变电行业为之震惊，实现了企业投资的效益最大化，大大地提升了中国变压器行业的制造水平，成为特变电工变压器制造产业中的重要力量。

对衡阳变压器厂的并购特变电工而言，其意义不仅在于增加了收入和利润来源，更为重要的是锻炼了公司的管理队伍，总结了成功进行资产收购的经验，丰富了公司“特别能战斗”精神的内涵，为公司日后对沈阳变压器厂成功进行资产重组打下了坚实的基础。

二是紧紧抓住国家输变电行业大发展的机遇，成功对行业龙头企业——沈阳变压器厂进行资产重组，一举奠定公司变压器制造行业的王国地位。

如果说并购衡阳变压器厂是特变电工变压器产业向外规模扩张的起始点，那么2003年公司对中国变压器行业历史最长、规模最大、技术力量最强的变压器制造企业——沈阳变压器厂的成功并购则一举奠定了公司在全国变压器制造行业的龙头地位。

沈阳变压器厂（后更名为沈阳变压器有限公司）始建于1938年，经过近70年的发展历程，成为中国最大的变压器、互感器专业制造企业。但由于体制、经营等多方面原因，沈阳变压器有限公司在20世纪90年代的后半段开始走入步履艰难的低谷期。截至2002年12月31日，沈阳变压器有限公司总资产181 844万元，净资产26 635万元，累计亏损高达46 234万元，2002年实现主营业务收入49 825万元。在这种情况下，为了盘活企业资产，解除企业困境，原沈阳变压器有限公司主管部门决定采用公开招标的方式对公司进行重组。特变电工与当时一同参与竞标的世界500强企业西门子和中国规模较大的民营机电企业浙江正泰集团相比，无论是在资产规模、企业实力还是企业品牌方面都不占优势，甚至还处于劣势。但特变电工充分利用其上市公司所独具的资本运作优势，加之公司发展民族产业的更大勇气和决心、超乎寻常的耐心和毅力，展开了艰苦卓绝的并购工作，最终拿到了沈阳变压器有限公司的重组权。

此次并购分三步进行：

第一步，2003年11月11日，由新疆国际信托投资有限责任公司和特变电工的大股东新疆天山投资有限公司分别出资20 000万元和1 000万元，组建特变电工沈阳变压器集团有限公司（以下简称“新沈变”）。

根据新沈变与沈阳变压器有限公司签署的《沈阳变压器有限公司与特变电工沈阳变压器集团有限公司关于部分资产出售（购买）资产之合同书》，新沈变将以现金购买沈阳变压器有限公司以下资产：以228元/平方米的价格购买沈阳变压器有限公司21万平方米50年土地使用权，由资产评估公司评估的固定资产29 786万元，技术、商标等无形资产4 918万元，流动资产5 134万元，共计4.29亿元的优质资产。

第二步，2003年11月26日，特变电工与新沈变签订了《增资扩股协议书》，向新沈变增资 23 000 万元，占该公司增资后注册资本的 52.27%，至此，新沈变成为特变电工的控股子公司。同时，新疆国际信托投资有限责任公司受让新疆天山投资有限公司 1 000 万元的股权，持股比例为 47.73%。

第三步，从 2004 年 7 月 27 日至 2007 年 3 月 1 日，特变电工分 4 次共计以 24 987 万元受让新疆国际信托投资有限责任公司持有的新沈变 47.73% 的股权。股权转让完成后，特变电工持有新沈变 100% 的股权，新沈变成为特变电工的全资子公司。

新沈变成立后，特变电工在创新管理理念、引入科学运行机制的同时，还对其进行了超高压变压器的技术改造，极大地提高了资产的使用效率和劳动生产率。2004 年，新沈变首个经营年度就扭亏为盈，实现主营业务收入 50 276 万元，净利润 3 413 万元。2012 年，新沈变主营业务收入达 50 亿元，净利润 48 000 万元，在特变电工变压器产业中占据了主导地位，已成为继衡阳变压器有限公司之后特变电工变压器产业发展过程中的又一重要支柱。

（二）实现产业延伸

新疆众和股份有限公司的前身是乌鲁木齐铝厂，始建于 1958 年，是自治区最大的铝冶炼加工企业。1996 年 1 月，由自治区国有资产投资经营有限责任公司（以下简称“国资公司”）、新疆有色金属工业公司、新疆新保房地产开发公司、深圳大通实业股份有限公司、深圳市诺信投资有限公司共同发起对乌鲁木齐铝厂进行重组，成立新疆众和股份有限公司，并以每股 4.2 元的价格向社会公开发行 2 250 万股普通股。公司股票 1996 年 2 月 15 日在上海证券交易所发行上市。公司注册资本 7 953 万元，其中国家股 4 962 万元，属国有控股上市公司。

新疆众和股份有限公司以铝锭、铝杆和精品铝生产及销售为主营业务。从产业链上来看，与特变电工互为上下游关系，每年均向特变电工提供大量铝锭等原材料。2002 年特变电工受让了新疆众和原股东国资公司 21.77% 的股权成为第二大股东，2003 年继续受让原股东国资公司 15.39% 的股权，从而持有新疆众和 37.16% 的股权。由于特变电工豁免要约收购的申请不符合《上市公司收购管理办法》豁免要约收购的条件，2003 年 7 月，特变电工将所持新疆众和 2 250.60 万股中的 800 万股（股份比例 7.74%）转让给新疆国际信托投资有限责任公司。至此，特变电工共计持有新疆众和法人股 3 041.91 万股，持股比例达 29.42%，成为新疆众和的第一大股东。新疆众和的国有控股地位发生了变化，成为民营控股的上市公司。

此次并购采取协议转让方式进行。根据公司与国资公司签署的《国家股股权转让合同书》，合同签署后的 3 日内，公司将股权转让总价款的 50% 即人民币 22 119 070 元预付给国资公司；在取得财政部批准本次股权转让批文后的 10 日内，公司向国资公司支付股权转让总价款的 25% 即人民币 11 059 535 元；在取得中国证监会要约豁免批文后的 10 日内，公司向国资公司支付股权转让总价款的 25%，即人民币 11 059 535 元。

控股新疆众和后，特变电工向其输入新的管理模式，不断完善新疆众和的法人治理结构，提高规范化运作水平，使公司取得稳步发展，近年来业绩稳步攀升，已经实现从简单电解铝冶炼向新兴电子材料的成功转型。公司主营产品高纯铝、电子铝箔、电极箔都是铝电解电容器的主要原料，具有与电子元器件行业相同的高成长性。目前，新疆众和在高压电子铝箔领域获得了重大突破，成为国内唯一一家用非铬酸工艺生产高压电子铝箔的企业，并成为首家进入欧盟电子铝箔市场的中国企业，拥有了只有少数国家才能够生产的纯度高达99.9999%（6N）的高纯铝和包括电子铝箔、电极箔在内近百项的专利技术。多年来，新疆众和的投资收益一直是特变电工的重要利润来源之一。

四、公司融资战略

在公司的一系列并购活动中，资本市场的作用被发挥到了极致。

1. 优化资本结构，继续实施股权融资，降低资产负债率，降低风险，为债券融资创造了更加良好的空间。自1997年以来，特变电工通过配股、增发等方式共实现融资4次，募集资金8.87亿元。

2. 利用公司良好的信用，扩大短期融资券的发行规模。

3. 有效利用过桥融资。

以最为成功的沈阳变压器有限公司并购案为例，新疆国际信托投资有限责任公司的过桥融资对公司的高杠杆收购起到了决定性的作用（见图6-4）。

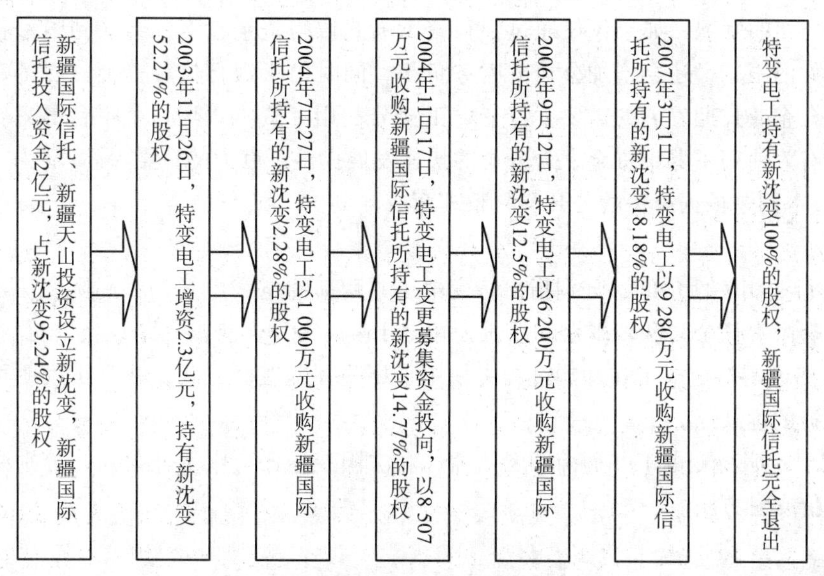

图6-4 沈阳变压器有限公司并购路线

从2003年11月11日，新疆国际信托投入2亿元资金设立新沈变，至2007年3月1日特变电工受让新疆国际信托最后所持有的18.18%的新沈变股权，从而100%控股新沈变，新疆国际信托共回笼资金2.5亿元。不到3年半的时间，新疆国际信托的资金收益率高达25%以上，顺利地完成历史使命。

4. 为应对人民币升值、银行贷款利率不断上升的风险，公司积极利用远期结售汇、福费廷等多种金融工具融资，降低汇率风险。

5. 优化贷款结构，增加美元贷款规模，用于国际物资采购。

6. 通过票据融资与保理融资，加快营运资金流转。

7. 通过公司债和可转换债券融资，减少银行贷款规模。

五、公司并购战略分析和评价

特变电工并购战略取得了成功，其经验在于以下几点：

（一）并购紧紧围绕主业展开，有利于做强做大主业，提高核心竞争力

特变电工的并购无一不是紧紧围绕主业而展开，最终使得公司变压器、线缆主要产业生产规模迅速扩大，市场占有率不断提高，同时还延伸了公司品牌效应，提高了公司在行业中的地位。主业的不断发展也最终提高了公司的盈利能力。

（二）并购过程中注重管理理念的整合

特变电工在每一次并购工作中都充分认识到资产重组不仅是资产的重新组合，更是管理理念、经营理念、创新理念的重新整合，只有统一了理念，才能使重组产生应有的效益。因此公司在并购后的初期，并不是一味地全盘将固定的企业文化向重组企业输入，而是根据其具体特点，从企业实际出发，创造性地建立适应企业实际情况的管理模式，取得了较好的效果。

（三）紧紧依托上市公司独具的资本市场优势，筹集发展资金，取得超常规发展

一个公司的发展，如果仅仅通过银行贷款方式取得资金，不仅会受到国家相关政策等客观条件的限制，还会增加公司的财务负担，同时由于银行信贷资金一般都有期限限制，不适合企业长期发展的需要。特变电工充分利用了资本市场这个平台募集资金，并在并购中有效使用了募集资金，为公司的快速发展提供了巨大的资金保障。

（注：本例题根据有关的公开资料整理而成）

要求：

1. 从行业相关性角度，分别指出特变电工并购新疆电线电缆厂、衡阳变压器厂、沈阳变压器有限责任公司和新疆众和股份公司属于哪一种并购类型，并逐项说明理由。

2. 简要说明特变电工在并购过程中使用了哪些并购融资方式，并分析说明可转换公司债券融资的优缺点。

3. 简要说明特变电工并购衡阳变压器厂和沈阳变压器有限责任公司，分别采取了哪些并购对价支付方式。

解析：

1. （1）特变电工并购新疆电线电缆厂属于混合并购。

理由：并购前特变电工和新疆电线电缆厂在生产经营上彼此毫无关联度。

（2）特变电工并购衡阳变压器厂和沈阳变压器有限责任公司属于横向并购。

理由：特变电工和衡阳变压器厂、沈阳变压器有限责任公司属于生产经营相同（或相似）产品的企业，是竞争对手之间的合并。

（3）特变电工并购新疆众和股份有限公司属于纵向并购。

理由：特变电工和新疆众和股份有限公司在生产经营上具有上下游关系。

（或：新疆众和股份有限公司是特变电工的原材料供应商。）

2.（1）特变电工在并购过程中主要使用了权益融资、债务融资、混合融资和其他特殊融资方式。其中权益融资是普通股融资；债务融资包括票据融资、短期融资券融资、外汇贷款融资、公司债券融资、保理融资；混合融资是可转换债券融资；其他特殊融资方式包括过桥贷款、远期结售汇。

（2）可转换债券融资的优点包括：①灵活性较高，企业可以设计出不同报酬率和转换溢价的可转换债券，寻求最佳资本结构。②可转换债券融资的报酬率一般较低，大大降低了企业的融资成本。③一般可获得较为稳定的长期资本供给。

可转换债券融资的缺点包括：①受股价影响较大，当企业股价上涨大大高于转换价格时，发行可转换债券融资反而会使企业蒙受损失。②当股价未如预期上涨，转换无法实施时，会导致投资者对企业的信任危机，从而对未来融资造成障碍；顺利转换时，意味着企业原有控制权的稀释。

3. 特变电工对衡阳变压器厂的并购采取了其他支付方式中的承债方式；对沈阳变压器有限公司的并购采取了现金支付方式，其中第一步是用现金购买资产，第二步和第三步是用现金购买股权。

【例 6 - 12】境外并购案例：五矿有色并购澳大利亚 OZ 公司。

一、并购背景

（一）并购企业

并购的境内实施主体为五矿有色金属股份有限公司（以下简称“五矿有色”）。五矿有色是由中国五矿集团公司为主发起人，联合上海工业投资（集团）有限公司、广西成源矿冶有限公司、宜兴新威集团有限公司、中国粮油集团有限公司、自贡硬质合金有限责任公司等五家企业，于 2001 年 12 月 27 日组建的股份制企业，其中中国五矿集团公司持有五矿有色 90.27% 的股份。公司注册资本为 7 亿元人民币，主营业务范围为铜、铝、钨、锑、锡、镍、稀土、铅、锌等金属的勘探、开发和生产。

截至 2009 年 5 月底，五矿有色先后控股 25 家、参股 5 家大型资源型和生产型矿业企业。通过长期性投资获取的资源型资产已占公司总资产的七成以上。五矿有色已从一个传统的外贸公司发展成为拥有国内外稳定资源、众多生产加工基地、广泛营销网络、资产质量良好的资源型企业，成为中国最主要的电解铜、氧化铝、镍等产品的提供者，以及国内最主要的钨、铝、锑、稀土等产品的生产者和提供者。

自成立以来，五矿有色主营业务收入、净资产连年大幅增长，实现了股东资产的保值增值。2008 年，五矿有色实现主营业务收入 356.7 亿元人民币，利润总额达到 31.38 亿元人民币。截至 2008 年底，公司资产总额为 209.2 亿元人民币，所有者权益为 90.22 亿元人民币。公司业务收入和利润连续数年在中国有色金属业界名列前茅，继续保持了行业效益最好、最具运作实力的市场地位。2008 年，公司在中国五矿化工商会公布的 18 家 AAA 级企业中名列第一。

（二）被并购企业

被并购企业 OZ 矿业公司是一家在澳大利亚证券交易所挂牌上市的中型矿业公司，英文名称为 OZ Minerals Limited，总部位于墨尔本。OZ 矿业公司是澳大利亚第三大多元化矿业公司及世界第二大锌生产商和重要的铜、铅、金、银生产商。

OZ 矿业公司拥有较为完整的矿业资产组合，包括运营资产、建设项目、可研项目、高级勘探项目以及初级勘探项目。其中，在产矿山有 4 个：澳大利亚的 Century 锌铅矿、Golden Grove 铜锌矿、Rosebery 锌铅矿以及老挝的 Sepon 铜金矿，剩余服务年限均在 10 年以上；处于关停维护状态矿山有 1 座，为澳大利亚 Avebury 镍矿；3 个处于开发阶段的项目：澳大利亚 Prominent Hill 铜金矿和 Dugald River 铅锌矿、印度尼西亚 Martable 金矿。另外，还有加拿大的多个前景良好的勘探项目。2008 年，OZ 矿业公司产品产量含铜 84 604 吨、锌 738 410 吨、铅 98 391 吨、金 5.33 吨、银 320.95 吨、镍 2 069 吨。

但是，由于全球经济危机的影响，以及自身财务困难，2008 年 11 月 25 日 OZ 矿业公司宣布推迟 4.95 亿澳元的资本支出，同时削减 1.85 亿澳元的运营费用预算。随后，为避免被清盘退市，2008 年 11 月 28 日，OZ 矿业公司通过澳大利亚证交所宣布停牌，并公开寻求债务解决方案，包括筹措过桥贷款、资产或股权出售等。

二、五矿集团投资决策分析

（一）世界和中国经济形势分析

此次并购是在全球经济危机的大背景下进行的。源头始于美国金融虚拟经济体系萧条造成的经济危机，其危害已经影响到世界经济的各个角落，并迅速由虚拟经济向实体经济转移，这给世界和中国经济的长期增长带来了巨大的压力。

五矿集团在对国内外各项经济指标、银行预测数据以及经济形势变化进行分析后认为，世界正在进入一个增速放缓的时代，虽然 2010 年全球经济将逐渐复苏，但依旧乏力，而中国经济下阶段有望转好。

（二）资源领域发生了新变化

自 2008 年 10 月起，随着全球经济持续下滑及对未来出现经济衰退的担忧，有色金属资源领域发生了巨大的变化，主要体现在三个方面：金属价格大幅下挫，低于长期平均水平；各种金属供应出现过剩的局面，将对金属价格上涨造成长期的压力；资源类公司股价表现低迷。

（三）机遇与风险并存

五矿集团发现，近些年全球并购活动减少，而中国企业海外投资日益频繁，开展境外投资的机遇与风险并存。

此次全球经济危机给中国企业并购境外重要矿产资源提供了前所未有的机遇。如果找准目标，中国企业将有望以较低的成本，并购境外矿业公司股权或重要矿产资源项目的股份。

从自身发展考虑，五矿集团也认为通过并购成建制的西方成熟矿业企业可以解决很多问题，例如，有助于构建五矿有色海外资源开发的国际化平台；通过并购国际优良矿业资产，可改善公司现有资产质量，做优做强五矿有色；通过并购可以直接引进经验丰富的资源开发和资本运作团队，补充和优化五矿有色现有人力资源结构；另外，对其他正在开展的投资项目也能起到积极的促进作用。这次并购对于五矿集团自身业务发展也是一个机遇。

然而，机遇与挑战是一对孪生体。在机遇存在的同时，中国企业开展境外有色金属资源领域的投资，也面临着各种挑战：第一，国家尚缺乏统一的海外资源发展规划及有效协调机制；第二，国际寡头垄断已形成，中国企业在国际矿产资源竞争中处于不利地位；第三，与国际矿业公司相比，中国企业规模过小，因而在国际市场的竞争中还有相当大的难度；第四，由于经济危机的冲击，当时陷入困境的一些企业资产状况不透明，这给企业或项目的估值带来较大的困难；第五，融资渠道日渐狭窄；第六，汇率风险难以控制。当时，市场普遍预期人民币仍有25%的升值空间，并将以每年7%左右的幅度在升值，这意味着如果海外投资的年回报率不超过7%，则对企业效益无贡献。

（四）五矿集团的决定

经过仔细分析和慎重考虑，五矿集团认为，在全球经济危机的背景下，开展境外并购是比较适宜的时机，而且OZ矿业公司所属资产与五矿集团现有资产和业务具有高度的匹配性，因此决定正式启动并购OZ矿业公司项目。

三、并购项目内容

（一）前期准备

2008年12月，五矿有色成立了专门工作组，聘请投资顾问、技术顾问、法律顾问、会计与税务顾问、公共关系顾问等专业机构，积极开展并购相关的各项工作。

（二）并购方案设计

1. 对价与目标资产范围。

经过卓有成效的前期工作，2009年2月16日，五矿有色与OZ矿业公司就并购方案达成一致，并签署了《方案实施协议》，即：通过协议安排方式，以每股0.825澳元的对价，现金并购OZ矿业公司100%的股权，并在适当时机为OZ矿业公司安排债务重组。

但是，该方案受到了澳大利亚国库部的反对，于是五矿有色不得不向OZ矿业公司提出新的并购方案，并于2009年4月13日签署了《资产并购实施总协议》。新方案主要内容是由五矿有色以12.06亿美元的对价，现金并购OZ矿业公司主要资产以及部分勘探资产。

2. 追加报价，初步取得并购“领头羊”的地位。

自2009年5月下旬以来，OZ矿业公司先后收到了多家外资银行提交的再融资报价，方案内容大同小异，即通过配发新股、发行可转债，外加流动资金贷款等方式解决OZ矿业公司的银行债务问题，同时保持OZ矿业公司的完整性。据了解，有的方案无论在估值还是在确定性方面，都满足OZ矿业公司关于更优报价的条件。在这种情况下，2009年6月10日，五矿集团紧急研究决定向OZ矿业公司追加报价1.8亿美元，使得最终报价达到13.86亿美元，稍高于OZ矿业公司独立财务顾问对被并购资产的估值底线。在此方案下，OZ矿业公司在偿还银行全部债务后，还可拥有约5亿澳元的现金。

(三) 并购架构

考虑到澳大利亚关于资本利得税的有关规定，五矿集团决定此次交易通过五矿有色的全资子公司爱邦企业有限公司（中国香港）在新加坡设立 SPV1 和 SPV2 两层特殊目的公司。其中，新加坡 SPV1 作为借款主体，新加坡 SPV2 作为对 OZ 矿业公司主要铜锌矿业资产实施并购的主体。具体架构如图 6-5 所示。

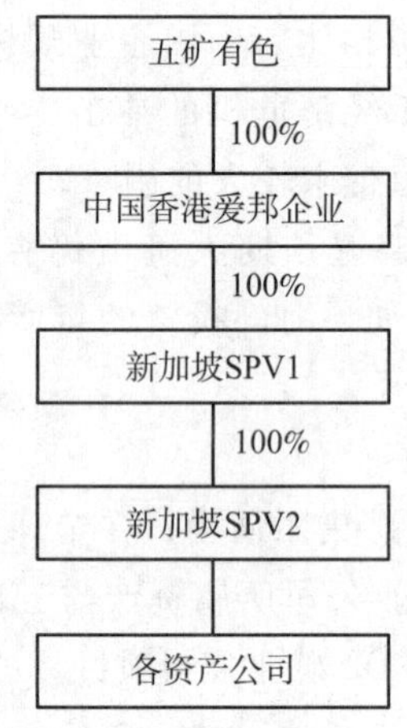

图 6-5　五矿有色并购架构

(四) 融资方案

并购目标资产需要大量的资金。基于尽可能降低融资成本的考虑，五矿集团决定：

(1) 由并购主体（五矿有色下属 SPV 公司）向五矿集团海外公司拆借 1.9 亿美元，待并购完成后由国内以人民币购汇方式对外付出；

(2) 五矿有色通过自有资金购汇 1.47 亿美元；

(3) 新加坡 SPV1 通过商业银行筹措贷款 3.44 亿美元；

(4) 新加坡 SPV2 或各资产公司作为借款人，通过五矿有色担保，从国内外商业银行筹措贷款 7.51 亿美元。

并购所需的流动资金（含信用证额度）1.87 亿美元以各资产公司作为借款人，从国内外商业银行筹措流动资金 1.87 亿美元或等值澳元，并从五矿集团全球授信额度中安排。

(五) 并购方案审批

1. 境外政府审批。

2009 年 2 月 16 日，五矿有色向澳大利亚外商投资审查委员会（FIRB）提交了对 OZ 矿业公司 100% 股权的并购申请。然而，2009 年 3 月 23 日，FIRB 表示需要延期 90 天，以便对五矿有色的并购申请进行更加审慎的审查。2009 年 3 月 27 日，澳大利亚国库部（FIRB 主管部门）发表正式声明：由于 OZ 矿业公司所属的 Prominent Hill 铜矿位于 Woomera 军事禁区，出于国家安全考虑，不能批准五矿有色对 OZ 矿业公司 100% 股权的并购申请。虽然此前五矿有色也曾考虑过“国家安全”的因素，但包括律师、财务顾问在内的中介机构均认为这不过是例行程序，无关大局。值得庆幸的是，澳大利亚政府尚留有余地，表示如果五矿有色提出不包括 Prominent Hill 铜金矿的替代并购方案，可以重新审查。

2. 并购方案再次修改。

经过仔细分析后，五矿集团认为即使不将 Prominent Hill 铜金矿列入并购范围，OZ 矿业公司的其他资产和工作团队依然对五矿有色具有战略意义。为此，2009 年 3 月 29 日，五矿有色向 OZ 矿业公司提出了新的并购方案，并与其迅速达成一致。2009 年 3 月 31 日，五矿有色与 OZ 矿业公司共同签署了《框架协议》和《独家谈判协议》。2009 年 4 月 13 日，双方正式签署了《资产并购实施总协议》，即以 12.06 亿美元的对价，现金并购 OZ 矿业公司的主要资产以及除 OZ 矿业公司保留资产之外的其他勘探与开发类资产。

2009 年 4 月 23 日，澳大利亚国库部正式批准了五矿有色对 OZ 矿业公司主要资产（不包括 Prominent Hill 铜金矿）的并购申请。这是澳大利亚政府首次批准中国国有投资者对本土在产矿业企业的控股并购。

3. 国内审批。

除了需要得到澳大利亚政府的批准外，该项交易还需要得到国务院、国家发改委、商务部和国家外汇管理局等中国主要监管部门的批准。在各部门的大力支持下，五矿集团最终在 OZ 矿业公司股东大会召开前得到了中国主要监管部门的全部批准。

与此同时，该项目还得到了国家开发银行和中国银行的大力支持。双方共同成立工作组，在短短一个月内完成了数十本合同文本的起草和签署工作，有力地确保了项目的如期交割。

4. 股东大会批准。

2009 年 6 月 11 日，OZ 矿业公司举行年度股东大会，会上持有总股份 92.48% 的股东投票支持该项交易。这表明该项交易最后一项也是最为重要的前提条件得到了满足。

（六）并购方案的实施

2009 年 6 月 16 日，五矿有色与 OZ 矿业公司正式完成了此次资产并购的最终交割工作。这不仅是五矿集团积极落实国家“走出去”战略，抓住难得重组机遇所取得的重要成果，同时也是迄今为止我国企业在境外有色金属矿产资源领域成功实施的最大一项并购。

四、并购整合

（一）整合的总体思路

并购资产仅仅是五矿集团增强实力的第一步，并购后的整合才能决定所并购资产能否带来预期的收益。五矿集团确定整合的总体思路为：先实现 OZ 矿业公司主要资产控制权的平稳转移，随后以 OZ 矿业公司现有团队为基础，并结合五矿有色的国际资产，创建可持续发展的国际矿业平台。

（二）并购整合方案

1. 机构整合方案。

根据澳大利亚国库部对该项目的批准，目标资产所在公司将按照商业化规范进行独立运营；同时管理各目标资产的总部应设在澳大利亚，管理团队的大部分由澳大利亚人组成。

为此，五矿有色已经通过新加坡爱邦资源公司在澳大利亚新设了全资子公司——Management Pty Ltd（MMG）。MMG 公司不直接拥有本次交易所并购的矿业资产和辅助性公司的股权，但负责对其进行集中管理，包括生产运营、销售、采购等。MMG公司采取董事会领导下的总经理负责制。

另外，为了便于在中国采购原材料和销售产品，当时正考虑在北京设立MMG公司办事处或子公司。

2. 资产整合方案。

根据澳大利亚国库部对该项目的批准，各资产公司将保持独立运营，并由MMG公司统一管理。为实现此次并购的战略目的，工作组将在符合澳大利亚国库部要求的前提下，根据五矿有色现有资产情况和全球经济形势，对被并购资产分阶段整合。

第一阶段：在确保目标资产控制权平稳转移的同时，对并购资产进行全面梳理。

（1）全面梳理在产矿山，降本增效。

（2）对现有矿山开发建设项目和勘探项目进行排序，做到有进有退。

第二阶段：整合五矿有色现有海外资源开发项目。

新设立的MMG公司虽然成立不久，但高管和大部分员工都来自原OZ矿业公司，因此具有很强的生产运营与管理实力。在完成资产控制权平稳转移后，五矿有色考虑把五矿集团业已取得的秘鲁铜矿项目、牙买加铝矾土矿项目等与MMG公司进行整合。通过MMG公司的国际化管理团队来开发运营现有海外资源项目，最大限度地降低矿山建设、运营风险，确保前期投资安全。

第三阶段：寻找合适的时间，在市场允许的条件下，重新上市。

3. 业务整合方案。

根据澳大利亚国库部对该项目的批准，目标公司的产品销售由MMG公司的销售团队负责，价格参照国际标准。在此前提下，五矿集团决定MMG公司铅锌精矿和电铜产品在中国市场的销售分别主要由五矿有色铅锌部和铜部负责。

4. 人员整合方案。

自2009年5月中旬开始，在著名人力资源顾问Mercer的协助下，五矿集团人力资源工作小组便着手开展人员整合方案的研究和实施工作。已完成原OZ矿业公司员工转移工作并组建了新公司董事会。原OZ矿业公司总经理、财务总监、人力资源部总经理等高管以及其他核心技术人员加入新公司中，这对确保新公司的稳定运营起到了至关重要的作用。

五矿集团还制定了高管中长期激励计划、员工薪酬管理办法，以及员工绩效考核管理办法。

5. 整合中协调解决的关键问题。

（1）人员分离及安置。

此次并购OZ矿业公司主要资产，五矿集团看重的不仅是一批具有较好发展前景的矿业资产组合，同时还看重OZ矿业公司相对完整的、经验丰富的资源开发和资本运作团队。通过将这个团队直接纳入五矿集团现有框架内，必将有助于五矿集团在结合自身国际化运营的基础上，加速形成海外资源开发的国际化平台。因此，在五矿集团与OZ矿业公司签署的协议中约定，各资产公司的人员随着控制权变化而安置。然而面对一个新公司，如何在较短时间内完成原OZ矿业公司高管及核心技术人员挽留，以及各资产公司员工安置，给工作组提出了前所未有的挑战。

为此，在交易完成前工作组即聘请专业机构，着手制订高管和核心人员挽留计划，并与原 OZ 矿业公司高管和核心技术人员进行沟通。此外，工作组还在 OZ 矿业公司人力资源部的协助下，积极开展原 OZ 矿业公司总部及各资产公司员工的分离和安置工作。工作组多次前往矿山说明情况，同时还致信原 OZ 矿业公司员工，邀请其加入新公司。

该项工作赢得了原 OZ 矿业公司高管、核心技术人员、总部员工以及各资产公司员工的认可。当时，原 OZ 矿业公司总经理、财务总监、人力资源部总经理以及大部分核心技术人员均已加入 MMG 公司，原 OZ 矿业公司总部及各资产公司的大部分员工也都加入 MMG 公司中。

（2）财务过渡。

为了确保新公司与五矿有色财务的平稳对接，五矿集团派其工作组成员进驻 MMG 公司，与其财务部总经理及中介机构共同开展工作。

经过双方财务人员的努力，逐笔厘清基准日前后的收支，最终确定了财务基准日后事项，即此基准日后的财务收益和责任均归属 MMG 公司。同时，五矿财务人员在现场了解了 MMG 公司现行的记账原则和报表/报告体系，研究确定了 MMG 公司合并报表的格式及内容，最终做到可直接从系统中取值并形成符合公司年度财务决算时涉及国资委要求的合并报表。当然，也包括制定符合公司要求和 MMG 公司的预算过程的预算报表。最后，完成了财务信息系统的整合与共享。

五、经验与教训总结

（一）项目成功实施的意义

首先，OZ 矿业公司是世界第二大锌生产商，其主营的锌、铜、铅、镍、金等产品是我国经济发展长期需要的战略物资。通过并购 OZ 矿业公司的主要资产，有效增加了我国锌、铜、铅等主要基本金属的资源储备和矿产品供应的保障程度。

其次，五矿集团作为国内几个大型的金属矿产企业集团之一，在金属矿产的原料进出口方面占据着重要的市场份额。通过此次并购，五矿集团进一步增强了自身的市场地位和竞争能力。

最后，此次并购还为澳大利亚就业、税收等方面提供了强有力的支持，强化了中澳经贸合作关系，符合中澳双方、OZ 矿业公司股东/员工的多方利益。

（二）五矿集团的几点体会

第一，五矿投资的是战略资源，国家需要、公司需要。OZ 矿业公司是世界第二大锌生产商，其主营锌、铅、铜、镍、金、银，都是我国经济发展长期需要的战略物资，符合国家“走出去”战略的支持方向；同时，该公司经营范围与五矿集团经营的有色金属业务高度契合，特别符合五矿的发展战略和国家关于突出主业的要求。

第二，时机有利，价格合理。OZ 矿业公司市值最高时曾达到 70 多亿美元。此次只是由于债务到期时的流动性困难，OZ 矿业公司才出现了股票市值的大面积下滑。事实上，OZ 矿业公司的资产质量和运营状况都没有发生大的变化。五矿有色当时的 13.86 亿美元出价对中方十分有利。这样的公司在正常市场环境下是很难得到的，当时的金融危机也在一定程度上帮助了五矿集团，即澳大利亚政府和金融机构都无力对 OZ 矿业公司施以援手，给了五矿集团机会。

第三，取得目标公司管理层和董事会的支持。多年来，五矿集团与OZ矿业公司的管理团队保持着良好的关系，双方进行过多次合作探讨，但由于种种原因未能成功。此次并购工作得到了目标公司董事会和管理层的大力支持和配合，为快速推进项目尽职调查和商务谈判创造了条件。同时，五矿集团联合OZ矿业公司管理层一起向澳大利亚政府进行解释和说服，这对获得澳大利亚政府的批准起到了重要的促进作用。

第四，制定正确的公共关系策略。澳大利亚媒体的作用十分重要，甚至可以影响政府的决策。为了避免使五矿集团处于媒体竞相报道的风口浪尖上，降低普通民众的关注程度，尽可能减轻澳大利亚政府的审批压力，五矿集团聘请了专业公共关系顾问，制定了“低调策略”。正是这种低调处理方式，为五矿集团最终赢得了“澳大利亚外商投资领域的重大突破，是史无前例的批准”。

第五，量力而为，稳健发展。五矿投资OZ矿业公司，是在审慎研究目标公司，充分评估五矿自身资金、管理能力基础上做出的决策。五矿集团是我国最早进行国际化运营，实施“走出去”战略的公司之一，也是较早实施商贸企业向工业企业转型的国有骨干企业之一，拥有一定的国际化、工业化运营、管理经验和一支熟悉国际事务的较为优秀的经营管理团队。过去几年，五矿集团成功实施的智利、秘鲁铜项目，美国Sherwin项目、牙买加铝项目，以及在国内成功并购关铝股份都为五矿集团积累了有益的经验。

（注：本例题根据有关的公开资料整理而成）

要求：

1. 简述企业并购流程有哪些主要环节，并说明五矿有色并购流程的特殊性。
2. 指出五矿有色对澳大利亚OZ矿业公司进行了哪些并购后的整合。
3. 简述本例中五矿有色并购成功的主要经验。

解析：

1. 企业并购流程包括如下几个主要环节：制定并购战略规划，选择并购对象，发出并购意向书，进行尽职调查，进行价值评估，开展并购谈判，作出并购决策，完成并购交易，进行并购整合。

五矿有色并购流程的特殊性在于并购决策过程中的审批环节，包括境外政府审批和国内审批。在境外，要经过澳大利亚外商投资审查委员会和国库部的审批，在国内，要经过国务院、国家发改委、商务部和国家外汇管理局的审批。

2. 五矿有色对澳大利亚OZ矿业公司分别进行了战略整合（创建可持续发展的国际矿业平台）、管理整合（包括机构整合和业务整合）、人力资源整合和财务整合（包括会计人员及组织机构的整合、会计政策及会计核算体系的整合、存量资产的整合和信息系统的整合）等并购后整合。

3. 五矿有色并购成功的主要经验在于以下几个方面：

（1）并购对象选择得当。OZ矿业公司所属资产与五矿集团现有资产和业务具有高度的匹配性，而且五矿集团与OZ矿业公司有着长期良好的合作关系。

（2）时机有利，价格合理，追加报价决策果断，以稍高于OZ矿业公司独立财务顾问对被并购资产的估值底线的价格，击败了其他竞争对手。

（3）取得了OZ矿业公司管理层和董事会的支持。

（4）精心设计的融资架构为并购成功提供了有力的资金支持。

（5）公共关系策略正确，处理得当。

（6）并购后的整合较为成功。

第七章　企业绩效评价

【例 7-1】甲公司是一家在上海证券交易所上市的汽车零部件生产企业，近年来由于内部管理粗放和外部环境变化，公司经营业绩持续下滑。为实现提质增效目标，充分发挥业绩考核的导向作用，甲公司决定优化业绩评价体系。对原来单纯的财务指标考核体系进行了改进，新业绩指标分为财务指标体系和非财务指标体系。其中，财务指标体系包括经济增加值、存货周转率等核心指标；与原来财务指标体系相比，经济增加值替代了净利润指标，并调整了相关指标权重。财务指标调整及权重变化如表 7-1 所示。

表 7-1　　单位：%

原财务指标体系		新财务指标体系	
指标名称	权重	指标名称	权重
净利润	50	经济增加值	50
存货周转率	15	存货周转率	20
……	35	……	30

假定不考虑其他因素。

要求：

1. 根据上述资料，指出新业绩指标体系引入非财务指标的积极作用。
2. 根据上述资料，指出核心财务指标调整及权重变化所体现的考核导向。

解析：

1. 非财务指标被认为是能反映未来业绩的指标，良好的非财务指标的设计和应用有利于促进企业实现未来的财务成功。

2. 经济增加值替代净利润指标所体现的考核导向：更加注重企业价值创造能力的提升。

存货周转率权重提高所体现的考核导向：更加注重资产周转效率的提高。

【例 7-2】甲公司是一家大型高科技集团上市公司，主营手机、电脑以及其他电子科技产品，其生产、研发与销售部门遍及全球各地，产品特征与类型具有一定的地理特殊性。该公司的发展战略是系列电子产品多元化。从多板块、多渠道取得收益。甲公司重视研究开发，持续推出新产品，不断创新产品配套服务，以此推动消费者对产品进行升级，提高产品边际收益。近年来公司财务战略目标日益明晰，高度重视企业价值管理，构建了以经济增加值最大化为核心目标，持续盈利能力和长期现金流量现值为辅助目标的财务战略目标体系。按照财务战略目标要求，2022 年甲公司在 2021 年的基础上，对部分业务板块追加了投资，其中 A 业务板块和 B 业务板块各追加投资 10 000 万元，C 业务板块追加投资 20 000 万元。三个业务板块的基础财务数据如表 7－2 所示。

表 7－2

项目	A 业务板块		B 业务板块		C 业务板块	
	2021 年	2022 年	2021 年	2022 年	2021 年	2022 年
调整后资本（万元）	80 000	100 000	70 000	90 000	100 000	140 000
净资产收益率（%）	12.5	12.5	17.5	17.0	14.0	16.0
平均资本成本率（%）	15.0	15.0	15.0	15.0	15.0	15.0
税后净营业利润（万元）	10 000	12 500	12 250	15 300	14 000	22 400

假定不考虑其他因素。

要求：

1. 分别计算甲公司三个业务板块 2022 年的经济增加值，并根据经济增加值对各业务板块的业绩水平由高到低进行排序（要求列出计算过程）。

2. B 业务板块 2022 年的净资产收益率由 2021 年的 17.5% 降低为 17%，评价甲公司 2022 年对 B 业务板块的追加投资是否合理？并简要说明理由。

解析：

1. 2022 年三个板块的经济增加值分别为：

A 业务板块经济增加值＝12 500－100 000×15%＝－2 500（万元）

B 业务板块经济增加值＝15 300－90 000×15%＝1 800（万元）

C 业务板块经济增加值＝22 400－140 000×15%＝1 400（万元）

据此，B 业务板块业绩最好，C 业务板块次之，A 业务板块最差。

经济增加值＝税后净营业利润－平均资本占用×加权平均资本成本。平均资本占用是指调整后资本，需根据经济业务实质相应调整在建工程、资产减值损失等因素影响，以引导企业注重长期价值创造。计算经济增加值时所使用的“调整后资本”并非简单地等于“上年调整后资本”加上本年追加投资，而是需要考虑各种因素进行综合调整。本例中“调整后资本”为已进行综合调整的平均资本占用，属于已知条件。

2. 甲公司 2022 年对 B 业务板块的追加投资合理。

理由：B 业务板块 2022 年的经济增加值（1 800 万元）比 2021 年的 1 750 万元（12 250－70 000×15%）有所增长，按公司既定财务战略目标，对 B 业务板块追加投资是合理的。

【例7-3】 甲公司是全球最大的新型干法水泥生产线建设企业之一，下属A、B、C三家分公司；甲公司对三家分公司实施直接考核。A、B、C三家分公司均独立从事新型干法水泥生产线的装备制造、工程施工和营销工作。随着业务规模的扩大，三家分公司之间业务重叠、重复开支的情况日趋严重，既不利于企业经济增加值最大化财务战略目标的实现，也无法适应企业多元化、国际化发展的需要。

甲公司董事会于2023年初召开会议，决定调整企业组织结构。会上，董事李某建议，撤销三家分公司，设立装备制造部、工程部和营销部等部门，将三家分公司的相关工作并入上述职能部门。董事罗某认为，李某的方案与企业的发展战略和当前的业务规模不相适应，建议企业分别设立装备制造公司、工程公司和营销公司三家子公司，将三家分公司的相关工作分拆并入各子公司，赋予各子公司较大的决策自主权，甲公司分别设立专业事业部对不同子公司进行管理。

甲公司董事会决定，由战略规划部就企业组织结构调整问题做进一步研究并提出可行方案，同时要求企业财务部根据董事李某和罗某的方案，分别测算其对企业财务业绩的影响。财务部预计2023年有关财务数据如表7-3所示。

表7-3

金额单位：亿元

项目	按现行组织机构测算	按董事李某的方案测算	按董事罗某的方案测算
财务费用（均为有息债务利息费用）	1.4	1.2	1
营业利润	12	17.5	25
利润总额	12	17.5	25
净利润	10	15	21
有息债务（平均）	20	20	20
所有者权益（平均）	20	20	20
平均资本成本率（%）	7	6	5

假定企业所得税税率为25%，不考虑其他因素。

要求：

分别计算甲公司现行组织结构、董事李某提出的组织结构调整方案和董事罗某提出的组织结构调整方案的经济增加值，并从经济增加值最大化财务战略目标角度对甲公司组织结构调整进行决策（要求列出计算过程）。

解析：

甲公司现行组织结构下的经济增加值 $= 10 + 1.4 \times (1 - 25\%) - (20 + 20) \times 7\%$

$= 11.05 - 2.8 = 8.25$（亿元）

或：$\left[\dfrac{10 + 1.4 \times (1 - 25\%)}{40} - 7\%\right] \times 40 = 8.25$（亿元）

董事李某提出的组织结构调整方案下的经济增加值 $=15+1.2\times(1-25\%)-(20+20)\times6\%=15.9-2.4=13.5$（亿元）

或：$\left[\frac{15+1.2\times(1-25\%)}{40}-6\%\right]\times40=13.5$（亿元）

董事罗某提出的组织结构调整方案下的经济增加值 $=21+1\times(1-25\%)-(20+20)\times5\%=21.75-2=19.75$（亿元）

或：$\left[\frac{21+1\times(1-25\%)}{40}-5\%\right]\times40=19.75$（亿元）

决策：由于董事罗某提出的组织结构调整方案下的经济增加值最大，甲公司应当选择董事罗某提出的组织结构调整方案。

【例7-4】甲公司是一家专门从事手机生产的上市公司，自成立以来一直将盈利能力目标作为财务战略目标，并将利润作为业绩考核的核心指标，但近年来，公司产品市场占有率不断下滑，股票价格长期低迷，公司从资本市场融资的难度增加，资本成本上升。为了扭转这种局面，公司董事会决定转变财务战略目标，由利润最大化目标转变为经济增加值最大化目标，并确定以经济增加值作为其业绩考核的核心指标。经过充分的论证，该公司确定的2023年目标经济增加值为3 000万元，目前该公司正在进行2023年的财务规划，有关资料如下：

（1）2023年公司实现营业收入30 000万元，净利润2 500万元，平均资产总额10 000万元，平均无息流动负债1 800万元。

（2）2023年预计营业收入增长10%，预计销售净利率、资产周转率不变，并且平均无息流动负债与营业收入的比例也不变。

（3）公司为推进技术创新，提高市场竞争力，2023年拟投入研发费用600万元（研发支出在计算经济增加值时不作为当期费用扣除）。

（4）公司目标资本结构为债务资本占比60%，权益资本占比40%，2023年将继续维持。在该资本结构下，公司债务资本的平均利率为5%。

（5）公司所得税税率为25%，加权平均资本成本为10%。

假设不考虑其他因素。

要求：

1. 根据上述资料，计算甲公司2023年的经济增加值，并判断该公司能否实现经济增加值目标。

2. 为了提高经济增加值，甲公司拟采取如下行动，试判断哪种方法可最大程度提高经济增加值：

（1）若减少不影响收入的800万元的经营费用；

（2）若重组资本结构，将资本成本降为5.5%。

解析：

1. 计算甲公司的经济增加值。

2023 年平均资产总额 = 10 000 × (1 + 10%) = 11 000（万元）

平均无息流动负债 = 1 800 × (1 + 10%) = 1 980（万元）

平均债务资本额 = 11 000 × 60% = 6 600（万元）

利息支出 = 6 600 × 5% = 330（万元）

税后净营业利润 = 净利润 + (利息支出 + 研发费用) × (1 − 所得税税率) = 2 500 × (1 + 10%) + (330 + 600) × (1 − 25%) = 3 447.50（万元）

调整后资本 = 11 000 − 1 980 = 9 020（万元）

经济增加值 = 3 447.50 − 9 020 × 10% = 2 545.50（万元）

由于预计的经济增加值低于目标经济增加值，因此，不能实现经济增加值目标。

2.（1）减少 800 万元的经营费用，可以增加税前利润 800 万元，增加税后利润 = 800 × (1 − 25%) = 600（万元），由于不改变资本成本，所以该决策可以增加经济增加值 600 万元。达到预计目标。

（2）将资本成本降为 5.5%，不改变税后净营业利润，但可以降低资本成本 9 020 × (10% − 5.5%) = 405.9（万元），所以该决策可以增加经济增加值 405.9 万元。未达到预计目标。

两者相比较，选择方法（1）更可行。

【例 7 − 5】甲公司是一家集团公司，A 公司为其全资子公司。甲公司按年对 A 公司进行业绩评价与考核，相关资料如下：

（1）2022 年初，A 公司与甲公司签订了业绩考核目标责任书，考核指标目标值、权重及计分规则如表 7 − 4 所示。

表 7 − 4

考核指标	权重	基本分	最低分	最高分	目标值	计分规则
利润总额	40%	40 分	32 分	48 分	120 亿元	完成值每超过目标值 2%，加 1 分，最多加基本分的 20%。完成值每低于目标值 2%，扣 1 分，最多扣基本分的 20%
经济增加值	40%	40 分	32 分	48 分	35 亿元	完成值每超过目标值 1%，加 1 分，最多加基本分的 20%。完成值每低于目标值 1%，扣 1 分，最多扣基本分的 20%
资产负债率	10%	10 分	8 分	12 分	81%	完成目标值得 12 分，每高于目标值 0.1 个百分点，扣 1 分，最多扣 4 分

续表

考核指标	权重	基本分	最低分	最高分	目标值	计分规则
应收账款周转率	10%	10 分	8 分	12 分	5.8 次	完成目标值得 12 分，每低于目标值 0.1 次，扣 0.5 分，最多扣 4 分
合计	100%	100 分	80 分	120 分	—	—
安全生产	—	—	—	—	—	每发生一起特别重大事故，扣 2 分；每发生一起重大事故，扣 0.5 分；每发生一起较大事故扣 0.3 分；每发生一起一般事故扣 0.2 分

（2）2022 年，A 公司实现利润总额 132 亿元，实现经济增加值 34.3 亿元，资产负债率为 80.78%，应收账款周转率为 5.6 次，发生重大安全事故及一般安全事故各 1 起。

假定不考虑其他因素。

要求：

1. 根据资料（1），分别指出利润总额、资产负债率和安全生产指标所属的业绩评价指标类型。
2. 根据资料（1），指出业绩考核指标权重设计的主要依据。
3. 根据资料（1），指出业绩评价指标目标值的类型有哪些。
4. 根据资料（1），指出安全生产的计分规则属于哪种计分方法。
5. 根据上述资料，计算 A 公司 2022 年的业绩考核得分。

解析：

1. 利润总额所属的业绩评价指标类型：财务指标、定量指标、绝对指标、基本指标、正向指标。

资产负债率所属的业绩评价指标类型：财务指标、定量指标、相对指标、基本指标、反向指标。

安全生产所属的业绩评价指标类型：非财务指标、定量指标、绝对指标、基本指标、反向指标。

2. 业绩考核指标权重设计的主要依据：考核评价实践中应综合运用各种方法科学、合理设置指标权重，通常的做法是主要根据指标的重要性以及考核导向进行设置，并根据需要适时进行调整。

3. 业绩评价指标目标值的类型：历史标准、预算标准、外部标准。

4. 安全生产所属计分方法：减分法。

5. （1）利润总额完成值 ÷ 目标值 = 132 ÷ 120 = 110%

利润总额考核得分 = 40 + 5 = 45（分）

（2）经济增加值完成值÷目标值 = 34.3÷35 = 98%

利润总额考核得分 = 40 - 2 = 38（分）

（3）资产负债率完成值 - 目标值 = 80.78% - 81% = -0.22%

资产负债率考核得分 = 12 分

（4）应收账款周转率完成值 - 目标值 = 5.6 - 5.8 = -0.2

应收账款周转率考核得分 = 12 - 0.5×2 = 11（分）

（5）安全生产考核扣分 = 0.5 + 0.2 = 0.7（分）

（6）A 公司 2022 年的业绩考核得分 = 45 + 38 + 12 + 11 - 0.7 = 105.3（分）

【例 7-6】甲公司是一家集团公司，A、B 公司分别为其全资子公司。2022 年 A、B 公司的基础财务数据如表 7-5 所示。

表 7-5

项目	A 公司	B 公司
净利润（万元）	150 000	8 000
税后净营业利润（万元）	28 000	16 500
所占用的资本（万元）	450 000	280 000
加权平均资本成本率（%）	6	5.5

假定不考虑其他因素。

要求：

根据上述资料，分别从净利润和经济增加值的角度对 A、B 公司的业绩进行评价。

解析：

1. 净利润角度：A 公司实现净利润 15 000 万元，高于 B 公司 8 000 万元，如果不考虑营业外损益等因素，A 公司业绩好于 B 公司。

2. 经济增加值角度：

A 公司经济增加值 = 28 000 - 450 000×6% = 1 000（万元）

B 公司经济增加值 = 16 500 - 280 000×5.5% = 1 100（万元）

A 公司实现经济增加值 1 000 万元，低于 B 公司 1 100 万元，B 公司业绩好于 A 公司。

【例 7-7】甲公司为一家连锁酒店经营企业。近年来，随着市场竞争的日益激烈，甲公司业绩不断下滑。2022 年，甲公司决定重建一套绩效管理系统。基于自身发展战略，并根据平衡计分卡的四个维度，甲公司总结了成功关键要素，提取了绩效指标，形成了下一年度关键绩效指标。

（1）关键成功要素。

财务层面：盈利水平的高低主要依赖于经营收入的增长和经营成本的控制。

顾客层面：酒店的服务质量、服务项目的创新、酒店品牌建设是吸引新老客户的关键。

内部流程层面：安全、卫生是客户选择的首要因素，灵活的定价机制也是客户选择的关键。

学习与成长层面：人才是关键，尤其是核心员工，员工的培训对于工作标准化、服务专业化至关重要。

（2）关键绩效指标如表7－6所示。

表7－6　　单位：%

层面	指标	权重
财务层面	营业收入	30
	成本费用利润率	10
顾客层面	客户满意度	15
	品牌忠诚度	15
内部流程层面	动态定价机制	10
	安全、卫生达标率	5
学习与成长层面	核心员工流失率	10
	员工培训时长	5

假定不考虑其他因素。

要求：

1. 根据上述资料，指出平衡计分卡中“平衡”的含义。
2. 根据上述资料，简要说明各个层面指标间的关系。
3. 根据上述资料，指出有效应用平衡计分卡应遵循的原则。

解析：

1. 平衡计分卡中的“平衡”含义：

（1）财务业绩与非财务业绩的平衡；

（2）与客户有关的外部衡量以及与关键业务过程和学习成长有关的内部衡量的平衡；

（3）领先指标与滞后指标设计的平衡；

（4）结果衡量（过去努力的结果）与未来业绩衡量的平衡。

2. 各个层面指标间的关系：如果加强员工培训，留住核心人才，则有利于提高安全、卫生达标率，也可以制定更为科学合理的动态价格；如果酒店能够提供安全、卫生的居住环境，并拥有价格优势，则可吸引更多新老客户；如果新老客户增加，酒店营业收入将随之增长；如果酒店营业收入增长，经营成本得到有效控制，则酒店的盈利水平将提升。

3. 有效应用平衡计分卡应遵循的原则：各个层面的指标间具有因果关系；结果计量指标与业绩动因相关联；与财务指标挂钩。

【例7-8】 甲公司是一家位于北京的大型国有企业，在京津冀拥有多家子公司。2022年末公司年报显示，当年净利润10.5亿元，与年初预算14.8亿元相比，偏差较大，未能完成全年预算。为扭转利润下滑的趋势，甲公司董事会决定调整集团组织体系，整合现有资源，改变以前以利润为主的业绩考核模式。为激励下属企业更加注重资本成本，提高资本利用效率，甲公司集团总部准备从2023年起，以经济增加值为核心考核指标，子公司经理层的年薪直接与经济增加值考核结果挂钩。同时，改革组织机构，撤销原集团总部的生产部，成立新的事业部，将当地几个企业的直接经营权从集团总部职能体系中剥离。

假定不考虑其他因素。

要求：

1. 简述绩效评价角度的类型，并分析甲公司采用的评价角度类型。
2. 简述绩效评价的功能和程序。
3. 评价甲公司的绩效评价体系。

解析：

1. 绩效评价的角度分为外部视角（财务视角）和内部视角（管理视角）。外部视角是指企业财务报告使用者对企业绩效的评价；内部视角是指企业的管理者需要定期和不定期地评估经营效率、资源利用情况，以及战略和目标的实现程度。

甲公司采用的业绩评价指标是经济增加值，采用的是内部视角（管理视角）。

2. 企业绩效评价主要具有价值判断功能、预测功能、战略传达与管理功能、行为导向功能。

企业绩效评价的程序包括：制订绩效计划、执行绩效计划、实施绩效评价、编制绩效评价报告等。

3. 甲公司以经济增加值为中心的目标管理体系，体现了以财务绩效为评价落脚点。经济增加值与年薪制挂钩，克服了企业总部和内部单位之间目标冲突的现象，体现了突出知识创新对企业长期发展的影响，强化企业内部部门间的合作关系。组织结构改革，当地几个企业的直接经营权将从集团总部职能体系中完全剥离，体现了指标体系有战略高度。

【例7－9】甲集团公司召开2022年度年终考核评议会，参加会议的有董事长、总经理、副总经理、集团本部各部门的负责人和下属公司的总经理。甲集团公司是直属于北京市国资委的市国有企业，主要业务领域涉及房地产、金融业、信息产业、商品流通业和服务业等，有职工10 000多人，总资产高达100亿元，净资产为30亿元。2022年收入为158亿元，实现利润总额5亿元，经济增加值为2亿元。市国资委要求的资本成本率为6%，适用25%的所得税税率。

甲集团公司本部设办公室、人力资源部、财务部、计划部、市场部、党群部和纪检法审部7个部门，4家下属公司分别为：房地产公司，主要业务为房地产开发；物业公司，主要业务为物业管理；担保公司，主要业务为担保和大型运输设备融资租赁；商贸有限公司，主要从事日用洗涤用品的批发。

财务部负责人发言说：市国资委2022年给我们集团下达的经济指标为营业收入150亿元、利润总额4.5亿元、经济增加值为1.8亿元、成本费用总额占营业收入比率为97.5%，我们本年实现营业收入158亿元、利润总额5亿元、经济增加值为2亿元、成本费用总额占营业收入比率为97.4%，全面完成各项经济指标任务。

人力资源部负责人发言说：我们2022年共发生人工成本20亿元，较年初预算21亿元节约了1亿元，成本控制有力，应当给我部考评加分。其中，在教育培训费用方面，加大了控制力度，全年仅开支500万元，较全年预算降低了400万元，较上年教育培训费开支节约了500万元，希望能按照节约额的1%给予部门奖励。

市场部负责人说：我们部门组织各公司全年签订合同金额高达200亿元，为完成全年经济指标奠定了坚实基础。

物业公司负责人说：在市场竞争激烈的情况下，我公司全体员工以“客户需求为导向，全心全意为业主服务，提高服务意识”为原则，齐心协力，圆满完成了2022年的任务，取得了业主的高度认可。全年实现收入10亿元，较收入预算指标4亿元超额完成6亿元，预算完成率为250%，鉴于做出的突出贡献，是否可以考虑给予预算特别奖。

商贸有限公司负责人说：我们公司资产规模较上年翻了一番，全年实现收入80亿元，较上年增加了30亿元；全年实现利润总额8 000万元，较上年增加了1 000万元，增长总额较大，业绩优异，可否考虑增加工资总额指标。

房地产公司负责人说：我公司本年A材料成本控制方面成绩显著，原预计要开支A材料成本4.2亿元，最终开支了3.6亿元，节约了0.6亿元。按照预算安排，A材料价格3.5万元/吨。按照预计施工进度（80%）和A材料耗用标准，需要耗用A材料1.2万吨。施工进度按预期（80%）完成，但由于改进了施工工艺，在保持建筑质量不变的前提下，A材料用量大大节约，只用了1万吨。

假定不考虑其他因素。

要求：

1. 关于各位参会人员发言，如果你是董事长，将会产生怎样的思考？

2. 如果董事长询问人力资源部负责人关于公司人力资源建设方面的情况时，人力资源部负责人该如何汇报？

3. 为了表彰房地产公司在A材料成本节约方面的业绩，集团公司决定奖励房地产公司10万元，房地产公司负责人应如何分配该笔奖金？

解析：

1. 针对各位参会人员发言，可能会有以下思考：

（1）对于人力资源部负责人的发言，董事长也许会进一步思考，人力成本和教育费节约了，究竟是好事还是坏事？

（2）对于市场部负责人的发言，董事长也许会想，这些合同是否经过经济可行性评价，后期若执行，能否产生足够的利润？

（3）对于物业公司负责人的发言，董事长也许会想，物业公司为什么会如此大幅超预算完成指标，是经营努力的结果还是预算指标不合理？

（4）对于商贸有限公司负责人的发言，董事长也许会想，为什么利润增幅大大小于收入增幅，是因为让利于客户的营销政策导致收入增加，还是因为提供了过度的信用政策导致收入增加？

（5）对于房地产公司负责人的发言，董事长也许会想，A材料成本是否还有降低的潜力？

2. 人力资源部负责人应当从以下方面回答：员工满意度、员工保持率和员工生产效率。

3. 按照相关数据，A材料预算价格3.5万元/吨，预计标准用量为1.2万吨，由于工艺改进，实际使用A材料1万吨，节约0.2万吨，A材料实际价格为3.6万元/吨。

由于A材料节约带来的成本降低额为$0.2 \times 3.5 = 0.7$（亿元），由于采购价格上涨带来的损失为$(3.6 - 3.5) \times 1 = 0.1$（亿元），因此，虽然房地产公司的A材料成本降低了，但不同部门的工作业绩是不同的。由于工艺改进节约了0.7亿元，采购部门工作不力，导致成本上升0.1亿元。因此，按公平原则，该笔奖金应分配给施工工艺设计及相关部门，不应当奖励给采购部门。

【例7-10】 甲公司是一家从事电子设备制造的国有控股上市公司，拥有多家子公司。为提高管理水平和战略执行效果，甲公司管理层决定调整绩效评价体系。自2021年开始，甲公司拟采用平衡计分卡对子公司进行考核评价。在讨论平衡计分卡指标体系时，有关人员观点如下：

（1）战略部经理认为，平衡计分卡应围绕战略目标展开指标体系的构建，且应以非财务指标为核心，因为非财务指标可反映未来绩效，有利于实现未来的财务成功。

（2）人力资源部经理认为，平衡计分卡关注的是各类指标间的平衡，如财务指标与非财务指标的平衡、结果性指标与动因性指标的平衡等，所以在分配指标权重时也应对各指标进行综合权衡，对特别重要的指标可适度提高权重，但对任何一个指标均不可设立“一票否决”制度。

（3）财务部经理认为，平衡计分卡各个层面的指标间应具有因果关系，这种因果关系可依次推进，最终的结果应能够明确反映出公司的战略实施效果。

假定不考虑其他因素。

要求：

1. 根据资料（1），指出公司战略部经理的说法是否恰当；如不恰当，说明理由。
2. 根据资料（2），指出公司人力资源部经理的说法是否恰当；如不恰当，说明理由。
3. 根据资料（3），指出公司财务部经理的说法是否恰当；如不恰当，说明理由。

解析：

1. 战略部经理的说法不恰当。

理由：平衡计分卡指标体系应以财务指标为核心，其他维度指标应与核心维度的一个或多个指标相关联。

2. 人力资源部经理的说法不恰当。

理由：对于特别关键、影响企业整体价值的指标可设立“一票否决”制度。

3. 财务部经理的说法恰当。

【例7-11】 甲公司是一家著名的方便面生产企业。2022年3月底，该公司建立了一套绩效管理系统，其中包括市场占有率、营业收入、订单处理速度、员工保持率、营业利润等基于平衡计分卡的关键绩效考核指标，公司寄希望于绩效管理系统的实施，培养员工的责任意识，提升管理水平，增加企业竞争力。

然而，该系统在实施过程中却遇到一系列问题：部门员工反映考核太烦琐，每次要填很多表格，影响了正常工作；而且员工对考核的结果也不认同，认为考核有失公平，缺乏沟通，影响了工作积极性；部门领导也反映绩效考核过于复杂，缺乏弹性，不利于员工提高业绩，公司的绩效管理系统的实施遇到了很大的障碍。

假定不考虑其他因素。

要求：

1. 平衡计分卡的指标体系包含哪四个层面？上述资料中列举的甲公司设计的各项考核指标分别属于哪个层面？
2. 分析甲公司绩效管理实施过程中所表现出来的问题。

解析：

1. 平衡计分卡的指标体系包含四个层面：财务层面、客户层面、内部业务流程层面、学习和成长层面。

甲公司设计的各项考核指标中：

属于财务层面的指标：营业收入和营业利润；

属于客户层面的指标：市场占有率；

属于内部业务流程层面的指标：订单处理速度；

属于学习和成长层面的指标：员工保留率。

2. 甲公司绩效管理实施过程中所表现出来的主要问题如下：
(1) 员工和管理人员对新的绩效管理系统不熟悉，缺乏培训；
(2) 考核结果出现平均化倾向；
(3) 绩效考核结果未与员工进行有效沟通；
(4) 绩效管理程序过于复杂。

【例7-12】甲公司是一家大型能源上市企业，年初决定实施定量化的绩效评价，制定的绩效评价如表7-7所示。

表7-7 甲公司绩效评价

指标类型	评价指标	评价标准	计分方法
财务指标（计分指标）	实现利润	集团公司下达的年度计划	基本分为10分，每增加或减少1%，增加或扣减0.5分，最多增加或扣减不超过10分
	还贷	集团下达的年度还贷计划	基本分为50分，每减少1%扣减1分，最多扣减不超过20分
经营指标（扣分指标）	发电量	集团核定的计划发电量	基本分为40分，每超发或欠发1%，增加或扣减1分，最多增加或扣减不超过20分
	安全生产	不发生特大、重大、人身死亡等事故	不计分，直接嘉奖和扣罚工资总额。①发生特大事故，扣罚工资50万元；②发生重大事故，扣罚工资10万元；③发生人身死亡时，每死亡一人，扣罚工资5万元
重点工作指标（扣分指标）	达标创一流、单位发电能耗等	集团公司下达的重点工作计划	针对每一项列入考核的重点工作：圆满完成，有突出成绩的不扣分；已落实工作部署，有计划安排、有行动的，但尚未完成的扣5分；没有落实措施，也没有实际开展的扣10分。介于三种状态之间的，在相应分数区间内扣分

假定不考虑其他因素。

要求：

对甲公司的绩效评价体系作出评价。

解析：

1. 企业在进行绩效评价时，应当通过建立综合的指标体系，对影响企业绩效水平的各种因素进行多层次、多角度的分析和综合评价。该公司的绩效考核不太符合全面性原则：公司的指标只注重了财务指标和经营指标以及工作任务等硬性指标，没有涉及软指标，诸如创新能力、企业文化、行业影响、人力资源等方面，使得公司的绩效评价过分注重短期利益，而忽视了对企业长远发展具有重要意义的软指标。财务指标过于单调，仅仅强调了利润和还贷，对于公司财务指标来说，内容应该更丰富，包括盈利能力状况、资产质量状况、债务风险状况等，作为一家上市企业，还应该注重市盈率、市净率等财务指标。

2. 企业在进行绩效评价时，应当充分体现市场竞争环境特征，依据统一测算的、同一期间的国内行业标准或者国际行业标准，客观公正地评判企业经营成果及管理状况。该公司对于利润、发电量等指标的考核标准是依据年度计划，没有充分体现市场竞争的环境特征。

3. 企业在进行绩效评价时，应当以考察投资回报水平为重点，运用投入产出分析基本方法，真实反映企业资产运营效率和资本保值增值水平。但是该公司的财务指标以利润这个绝对数指标为准，没有体现效益性原则。

4. 企业在进行绩效评价时，应当在综合反映企业年度财务状况和经营成果的基础上，客观分析企业年度之间的增长状况及发展水平，科学预测企业的未来发展能力。该公司的考核指标没有体现这一点。

【例7－13】 甲公司为一家在上海证券交易所上市的公司，主要经营固定、移动、数据通信业务。有关资料如下：

（1）尽管甲公司上市后所有年度会计利润均为正，但“净利润”只是公司收入扣除生产成本、费用及债务资本成本（利息费用）等项目后的业绩指标，并没有考虑到企业使用股东投入资本的成本。董事会希望了解一直盈利的甲公司近年来是否真正为股东创造出了“财富”，因此，根据国资委相关业绩评价要求，甲公司引入了经济增加值价值评价指标。

（2）根据甲公司2022年年报，总投入资本如表7－8所示。

表7－8　　单位：百万元

项目	2022年	2021年
总股本	221 626.104	212 234.31
调增项：有息债务	109 458.56	103 904.00
资本化费用	43 280.73	35 292.45
经营租赁	316.78	8 021.34
递延税款贷方金额	38.89	32.13
资产减值准备	（17 046.48）	（16 707.97）
商誉	109.00	493.80
合计	357 783.58	343 270.07
调减项：未投入实际生产的项目	59 911.55	60 057.59
总投入资本	297 872.03	283 212.48

（3）甲公司2022年税后净经营利润如表7－9所示。

表 7-9

金融单位：百万元

项目	2022 年	2021 年
净利润	10 292.44	7 025.43
所得税	3 430.81	2 341.81
利息费用	2 949.20	3 416.50
息税前利润	16 672.45	12 783.74
所得税税率（%）	25	25
息前税后利润	12 504.34	9 587.81
非正常损益	189.00	391.00
市场费用摊销	8 598.30	7 007.42
研发费用摊销	19.28	17.02
各项准备增加额	（338.52）	（315.66）
其中：坏账准备	（308.60）	（475.59）
存货跌价准备	（196.63）	7.71
固定资产减值准备	286.74	152.08
在建工程减值准备	（121.97）	（0.02）
工程物资减值准备	（11.37）	13.10
无形资产减值准备	13.32	（12.93）
递延税款贷方余额增加额	6.75	0.49
息税前经营利润	20 601.16	15 906.09

（4）假定2021 年、2022 年的国债利率为 5%，股市平均收益率分别为 7% 和 9%，其他有关资料如表 7-10 所示。

表 7-10

项目	2022 年	税后利率	2021 年	税后利率
短期借款	249 693 百万元	3.52%	301 811 百万元	3.52%
长期负债	15 045 百万元	5.4%	4 311 百万元	5.4%
股东资本	221 626 百万元		212 234 百万元	
该股票 β 值	0.9285		0.8273	

假定不考虑其他因素。

要求：

1. 根据资料（4），计算甲公司的加权平均资本成本。
2. 根据上述资料，计算甲公司的经济增加值，并判断其是否真正创造了财富。

解析：

1. 由资本资产定价模型（CAPM）可计算得出普通股权益资本成本，K_f 指无风险利率，用国债利率5%代替，K_m 指市场平均收益率，β代表该公司股票的系统风险。

$$K_e = K_f + \beta(K_m - K_f)$$

加权平均资本成本是考虑公司用各种融资方式取得的单项资本成本（债务资本成本、权益资本成本），以各单项资本占总资本的比例为权重，计算出反映企业综合资本成本的指标。

假定2021年、2022年的市场平均收益率为7%、9%，β系数分别为0.8273和0.9285，则甲公司的加权平均资本成本可根据表7－11的数据计算如下：

2021年权益资本成本 $= 5\% + 0.8273 \times (7\% - 5\%) = 6.65\%$

2021年加权平均资本成本 $= 58.22\% \times 3.52\% + 0.83\% \times 5.40\% + 40.94\% \times 6.65\%$
$= 4.8172\%$

2022年权益资本成本 $= 5\% + 0.9285 \times (9\% - 5\%) = 8.71\%$

2022年加权平均资本成本 $= 51.34\% \times 3.52\% + 3.09\% \times 5.40\% + 45.57\% \times 8.71\%$
$= 5.9431\%$

甲公司加权平均资本成本的计算结果如表7－11所示。

表7－11　　加权平均资本成本的计算结果

项目	2022年			2021年		
	金额（百万元）	占比（%）	利率（%）	金额（百万元）	占比（%）	利率（%）
短期借款	249 693	51.34	3.52	301 811	58.22	3.52
长期负债	15 045	3.09	5.40	4 311	0.83	5.40
股东资本	221 626	45.57	8.71	212 234	40.94	6.65
合计	486 364			518 356		
加权平均资本成本（%）			5.9431	加权平均资本成本（%）		4.8172

2. 根据经济增加值的计算公式，甲公司2021年、2022年的经济增加值计算过程如表7－12所示。

表7－12

项目	2022年	2021年
息税前经营利润①（百万元）	20 601.16	15 906.09
总投入资本②（百万元）	297 872.03	283 212.48

续表

项目	2022 年	2021 年
加权平均资本成本③（%）	5.9431	4.8172
经济增加值④=①-②×③（百万元）	2 898.33	2 263.18
净利润（百万元）	10 292.44	7 025.43

从计算结果可以看出：

（1）甲公司 2021 年与 2022 年的经济增加值均为正，说明甲公司确实创造了财富，实现了公司经济价值的增加。

（2）经济增加值与会计利润（净利润）存在明显的差异。如表 7－12 所示，该公司净利润远远高于经济增加值，显然这是未考虑股权资本成本的结果，或者反过来说，经济增加值更加真实有效地度量了公司的价值增值水平。

第八章　企业财务共享服务

【例8-1】海通证券股份有限公司（以下简称“海通证券”）成立于1988年，是国内最早成立的券商之一，在沪、港两地上市，是一家资本实力雄厚、业务牌照齐全的综合性金融服务集团。2021年末，其总资产7 449亿元，全年实现营业收入432亿元，各项业务、财务指标均排名行业前列。

海通证券的财务共享实践具有全局性视角，顶层设计着眼于企业整体业务结构，始终聚焦“强管理、控风险、提效率”的战略目标，坚持服务与支持的经营理念，通过深入有效运用科技手段，完成从财务管理观念到财务管理实践的全面革新。

财务共享实践帮助海通证券实现了财务职能的转型（见图8-1），优化了人员结构，节约了人力成本，促进了业财融合，让财务工作更好地发挥价值创造职能，为公司战略目标落地和经营目标实现提供支持。截至2021年末，海通证券建立了28个区域财务共享中心，提高了工作效率，强化了财务管控。分公司财务集中后财务人员由原先的394人减少到现在的131人，减幅为67%。原财务人员在各自单位自主转岗，岗位主要分布在营销管理岗、机构营销岗、渠道营销岗、业务处理岗等，充实业务一线，支持业务发展。

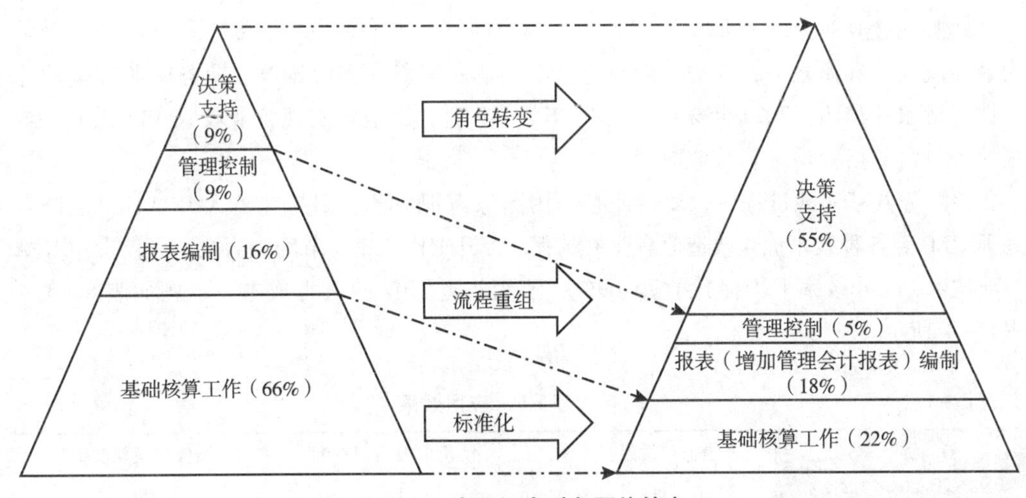

图8-1　海通证券财务职能转变

要求：

1. 简要分析案例公司财务共享建设完成后财务的职能转变情况。
2. 结合案例分析财务人员转岗的优势、劣势和努力方向。
3. 简要分析财务共享建设之后，财务人员转型转岗的必要性。

解析：

1. 总体上，通过标准化、流程重组、角色转变等手段，海通证券的财务从核算型转到了管理型，表现在管理控制和决策支持两个方面。从财务人员的时间和精力分配来看，基础核算工作从66%下降到了22%，报表编制工作因为增加了管理会计报表从16%增加到了18%，管理控制因为借助系统控制从9%降低到了5%，决策支持工作（包括战略决策支撑和经营决策支持）从9%增加到了55%，转型较为成功。

2. 海通证券原财务人员在各自单位自主转岗，岗位主要分布在营销管理岗、机构营销岗、渠道营销岗、业务处理岗等，充实业务一线，支持业务发展。对于财务来讲，有自身的财务专业精通、工作风格严谨等优势，同时有对业务了解不深、岗位工作不熟悉等劣势，需要扎根新岗位，积极乐观、勤奋学习、努力实践、及时总结、取长补短，在新岗位上发挥更大价值。

3. 财务共享建设，在政策、规则、流程、系统、数据、标准、组织、人员等统一的基础上，加之图像识别OCR、财务机器人RPA、自然语言处理NLP等新技术的加持，将大幅改善会计信息质量、提高会计工作效率、降低会计工作成本、提升会计合规能力，自然而然会替代部分基础性财务工作，如会计核算、资金结算、财务报表、税务会计、电子会计档案管理等，替代比例一般在20%～70%之间，同时又创造出流程优化、数据分析、信息化维护等新岗位，导致原先从事基础财务工作的财务人员面临转型或转岗。

【例8－2】海通证券股份有限公司（以下简称“海通证券”）成立于1988年，是国内最早成立的券商之一，在沪、港两地上市，是一家资本实力雄厚、业务牌照齐全的综合性金融服务集团。2021年末，其总资产7 449亿元，全年实现营业收入432亿元，各项业务、财务指标均排名行业前列。

在财务共享实践过程中，海通证券运用图像识别OCR、财务机器人RPA、自然语言处理NLP等各种技术优化改造原有业务流程，提升工作效率，节约人力成本，仅运用RPA一项技术，工作效率平均提升了75.69%，节约将近30%的人力成本，示例如表8－1～表8－4所示。

表8－1　税务管理RPA应用效果

项目	增值税发票打印	纳税申报明细查询	增值税发票验证
应用RPA前（分钟）	15	12	180
应用RPA后（分钟）	5.4	4.2	9
效率提升（%）	64.00	65.00	95.00

表 8-2　　会计核算辅助支持 RPA 应用效果

项目	总分往来对账	分支机构清算附件输出	审核记账	新意银行互划凭证导出
应用 RPA 前（分钟）	420	3600	30	50
应用 RPA 后（分钟）	150	240	10	20
效率提升（%）	64.29	93.33	66.67	60.00

表 8-3　　数据采集加工 RPA 应用效果

项目	滴滴打车费用分拆	券商采集公告
应用 RPA 前（分钟）	180	90
应用 RPA 后（分钟）	1.8	10.2
效率提升（%）	99.00	88.67

表 8-4　　财务统计分析 RPA 应用效果

项目	科技投入数据查询	集团并表数据差异分析
应用 RPA 前（分钟）	50	30
应用 RPA 后（分钟）	15	10
效率提升（%）	70.00	66.67

要求：

1. 尝试分析 RPA 适用的应用场景。
2. 尝试分析案例公司应用 RPA 取得的成效。
3. 结合案例分析财务人员在 RPA 方面可以承担的新工作。

解析：

1. RPA 是指通过使用用户界面层中的技术，执行基于一定规则的可重复任务的软件解决方案，是数字化的支持性智能软件，也被称为数字化劳动力。RPA 可用以执行数据检索与记录、图像识别与处理、平台上传与下载、数据加工与分析、信息监控与产出等任务，适宜处理规则明确、业务量大、重复性强、容易出错，涉及结构化数据、异构系统，要求 7×24 小时不停歇的业务。

2. 总体上，在财务共享实践过程中，海通证券运用 RPA、OCR、NLP 等各种技术优化改造原有业务流程，提升工作效率，节约人力成本，仅运用 RPA 技术一项，效率平均提升了 75.69%，节约将近 30% 的人力成本。与此同时，我们也看到 RPA 在不同应用场景下效率提升有所差异，如在“滴滴打车费用分析”RPA 运用之后效率提升 99%，而“新意银行互划凭证导出”RPA 运用之后效率提升 60%。

3. 财务共享中心使用 RPA 之后，财务人员可以考虑从事 RPA 的整体规划工作、RPA 的设计工作、RPA 的维护工作、RPA 的日常监控和跟踪处理工作，以及 RPA 运行业务的分析总结工作等 RPA 方面的新工作。

【例 8-3】中国铁塔股份有限公司（以下简称“中国铁塔”）是在落实网络强国战略、深化国企改革、促进电信基础设施资源共享的背景下，由国务院推动成立的国有大型通信基础设施服务企业，主要从事通信铁塔等基站配套设施和高铁地铁公网覆盖、大型室内分布系统的建设、维护和运营，同时依托独特资源面向社会提供信息化应用和智能换电备电等能源应用服务。

中国铁塔于 2014 年 7 月挂牌成立，实行总分架构，总部设在北京，同时在全国设立了 31 个省级分公司和各地市级分公司，铁塔规模达到 200 万座，资产规模达到数千亿元，报账单一年就超过 2 000 万笔，资产卡片的数量达到 2 000 万张。作为新组建的央企，如何发挥规模效应，实现高效运营与风险管控是公司面临的最大难题。2014 年中国铁塔在建立初期推进财务共享服务中心建设，旨在加强集中管控，降低财务风险，实现集团高效运营。

结合实际业务运营和经营管理的特点，为加强对下级单位的风险管控、支撑企业经营管理，中国铁塔提出“单塔核算、精细管控”的管理要求。在其财务共享中心规划设计之初，便基于集团管理要求，围绕经营分析系统，采用业财一体化思路对各单塔进行收入、建设及各项成本费用的归集核算，颗粒度能计算到每个站的生产运营、维护费、收入、成本、利润等信息，为近 200 万座铁塔及时准确地出具会计核算数据、财务报表数据、单塔损益数据等，建立市场化资源配置和运营工作机制。单塔核算是通过单站核算报表系统实现的，该系统是基于经营分析数据仓库建立的应用系统，如图 8-2 所示。

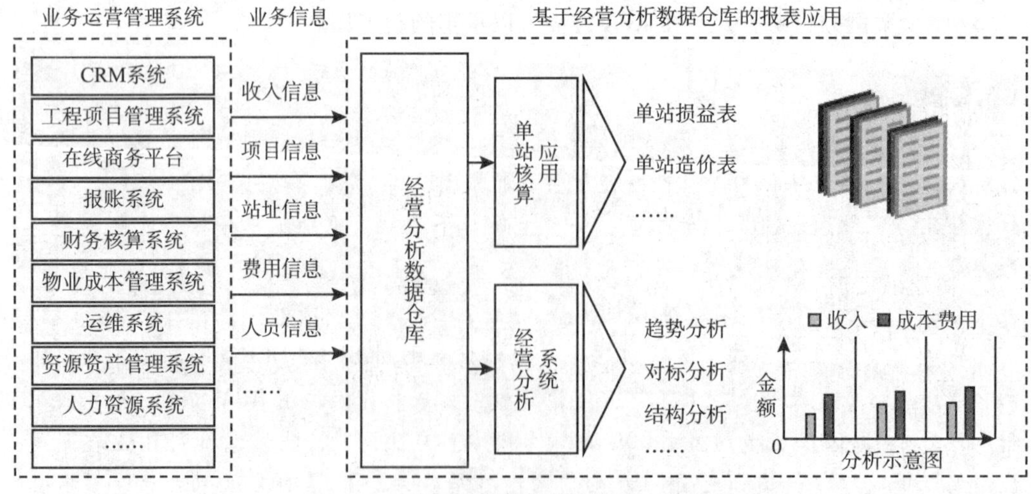

图 8-2　中国铁塔单塔核算报表系统设计

要求：

1. 尝试分析财务共享在数据支持、管理支持和人员支持方面的优势。
2. 尝试分析案例公司基于财务共享实现单塔核算的内在逻辑。
3. 尝试分析案例公司基于财务共享实现单塔核算的主要价值。

解析：

1. 案例公司财务共享体现出以下三大优势：首先，是数据的支持。财务共享服务中心是一个大数据中心。通过共享模式，把原来分散在各个分支机构的数据汇总在共享中心统一来处理。战略分析、决策支撑的数据可以由共享服务中心的大数据中心提供。其次，是管理的支持。财务共享服务中心将制度和规范内嵌在流程中控制和实现，强化了企业的管理基础。最后，是人员的支持。通过采用财务共享的新模式，可以促使企业会计人员从原本的核算会计向管理会计方向转型，为企业提供更高层次的管理支持。

2. 基于数据仓库建立报表应用系统，实现按单个“通信站址”对通信铁塔和室内分布项目进行收入、建设及各项成本费用归集，通过对单站各类指标比较、归类、分析、评价，进行单站损益全口径核算，实现一个站址一张损益表单独核算。基于统一的数据仓库建立单站核算应用与经营分析系统，可以共享经营分析基础数据，保证经营分析指标与单站核算指标口径一致。

3. 做好每一个铁塔的单站核算是中国铁塔制胜的利器，每个铁塔都会有造价表、利润表和投资收益表，对于上百万条的海量数据，所有的战略规划、预算、日常的生产运营都是基于单站核算、每个基站的一手数据来进行管控，按照单站核算这种模式，对于内部精细化管理非常有效。例如，按照每一个站的毛利率，对它的绩效、奖励和资源配置进行有效调节，都是通过这个体系来实现的。

【例8-4】2016年7月，国家档案局、国家发展改革委决定分批组织开展企业电子文件归档和电子档案管理试点工作，要求试点单位在各类业务系统形成电子文件的归档范围、归档过程、存储格式、“四性”检测、元数据管理、基于大数据的电子档案利用等方面进行积极探索。截至2021年10月已有三批试点单位通过验收。

广东省南粤交通投资建设有限公司（以下简称“南粤交通”）积极依托智能财务共享优势先行先试电子会计档案管理，于2018年12月被国家档案局列入第二批企业电子文件归档和电子档案管理试点单位名单，于2019年4月建立了规范的电子会计档案管理制度，构建了完善的安全体系，确保应用、存储、网络、巡检等方面安全，成功研发并建成电子会计档案系统（以下简称“档案系统”），具备系统采集后数据同步化、操作界面轻量化、操作流程简单化等特点，最终于2020年7月通过国家档案局试点验收。

档案收集是电子会计档案管理的起点，由档案管理员人工触发，触发方式为在总账集中管理系统的电子档案归档模块点击“一键归档”。触发后，电子会计档案系统将根据系统预置的电子档案归档范围，通过数据接口同步的方式推送至电子会计档案系统中。南粤交通电子会计档案的类别、来源系统或模块、所在档案系统模块如表8-5所示。

表 8－5　　南粤交通电子会计档案来源清单

<table>
<tr><th>文件类别</th><th>资料清单类别</th><th>来源系统/模块</th><th>所在档案系统模块</th></tr>
<tr><td rowspan="4">会计凭证</td><td>记账凭证</td><td>财务集中管理系统/总账模块——记账凭证</td><td rowspan="4">整理——会计凭证</td></tr>
<tr><td>电子发票</td><td>电子发票系统</td></tr>
<tr><td>原始凭证（影像）</td><td>影像管理系统</td></tr>
<tr><td>原始凭证（电子文件）</td><td>文件管理系统</td></tr>
<tr><td rowspan="4">会计账簿</td><td>三栏总账</td><td>财务集中管理系统/总账模块/会计账簿——三栏总账</td><td rowspan="4">整理——会计账簿</td></tr>
<tr><td>三栏式明细账</td><td>财务集中管理系统/总账模块/会计账簿——三栏式明细账</td></tr>
<tr><td>科目余额表</td><td>财务集中管理系统/总账模块/会计账簿——科目余额表</td></tr>
<tr><td>银行日记账</td><td>财务集中管理系统/总账模块/会计账簿——银行日记账</td></tr>
<tr><td rowspan="8">财务会计报告</td><td>月度资产负债表</td><td rowspan="4">财务集中管理系统/报表模块——月度报表任务</td><td rowspan="4">整理——月度报表</td></tr>
<tr><td>月度收入费用表</td></tr>
<tr><td>月度净资产变动表</td></tr>
<tr><td>月度现金流量表</td></tr>
<tr><td>年度资产负债表</td><td rowspan="4">财务集中管理系统/报表模块——年度报表任务</td><td rowspan="4">整理——年度报表</td></tr>
<tr><td>年度收入费用表</td></tr>
<tr><td>年度净资产变动表</td></tr>
<tr><td>年度现金流量表</td></tr>
<tr><td rowspan="4">其他会计资料</td><td>预算报表</td><td>财务集中管理系统/全面预算管理——年月度任务</td><td>整理——其他会计资料——预算报表</td></tr>
<tr><td>银行余额调节表</td><td>财务集中管理系统/资金管理——银行对账</td><td>整理——其他会计资料——其他</td></tr>
<tr><td>银行对账单</td><td>财务集中管理系统/资金管理——银企直联</td><td>整理——其他会计资料——其他</td></tr>
<tr><td>纳税申报表</td><td>手工上传</td><td>整理——其他会计资料——其他</td></tr>
</table>

要求：

1. 尝试分析电子档案管理需要遵循的主要政策法规。
2. 分析案例公司电子会计档案的主要采集来源。
3. 尝试分析案例企业基于财务共享实施电子会计档案的可能收益。
4. 尝试分析案例企业基于财务共享实施电子会计档案的可能挑战。

解析：

1. 电子档案管理需要遵循的主要政策法规包括：财政部2013年12月印发的《企业会计信息化工作规范》（财会〔2013〕20号），财政部、国家档案局2015年12月发布《会计档案管理办法》（中华人民共和国财政部国家档案局令第79号），财政部、国家档案局2020年3月发布《关于规范电子会计凭证报销入账归档的通知》（财会〔2020〕6号），以及国家档案局2022年4月发布、2022年7月实施的我国档案行业标准《DA/T 94—2022电子会计档案管理规范》。

2. 南粤交通电子会计档案的主要采集来源如下：会计凭证需分别从财务集中管理系统总账模块、电子发票系统、影像管理系统和文件管理系统中遍历和获取电子凭证和电子单据，生成PDF版式文件，并根据财务共享平台中电子单据的单据编号、影像条码号和会计凭证号进行匹配，形成会计凭证的电子会计档案；会计账簿、财务会计报告分别源自财务集中管理系统总账模块和报表模块，并根据其会计期间生成PDF版式文件，形成会计账簿和会计报表的电子会计档案；其他会计资料分别源自财务集中管理系统全面预算管理模块和资金管理模块及手工上传方式，形成预算报表、银行余额调节表、银行对账单、纳税申报表的电子会计档案。

3. 南粤交通已基于财务共享实现会计资料从初始生成或接收到最终归档的全生命周期电子化管理，具体收益体现在以下五方面：一是会计档案管理更加合法合规；二是会计档案管理更加严谨细致；三是会计档案数据质量和档案利用效率得到提高；四是"单套制"成本效益显著提高；五是实现了业财档系统一体化和会计档案共享共用。

4. 南粤交通基于财务共享实施电子会计档案面临的挑战主要包括三个方面：首先，多个政策文件同时对会计资料无纸化处理进行规范，需要外部专家帮助其全面梳理无纸化存档条件及准确判断企业无纸化条件的满足情况。其次，当前企业一般都部署有较为完备的会计核算系统，能够顺利完成入账工作，但需要同时实施智能报账系统和电子会计档案系统，方能较为顺利地实现会计资料的无纸化处理和会计档案的无纸化管理，这无疑给企业财务信息化建设带来了压力。最后，因会计档案的用户特别是外部审计、巡视、财会监督、税务督查等外部用户，对电子会计档案的接受程度和利用能力相对有限，这无疑会打击企业实施电子会计档案管理的内生动力。

【例8－5】广西中烟工业有限责任公司（以下简称"广西中烟"）在其财务共享服务中心建设和运营初期已经实现了基于影像的线上审批、共享审核和自动化核算，还需通过梳理和运用与智能报账相关的审核规则来进一步实现智能财务报账（含对私报销和对公支付）。

广西中烟梳理了681条与智能报账相关的审核规则。其中，票据类审核规则68条（见表8－6），合同类审核规则23条，支出类审核规则508条，收入类审核规则58条，凭证类审核规则15条，报表类审核规则9条。

表8－6　　广西中烟智能报账审核规则（票据类）

审核大类编码	审核细类名称	审核大类编码	审核细类名称
0101	票据基本	0116	增值税电子普通发票（通行费）
0102	票据基本（除 OFD）	0117	出租车票（平台）
0103	交通票据基本	0118	出租车票（卷式）
0104	电子票据基本 PDF	0119	定额发票/卷式发票
0105	电子票据基本 OFD	0120	飞机票
0106	电子票据	0121	飞机票退票费报销凭证
0107	增值税专用发票	0122	火车票
0108	增值税电子专用发票 OFD	0123	火车票退票费报销凭证
0109	增值税普通发票	0124	轮船票
0110	增值税电子普通发票 PDF	0125	汽车票/轮船票
0111	增值税电子普通发票 OFD	0126	增值税电子普通发票（客运汽车）
0112	财政票据	0127	定额发票
0113	财政电子票据 PDF	0128	通用机打发票
0114	发票分割单	0129	国外票据
0115	通行费专用发票/收据		

在具体的审核规则中，区分报账编号、报账类型、发票类型、审核细类名称、审核规则名称、审核规则要点、参照文件、执行时点、执行方式、人工执行要点/系统实现要点、系统提示信息、抵扣税率、系统落地情况和备注。通用票据审核规则的梳理结果（关键字段）示例，如表8－7所示。

表8－7　　广西中烟智能报账审核规则明细（通用票据）

序号	审核细类名称	审核规则名称	审核规则要点	参照文件（已有、修订或新拟）	执行时点（汇总）	执行方式	人工执行要点/系统实现要点	系统提示信息	备注
1	票据基本	纸质票据粘贴校验	纸质票据粘贴是否合格	差旅费报销指南（企业微信）	财务初审时	人工判断	分类平铺粘贴；单张五点（四角＋中间）粘贴	纸质票据粘贴不合格	
2	票据基本	纸质票据签字校验	纸质票据是否签字	原始凭证管理标准 5.2.1.1	财务初审时	人工判断	纸质票据需逐张签字	纸质票据缺少签字	
3	票据基本	纸质票据和影像一致性校验	纸质票据和影像信息是否一致		财务初审时	人工判断	纸质票据与影像比对	纸质票据和影像不一致	

续表

序号	审核细类名称	审核规则名称	审核规则要点	参照文件（已有、修订或新拟）	执行时点（汇总）	执行方式	人工执行要点/系统实现要点	系统提示信息	备注
4	票据基本	纸质票据和影像全票面信息一致性校验	纸质票据和影像全票面信息是否一致	财务初审时	人工判断	纸质票据与 OCR 识别信息比对	纸质票据和影像识别信息不一致		
5	票据基本	发票监制章校验	是否盖有新版发票监制章		OCR 识别后财务初审时	系统自动提示＋人工判断	根据发票监制章版本判定；参考国家税务总局、财政部文件	发票监制章无效	仅限监制章中的具体信息
6	票据基本	报销时效校验	是否符合跨年报销时间要求	财务报销及付款管理标准 5.1.7.2	报销单提交时	系统自动提示＋人工判断	根据开票日期和报销日期判定	跨年报销时间超期	可能存在部分领导审批后允许报销的跨年业务

要求：

1. 简要分析案例公司报账审核规则梳理开始之前的基础工作及目标。
2. 简要分析案例公司报账审核规则梳理过程之中的核心工作及目标。
3. 简要分析案例公司报账审核规则梳理完成之后的后续工作及目标。

解析：

1. 在审核规则梳理开始之前，需要做好以下基础工作，以形成审核规则模板：一是要做好审核规则的多层分类；二是要备好审核规则梳理的模板；三是要定好审核规则梳理的分工。

2. 在审核规则梳理过程中，需要做好以下核心工作，以形成审核规则库：一是要尽量提取通用的审核规则；二是要指定审核规则的执行时点；三是要确定审核规则的执行方式；四是要明确报账异常的提示信息；五是要做好审核规则的文件整理。

3. 在审核规则梳理完成之后，需要做好以下后续工作，以确保审核规则体系能够持续实现有效的自动财务审核：一是要确保审核规则嵌入系统；二是要力争清晰显示审核规则；三是要持续完善审核规则体系。

【例 8－6】A 公司于 2003 年 6 月 12 日正式成立，下辖 B 公司、C 公司 2 家具有独立法人资格的工厂。截至 2021 年底，公司总资产 203 亿元，在岗员工 4 922 人。A 公司财务共享建设第一期涉及差旅与报账管理、会计核算、财务报表、会计档案管理、资金管理、税务管理和全面预算管理，各项财务工作的主要职责如表 8－8 所示。

表 8－8　　A 公司财务共享建设第一期相关财务工作的主要职责

财务工作领域	智能财务核算				智能财务管理		
财务工作任务	差旅与报账管理	会计核算	财务报表	会计档案管理	资金管理	税务管理	全面预算管理
财务工作职责	报账分析报表推送 报账审核规则制定 报账审核职责分工 报账审核质量监控 财务初审 财务审批 差标控制 差旅分析报表生成及推送 差标制定 差旅分析 差旅数据运用 费用分析 个人报账信用管理	备品备件核算 财务核算质量考核 费用核算 辅料核算 工资薪酬核算 资金核算 公司会计政策 公司内控流程 财务核算稽核规则 固定资产核算 卷烟核算 其他核算 生产成本核算 授权及权限管理 财务运营协同 本地财务制度转换 税费核算 投资核算 往来账款清理 无形资产核算 原料核算 周转材料核算	财务会计报表合并规则 财务会计报告编制（补充完善＋审核＋审批） 财务会计报告编制（补充完善＋审核＋审批，法人单位） 财务会计报告编制（生成） 财务会计信息上报（满足合规性要求） 财务结账 财务会计报表生成及推送 外部审计支持	电子会计档案管理 会计档案管理办法制订 会计档案管理原则 收单并比对纸质和影像 纸质会计档案管理 电子会计档案利用	存量资金管理 电子回单回传 电子回单匹配 公司现金流筹划 公司资金调拨 公司资金解决方案 回款管理 收款信息回传（托收号/发票号） 收支规则 收支流程 属地银行账户管理 外汇风险管控 银行对账 银行流水回传 资金报表生成及推送 资金统一收款 资金统一支付	发票查验 发票抵扣 发票管理规则 发票开具 发票认证 纳税申报 纳税申报表生成 税务检查支持 纳税申报表填制 涉税报表生成 涉税报表填制 涉税流程 税务知识管理 税费计算 税费预测 税收政策 税务报告编制 税务报告生成及推送 税务风险防控 税务风险预警 税务沟通 税务规划 税务检查支持	测算管理 定额标准制定 公司预算工作组织 业务计划管理 业务计划管理预算编制 预算编制及上报 预算分析 预算调整 预算分析报表生成及推送 预算管理规则（含指标） 预算管理流程 预算考核（到部门和工厂） 预算考核（到科室） 预算模型设计 预算目标分解 预算占用额度管理 预算执行控制（其他系统实现） 预算执行控制（其他系统实现，预算占用额度参考） 预算分析 预算执行数收集 战略目标分解（公司税利规划）

A 公司在财务共享建设规划中，基于财务共享将财务工作划分为三个层次的专业分工：战略财务、业务财务和基础财务。其中，战略财务定位为规划指导和对战略层的决策支持，由总部财务部门负责；业务财务定位为过程控制和服务业务，由总部财务部门和属地财务部门共同负责；基础财务定位为交易执行和操作控制，也称为操作财务或共享财务，由财务共享服务中心负责。每一项财务工作任务中的某项具体工作职责，均可归为这三层专业分工中的某一层。

要求：

1. 试对案例公司的差旅与报账管理工作职责进行三个层次专业划分。
2. 试对案例公司的会计核算工作职责进行三个层次专业划分。

3. 试对案例公司的资金管理工作职责进行三个层次专业划分。

解析：

1. A公司对于差旅与报账工作职责的三层专业划分为：战略财务负责差标制定、报账审核职责分工、报账审核规则制定、报账审核质量监控、个人报账信用管理；业务财务负责财务初审、财务审批、差旅分析、费用分析；基础财务负责差标控制、差旅分析报表生成及推送、报账分析报表推送、差旅数据运用。

2. A公司对于会计核算工作职责的三层专业划分为：战略财务负责公司会计政策、公司内控流程、财务核算稽核规则、财务核算质量考核；业务财务负责授权及权限管理、财务运营协同、本地财务制度转换、往来账款清理；基础财务负责费用核算、工资薪酬核算、资金核算、原料核算、辅料核算、备品备件核算、周转材料核算、生产成本核算、卷烟核算、固定资产核算、无形资产核算、投资核算、税费核算、其他核算。

3. A公司对于资金管理工作职责的三层专业划分为：战略财务负责收支规则、收支流程、公司现金流筹划、公司资金调拨、公司资金解决方案、外汇风险管控、存量资金管理；业务财务负责属地银行账户管理、回款管理；基础财务负责银行对账、资金统一支付、资金统一收款、银行流水回传、电子回单回传、电子回单匹配、收款信息回传（托收号/发票号）、资金报表生成及推送。

第九章　行政事业单位预算与财务管理

【例9-1】甲单位为一家中央级事业单位（非研究开发机构和高等院校），已实行国库集中支付并执行政府会计准则制度，未实行内部成本核算。2021年4月，甲单位审计处对该单位2021年1~4月资产管理及内部控制工作进行了检查，并组织召开了由财务处、资产管理处机关人员参加的工作会议，就检查中关注的如下事项进行沟通。

（1）2021年1月，甲单位经领导班子研究决定，直接将利用率不高的重点实验室（价值1 800万元）与乙科研单位共享使用，甲单位据此与乙单位签订协议，约定按照使用时间向乙单位收取使用费，每月收取一次。2月，甲单位收到乙单位支付的当月实验室使用费3万元，作为本单位自有收入处理。财务处刘某解释，事业单位出租固定资产取得的收入应当留归本单位，纳入单位预算，统一核算、统一管理。

（2）2021年2月，甲单位经领导班子研究决定，对外转让一项股权投资（该投资系以单位房屋出资取得），该项股权投资账面成本为520万元（未达到资产处置规定限额），转让价款为600万元，发生相关税费10万元。财务处将取得的转让价款600万元作为单位自有资金处理。财务处李某解释，取得该项股权投资所出资的房屋是用单位非财政资金建造的，因此转让投资取得的价款应当留归本单位使用。

（3）2021年3月，甲单位一辆公车发生交通事故报废，收到保险公司根据保险合同赔付的车损款20万元，财务处将这笔款项作为本单位自有收入处理。财务处李某解释，保险公司赔付的车损款属于本单位自有收入，可以直接用于本单位固定资产的购置。

（4）2021年4月，经有关部门批准，甲单位将所属出版社（事业单位）转制为本单位所属全资企业。2021年4月30日，出版社净资产的账面价值为23 000万元。为尽快完成转制工作，财务处未履行资产评估手续，直接按照出版社净资产账面价值23 000万元确认甲单位对外投资成本。财务处王某解释，出版社隶属关系没有发生变化，可以不进行资产评估。

（5）2021年4月，甲单位购买一项用于科研活动的专用软件并投入使用。财务处将该专用软件确认为无形资产，同时将其账面价值按合同约定的使用年限进行摊销，该专用软件摊余价值在甲单位资产负债表中反映。资产管理处对该专用软件未做任何处理。资产管理处刘某解释，专用软件购置、使用及处置专业性强，由各使用单位自行负责管理、财务处负责核算即可。

假定不考虑其他因素。

要求：

根据行政事业单位国有资产管理、行政事业单位内部控制规范等国家有关规定，对事项（1）和事项（2），逐项指出其中的不当之处，并分别说明正确的处理；对事项（3）和事项（4），逐项判断甲单位的处理是否正确，如不正确，分别说明理由；对事项（5），判断甲单位资产管理处刘某的解释是否符合内部控制要求，并说明理由。

解析：

1. 事项（1）中不当之处：甲单位经单位领导班子决定即出租重点实验室。

正确处理：甲单位出租规定限额以上国有资产，应当报经主管部门审核同意后报同级财政部门审批。

2. 事项（2）中不当之处：

①甲单位经单位领导班子决定即转让股权投资。

正确处理：甲单位处置规定限额以下的国有资产，应当报经主管部门审批，并报同级财政部门备案。

②甲单位将转让投资所得价款全部留归本单位。

正确处理：甲单位应将股权投资转让价款600万元扣除投资收益（80万元）以及相关税费（10万元）后的差额（510万元）上缴中央国库。

3. 事项（3）的处理不正确。

理由：保险理赔收入属于国有资产处置收入，应当上缴国库。

4. 事项（4）的处理不正确。

理由：事业单位整体改制为企业应当进行资产评估。

5. 事项（5）刘某的解释不符合内部控制要求。

理由：对专用软件应当明确归口管理部门并及时将其纳入资产管理系统进行管理。

【例9-2】 某省农业厅按照省级财政部门要求，已实行国库集中支付并执行政府会计准则制度，参照执行中央级行政事业单位国有资产管理、部门预算管理等规定，并已实行国库集中支付制度。该省农业厅有甲、乙、丙等下属事业单位。2021年4月，该省农业厅财务处负责人组织有关人员召开工作会议，对下列事项进行研究。

关于对下属单位的管理事项：

（1）该省政府决定自2021年1月1日起调整提高公务员津贴标准，省属事业单位参照执行。本厅所属各事业单位按照规定标准提出增加人员经费基本支出预算共计4 500万元的申请。会议建议审核同意并报省财政厅。

（2）甲单位由于2021年1～3月取得的事业收入超出预算较多，申请根据实际超收收入调整增加2021年下半年日常公用经费基本支出预算中的专项业务培训费，会议建议审核同意并报省财政厅。

（3）对乙单位2020年预算执行情况进行检查发现，该单位由于人员经费不足，将单位财政基本支出结转资金中日常公用经费结转用于发放规定标准的补贴。

（4）对乙单位2021年1～3月会计管理工作进行检查发现，截至2021年3月31日，该单位在资金结存账户金额中仍包括以前年度项目支出结余资金。

（5）对乙单位2021年1～3月预算管理工作进行检查发现，该单位将财政厅对本单位上年财政拨款结转资金的金额，未在2021年预算支出中进行安排。

（6）对丙单位2021年1～3月预算管理工作进行检查发现，该单位与所属独立核算培训中心签订的协议约定：丙单位因管理活动在培训中心发生的全年会议费用，根据会议费预算在年初一次全额拨付给培训中心，但会议计划在2021年4月以后才陆续举办。

关于农业厅本级的事项：

（7）2021年3月，收到2021年1～3月办公楼闲置楼层出租租金款120万元，财务处王某将收到的租金款全部作为当月单位自有收入处理。

（8）财务处李某编制的2021年度农业厅本级预算中，将支付给在职职工的住房提租补贴，按照政府支出功能分类科目列入“农林水支出”类，按照政府支出经济分类科目列入“工资福利支出”类。

（9）2020年12月，通过实施政府公开招标采购（不属于集中采购目录范围），向A供应商购买了一批专用设备，合计价款1 450万元。2021年3月，需要为2020年12月所购的设备添购专门配套设施，经批复的采购预算为350万元。会议建议继续向A供应商添购该批设备。

（10）2021年3月，在资产清查过程中，查出账外设备一台。会议建议财务处李某按照该设备的重置成本60万元暂时入账，并于会后报请省财政厅批复。

假定不考虑其他因素。

要求：

根据国家部门预算管理、行政事业单位国有资产管理、政府采购等国家有关规定，进行如下分析、判断：

1. 逐项判断事项（1）～（2）的建议是否正确；如不正确，分别说明理由。

2. 逐项判断省农业厅下属事业单位对事项（3）～（6）的做法或处理是否正确。事项（3）～（4）做法或处理如不正确，分别说明理由；事项（5）～（6）做法或处理如不正确，分别说明正确的处理。

3. 逐项判断事项（7）～（10）的处理或建议是否正确［对事项（8）中的政府支出的功能分类科目和政府支出的经济分类科目，须分别作出判断］；如不正确，分别说明理由。

解析：

1. 事项（1）的建议正确。

事项（2）的建议不正确。

理由：在预算执行过程中发生的非财政补助收入超收部分原则上不再安排当年的基本支出。

2. 事项（3）的做法不正确。

理由：财政基本支出结转资金中日常公用经费结转和人员经费结转之间不得挪用。

事项（4）的做法不正确。

理由：项目结余资金未及时清理上缴财政。

事项（5）的处理不正确。

正确处理：乙单位应当将结转资金纳入年度部门预算，在预算支出中进行安排。

事项（6）的处理不正确。

正确处理：丙单位应当修改协议约定，根据实际举办会议发生的会议费付款，避免出现以拨作支。

3. 事项（7）的处理不正确。

理由：行政单位国有资产出租收入应当上缴国库。

事项（8）中政府支出功能分类不正确。

理由：按照2021年政府支出功能分类科目，发放的职工住房提租补贴应当列入“住房保障支出”类。

事项（8）中政府支出经济分类正确。

事项（9）的建议不正确。

理由：该项目添购金额超出前一合同采购金额的10%，不符合采用单一来源采购方式的规定。

事项（10）的建议正确。

【例9－3】 甲单位为中央级环保事业单位（非研究开发机构），已实行国库集中支付并执行政府会计准则制度。2021年6月5日，该单位总会计师组织有关人员就下列事项进行研究：

（1）关于甲单位准备编制的2022年度“一上”预算草案，财务处李某认为单位因取得涉税事业收入缴纳的增值税，属于价外税，因此建议将缴纳的增值税不列入支出预算。

（2）甲单位为进行环境治理，采用公开招标方式采购一套大型设备（未纳入集中采购目录范围，但达到政府采购限额标准）。甲单位自2021年5月20日发出招标文件后，供应商投标非常积极，截至6月5日已经收到10家供应商的投标文件。物资采购处张某建议，鉴于投标供应商已经较多，为满足环境治理工作迫切需要，会后第二天（6月6日）立即开始评价。

（3）甲单位的一台大型仪器设备于2021年6月提前报废。该仪器设备的账面原值为1 600万元，累计折旧为900万元，账面价值为700万元。资产管理处孙某建议，该仪器设备的账面价值不足1 500万元，未达到财政部门审批标准，报上级主管部门审批即可。

（4）甲单位按规定程序报经批准于2021年6月对外转让一项股权投资，投资账面价值为300万元，取得转让收入400万元。该投资由甲单位投入自行研发的专利权形成。

财务处李某建议，将转让该投资取得的转让收入扣除投资收益和相关税费后的净额395万元上缴国库。

（5）甲单位所属的重点实验室为国家级重点实验室。为了更好地发挥该重点实验室的作用，经上级有关部门批准，定于2021年下半年将该重点实验室分立为独立的中央级事业单位。本次会议对分立相关的资产评估等事宜进行研究。资产管理处孙某建议，该重点实验室的分立属于无偿划转，不需要进行资产评估。

假定不考虑其他因素。

要求：

根据国家部门预算管理、国有资产管理、政府采购、政府会计准则制度等相关规定，逐项判断事项（1）~（5）的建议是否正确。如不正确，分别说明理由。

解析：

1. 事项（1）的建议不正确。

理由：单位取得涉税事业收入时，按照实际收到的金额（含增值税），增加预算收入；开展专业业务活动及其辅助活动过程中缴纳的相关税费（含增值税）以及发生的其他各项支出，按照实际支付的金额，增加预算支出。

2. 事项（2）的建议不正确。

理由：实行公开招标方式采购的，自招标文件开始发出之日起至投标人提交投标文件截止之日止，不得少于20日。

3. 事项（3）的建议不正确。

理由：资产处置的审批权限按照资产的原值确定，应报经上级主管部门审核同意后报财政部当地监管局审核，审核通过后，报财政部审批。

4. 事项（4）的建议正确。

5. 事项（5）的建议不正确。

理由：该重点实验室的分立不属于无偿划转，应进行资产评估。

【例9-4】 甲单位为一家省级事业单位，按其所在省财政厅要求，执行中央级事业单位部门预算管理、国有资产管理等相关规定，已实行国库集中支付并执行政府会计准则制度。2021年6月3日，甲单位新任总会计师张某召集由财务处、资产管理处负责人及相关人员参加的工作会议，了解到以下事项：

（1）自2021年1月以来，为应对业务量的快速增长，甲单位新增聘用人员较多。依据国家有关事业单位人员工资政策及本单位增员实际情况，甲单位直接动用以前年度基本支出结转中日常公用经费结转的200万元以弥补人员增资缺口。

（2）2021年3月，甲单位组织本单位人员参加专项业务工作会议，发生各项培训费共计18万元，其中超预算支出2万元。甲单位将发生的培训费用超预算支出2万元在A实验室建设专项经费的设备费预算项目下列支。

（3）甲单位一专用设备购置项目原计划于2021年3~4月执行，财政部门批复的项目预算为100万元。甲单位已收到100万元授权支付额度，并履行了政府采购程序，于2021年3月同中标供应商签订了采购合同，合同约定，在合同签订首日付款50万元，4月设备安装调试验收合格后另支付50万元。由于供应商有关业务人员工作变动致使其一直未履行合同交付设备，甲单位也未催问、协商执行或变更合同。2021年5月30日，甲单位该专项设备购置项目负责人同供应商取得联系，供应商同意尽快交付设备；为加快预算执行进度，甲单位将项目剩余资金50万元支付给供应商（首付款50万元已按合同约定支付）。

（4）2021年3月，甲单位根据省财政厅要求，制订了本单位预算绩效管理工作方案。该方案指出：各部门要认真学习全面加强预算绩效管理相关文件精神，积极参与单位预算绩效管理体系建设，强化绩效目标管理，完善绩效目标、绩效监控、绩效评价、结果应用等管理流程，以预算绩效管理体系建设为抓手，全面提高单位预算管理水平。

（5）2021年4月，甲单位经领导班子研究决定后，拟以一项未入账专利权作价出资，与B公司共同设立本省第一家进口化妆品质量检测与鉴定中心。该项专利权评估确认价值为90万元。甲单位按照规定履行审批程序后，与B公司签订了股权出资协议。

（6）甲单位将一栋实验楼修缮工程项目出包给C公司承建。2021年4月，工程通过验收，甲单位按合同约定，累计以财政授权支付方式为该工程项目支付500万元的工程款。2021年5月，鉴于C公司施工进度快，为确保下半年实验楼投入使用，经领导班子集体研究，甲单位直接将实验楼建造工程配套项目——实验室网络与环境工程委托给C公司，并与C公司签订了总价60万元的施工合同。

（7）2021年3月，甲单位使用财政专项资金100万元进口一套设备，款项已经于3月通过银行转账方式结算。该设备于4月30日安装、调试、验收合格。但由于甲单位业务转型，且使用该套设备的关键岗位人员工作发生变动，甲单位预计该套设备会长期闲置。为避免设备闲置，提高资源收益，甲单位经领导班子集体研究决定，直接将该设备出租给D公司，并将出租收入直接用于设备折旧补偿和日常运行维护。

（8）2021年3月，甲单位接受委托集中进行某财政科研课题项目的研究，课题研究活动经费预算30万元。2021年4月，甲单位收到该项目经费财政授权支付额度30万元。2021年5月，甲单位与E公司签订协议，并根据协议将预算经费30万元全部支付给E公司。E公司将根据协议于2021年12月31日前提交项目研究成果。

（9）2021年4月，甲单位对上年度财政项目支出开展绩效自评，相关工作由各项目归口管理部门组织，财务处负责过程指导、结果汇总。财务处在结果汇总中发现，近1/3的项目自评结果是满分，尽管项目建成后受益对象明确，但归口管理部门并未开展任何形式的用户满意度评价工作。

（10）甲单位委托D软件公司对现有软件系统（账面原值150万元，累计摊销30万元）进行升级改造和功能扩展，合同约定的软件开发费总额为80万元。开发过程中现有软件系统正常运行，无须暂停摊销。开发完成的软件系统于2021年3月20日交付甲单位试运行；4月30日该软件系统通过验收，甲单位按合同约定以财政授权支付方式一次性支付80万元。鉴于上述支出仅用于对现有软件系统的升级改造和功能扩展，甲单位未在资产管理系统进行任何处理。

假定不考虑其他因素。

要求：

根据国家部门预算管理、行政事业单位国有资产管理、行政事业单位内部控制、预算绩效管理等相关规定，逐项判断甲单位对事项（1）~（10）的处理或做法是否正确，或存在不当之处。如不正确或存在不当之处，分别说明理由。

解析：

1. 事项（1）处理不正确。

理由：基本支出结转资金原则上结转下年继续使用，但在人员经费和日常公用经费之间不得挪用。

2. 事项（2）处理不正确。

理由：项目资金应专款专用，基本支出不应在项目支出中列支。

3. 事项（3）处理不正确。

理由：因供应商原因无法履行合同，甲单位没有及时采取应对措施。甲单位没有根据合同实际履行情况办理价款结算。

4. 事项（4）处理正确。

5. 事项（5）处理正确。

6. 事项（6）处理不正确。

理由：实验室网络与环境工程属于独立的采购项目，不符合单一来源采购条件。

7. 事项（7）处理不正确。

理由：出租资产未履行报批手续，出租收入未纳入单位预算。

8. 事项（8）做法不正确。

理由：甲单位应当合理利用自身科研资源条件集中完成科研课题研究任务。

9. 事项（9）做法存在不当之处。

理由：对受益对象明确的项目，应当开展反映项目实施效果的用户满意度评价。

10. 事项（10）处理不正确。

理由：对升级改造和功能扩展后的软件系统，应当在资产管理系统进行登记入账。

【例 9 -5】 甲单位为一家中央级事业单位（非研究开发机构和高等院校），已实行国库集中支付并执行政府会计准则制度。2021 年 5 月，该单位总会计师听取有关人员近期工作汇报。有关事项如下：

（1）4 月，甲单位因暴雨毁损设备一台，该设备账面原价 1 510 万元，已计提折旧 180 万元。财务处认为，该设备毁损系不可抗力原因造成，因此在通过主管部门向财政部门提交资产处置申请的同时，确认了资产损失。

（2）4 月，甲单位经批准采用公开招标方式采购一批仪器设备（未纳入集中采购目录，但达到公开招标数额标准）。招标后只有两家符合条件的供应商投标，因而出现废标。甲单位预计，如果继续采用公开招标方式采购，仍然可能出现废标。资产管理处认为，该采购项目达到公开招标数额标准，废标后也只能采用公开招标方式采购，不得采用其他替代采购方式。

（3）5月，甲单位准备编制2022年度“一上”预算草案。资产管理处预计，A采购项目（项目资金已由中央财政以授权方式全额支付）将在8月底全部执行完毕，因执行政府采购可节约项目资金10万元。财务处认为，这10万元属于项目支出结余资金，应将其纳入2022年预算统筹使用。

（4）5月，甲单位接受乙公司捐赠的一台价值为60万元的仪器设备，无须安装，未发生相关税费。资产管理处认为，单位未承担任何支出，从资产实物管理角度仅需在资产管理系统将该仪器设备登记入账即可。

（5）甲单位审计处对本单位2021年1~4月财务收支情况进行审计时发现，财务处确认收入以各业务部门提供的收入确认单为依据，未附相应的合同协议。审计处认为，收入业务的关键控制环节存在疏漏，无法确保各项收入应收尽收、及时入账，应进行整改。

假定不考虑其他因素。

要求：

根据国家部门预算管理、行政事业单位国有资产管理、行政事业单位内部控制等相关规定，逐项判断甲单位事项（1）~（5）的观点是否正确；如不正确，分别说明理由。

解析：

1. 事项（1）观点不正确。

理由：财政部门批复前的资产损失，单位不得自行进行账务处理。

或：资产损失需待财政部门批复后才能进行账务处理。

2. 事项（2）观点不正确。

理由：废标后，在采购活动开始前获得中央政府采购管理部门批准，可以采取其他方式采购。

3. 事项（3）观点不正确。

理由：中央部门的项目支出结余资金原则上由财政部收回。

4. 事项（4）观点正确。

5. 事项（5）观点正确。

【例9-6】 甲单位为一家中央级事业单位（非研究开发机构和高等院校），已实行国库集中支付并执行政府会计准则制度。2021年5月20日，甲单位总会计师召集财务处相关人员参加会议，听取近期财务工作汇报。有关事项与处理建议如下：

（1）甲单位按2021年度工作计划在日常公用经费预算中安排了行政事业单位内部控制知识专题培训经费20万元。5月，甲单位委托国内A高校组织实施了本系统相关专题培训，实际发生培训费支出23万元。财务处建议将发生的培训费超预算部分3万元在数字信息平台建设专项经费的培训费预算项目下列支。

（2）甲单位2021年1～3月非财政补助收入累计超收300万元。考虑到下半年能源价格调整及用量增加带来的预算支出压力，财务处建议从超收的非财政补助收入300万元中，安排200万元用于本年度预计增加的公用经费。

（3）甲单位于2021年初收到以财政授权支付方式拨付的办公楼改造项目经费90万元。该项目原计划于年初开始实施，但由于改造方案存有争议，直至5月仍未启动实施，且未发生资金支出。为加快预算执行进度，财务处建议将该项目资金于当月一次性全额拨付给同本单位有长期业务合作关系的B施工企业，待改造方案论证充分后再组织施工。

（4）2021年5月，甲单位准备编制2022年"一上"预算草案。各业务部门提出了2022年事业发展与用款计划，包括新增专项任务的资金需求。财务处在对2022年预计发生的各项支出进行汇总后发现，预计总支出超出总收入较多。财务处建议预算资金安排应当首先保障单位基本支出合理需要，在此基础上再根据财力情况合理安排事业发展所需的项目支出。

（5）为了进一步推进预算绩效管理，甲单位于2021年初制定了本单位项目经费预算绩效管理指导意见。该指导意见明确：在预算编制环节，各预算部门申请项目经费应申报绩效目标，包括项目绩效内容和绩效指标，且绩效目标设置应科学可行、准确具体。财务处建议对纳入预算绩效管理的项目未按规定要求申报绩效目标的，不予安排预算资金。

（6）2021年5月，为了加强内部控制建设，甲单位完善了本单位《内部控制规范工作手册（试行）》。该手册规定：单位应当加强对外投资管理，确保对外投资的可行性研究与评估、对外投资决策与执行、对外投资处置的审批与执行等不相容职务相互分离。为了更好地防范投资风险，财务处建议对外投资无论金额大小，均由单位领导班子集体研究决定后执行。

（7）甲单位于2021年通过公开招标向C供应商采购了一套价值160万元的管理信息系统（不属于集中采购目录范围）。由于需要对该管理信息系统的部分功能进行拓展，甲单位在2021年预算中安排了相关配套支出20万元。2021年5月，在对供应商进行遴选时，为了保证服务配套要求，财务处建议继续向C供应商采购，但不再公开招标。

（8）2020年12月，甲单位因开展专业业务活动以财政授权支付方式购入一批价值100万元的材料，材料已于购入当月被全部领用。2021年1月，甲单位发现部分材料质量存在缺陷，经与供应商协商，该供应商同意退回部分货款。甲单位于5月收到退货款10万元。鉴于涉及跨年收支管理，财务处建议将收到的10万元退货款单位留用，弥补公用经费存在的资金缺口。

（9）甲单位作为"营改增"试点单位已被税务机关认定为增值税一般纳税人。2021年5月，甲单位因开展涉及增值税纳税业务的经营活动购入一批材料，取得增值税专用发票，金额为106万元，其中增值税6万元。材料验收入库，款项已通过银行支付。鉴于增值税是价外税，须单独反映，财务处建议增值税不纳入预算收支管理。

（10）2021年5月，甲单位使用财政直接支付专项资金对综合服务楼进行改建（非基本建设项目)。综合服务楼账面原价1 600万元,已计提折旧1 400万元。甲单位同施工方签订的施工合同金额为800万元,合同约定按工程进度付款。截至2021年5月20日,施工进度已经达到10%。财务处建议只要符合单位授权审批制度要求,且资金支付风险可控,无须审计即可支付该项固定资产改建工程首笔工程款80万元。

假定不考虑其他因素。

要求:

根据国家部门预算管理、行政事业性国有资产管理、预算绩效管理、行政事业单位内部控制等相关规定,逐项判断甲单位财务处对事项(1)~(10)的处理建议是否正确。如处理建议不正确,分别说明理由。

解析:

1. 事项(1)处理建议不正确。

理由:项目资金应专款专用,基本支出不得在项目支出中列支。

2. 事项(2)处理建议不正确。

理由:基本支出预算执行中发生的非财政补助收入超收部分,原则上不安排当年的基本支出,可报财政部门批准后安排项目支出或结转下年使用。

3. 事项(3)处理建议不正确。

理由:项目资金应按项目实际执行情况结算,不得虚列支出。

4. 事项(4)处理建议正确。

5. 事项(5)处理建议正确。

6. 事项(6)处理建议不正确。

理由:对外投资由单位领导班子集体研究决定后,应按国家有关规定履行报批手续。

7. 事项(7)处理建议不正确。

理由:添购金额超过原合同金额的10%,不符合单一来源采购条件。

8. 事项(8)建议不正确。

理由:对收到的退货款10万元,应当上缴财政。

9. 事项(9)处理建议不正确。

理由:应当将增值税纳入预算收支管理。

10. 事项(10)处理建议正确。

【例9-7】 林某是某市教育局(该局及其所属事业单位按市财政局要求,执行中央级行政事业单位部门预算管理规定)分管财务工作的副局长。按照年度工作计划,2021年6月,林某召集由本单位及其所属甲、乙、丙、丁等事业单位财务负责人参加的工作会议,听取了本单位及其所属事业单位2021年上半年预算执行和2022年度预算编制情况的工作汇报,了解到以下事项:

(1)甲单位经财政批复的A实验室建设项目已在4月10日前完成,项目资金已按合同及相关规定完成结算,形成项目支出结余资金6万元(财政授权支付额度)。为了便于未来开展实验室业务活动，甲单位5月将剩余资金6万元用于购买同A实验室相关的实验耗材，并已在A实验室建设项目中列支。

（2）乙单位计算机房改造项目原计划于3～6月实施，经财政批复的项目预算为100万元。3月，乙单位收到100万元授权支付额度。由于计算机房改造方案存在争议，项目一直无法实施。为加快预算执行进度，6月，乙单位将项目资金通过授权支付方式全额支付给与本单位有长期合作关系的B公司，同时要求B公司全额返还项目资金100万元，待计算机房改造方案确定后再进行施工和结算。乙单位于当月收到B公司返还的项目资金100万元并将其存入本单位实有资金基本存款账户。

（3）自2021年1月以来，为更好地完成本年度事业发展的各项工作任务，丙单位多个实验室相继投入使用，预计下半年能源耗用量会大幅度增加。为应对能源费用的快速增长，丙单位7月决定拟用非财政拨款结余200万元弥补下半年公用经费缺口，并已按相关要求将此预算调整事项报上级部门审批。

（4）丁单位2021年上半年取得的非财政补助收入2 300万元，超出预算500万元。7月，丁单位根据非财政补助收入实际超收数额，决定调整增加下半年人员经费基本支出预算中的对个人和家庭补助支出400万元，并计划将此预算调整事项报市教育局。

（5）甲单位准备编制下年度预算，对依据国家相关规定发放给职工的购房补贴支出，拟安排预算650万元。对该项支出，甲单位建议按照政府支出功能分类科目，列入“教育支出”类；按照政府支出经济分类科目，列入“工资福利支出”类。

（6）乙单位准备编制下年度预算，预计总收入超出预计总支出。考虑到实有资金账户存款数额经常出现较大幅度变动，利息收入测算存在困难，乙单位建议利息收入不纳入其2022年收入预算。

（7）丙单位准备编制下年度预算，预计总支出超出预计总收入。在对本单位各业务部门申报的新增专项事业发展任务及用款需求进行分析后，丙单位建议优先保障新增重大专项事业发展任务所需要的项目支出。

（8）丁单位是“营改增”试点单位，并被税务机关认定为增值税小规模纳税人。经测算，下年度丁单位取得涉增值税收入预计相应需要缴纳增值税30万元。丁单位建议将下年度预计缴纳的30万元增值税，列入基本经费预算。

假定不考虑其他因素。

要求：

根据国家部门预算管理相关规定，逐项判断事项（1）～（8）的处理或建议是否正确［对于事项（5）中的政府支出功能分类科目和政府支出经济分类科目，须分别作出判断］；如不正确，分别说明理由。

解析：

1. 事项（1）处理不正确。

理由：项目支出结余资金原则上由财政部门收回，单位不得动用；因特殊情况需要在预算执行中动用项目支出结余资金安排必须支出的，应报财政部门审批。

2. 事项（2）处理不正确。

理由：项目资金应按预算要求和零余额账户管理规定办理结算，不得虚列预算支出，也不得从零余额账户套取资金转入实有资金基本存款账户。

3. 事项（3）处理正确。

4. 事项（4）处理不正确。

理由：预算执行中发生的非财政补助收入原则上不再安排当年的基本支出，可报财政部门批准后，安排项目支出或结转下年使用。

5. 事项（5）中，购房补贴预算的支出功能分类建议不正确。

理由：按照2022年政府支出功能分类科目，购房补贴预算应列入“住房保障支出”类。

事项（5）中，购房补贴预算的支出经济分类建议正确。

理由：按支出经济分类科目，购房补贴预算应列入“工资福利支出”类。

6. 事项（6）建议不正确。

理由：利息收入应纳入预算。

7. 事项（7）建议不正确。

理由：预算资金安排应优先保障单位的基本支出的合理需要，在此基础上再安排项目支出。

8. 事项（8）建议正确。

【例9-8】甲单位为一家省级环保行政单位，乙、丙、丁为甲单位所属事业单位。为进一步加强资产管理，提高资产使用效益，2021年4月，甲单位分管财务、资产管理的副局长召集由资产管理处、财务处、审计处等处室负责人参加的工作会议，就本年度资产购置及现有存量资产使用效益等问题进行讨论。有关情况及形成的决议如下：

（1）2021年1月，甲单位采用公开招标采购一套仪器设备，已同中标的A公司签订了总价300万元的政府采购合同。由于该套设备需要同与其配套的设备组装后才能正常投入使用，为此本年度预算安排了配套设备购置资金40万元。为了满足服务配套的要求，会议决定直接同A公司再次签订配套设备的采购合同。

（2）2021年2月，甲单位采用公开招标方式购买一批专用检测设备（未纳入集中采购目录范围，但达到政府采购限额标准），但招标后投标供应商不足3家。会议决定将设备采购方式变更为竞争性谈判，并责成资产管理处尽快办理采购方式变更的审批手续。

（3）2021年3月，甲单位拟购买一批数字分析仪器（未纳入集中采购目录范围，且未达到政府采购公开招标数额标准），经批准可以采用询价方式采购。为尽快实施设备采购，会议决定成立询价小组，并明确询价小组由3名本单位资产采购代表（资产管理处处长和负责采购与验收的经办人员）和2名评审专家共5人组成。

（4）2021年4月，乙单位拟购置空气质量检测设备一台（未纳入集中采购目录范围，但达到政府采购限额标准）。乙单位认为，按照经批准的预算资金额度，同等价格水平的进口设备较国产设备在性能上更优，并向甲单位提出了购买进口设备申请。会议决定同意乙单位购买进口设备的申请。

（5）2021 年 4 月，丙单位因申请银行借款请求甲单位提供支持。工作会议上，大家普遍认为，丙单位业务规模快速增长，发展前景较好，急需资金和政策予以支持。会议经充分讨论，决定经甲单位领导班子集体研究同意后，以甲单位一栋闲置旧办公楼为丙单位申请银行借款提供担保。

（6）2021 年 4 月，丁单位因一辆公务用车发生交通事故报废，收到保险公司根据保险合同赔付的车损款 12 万元。丁单位认为，保险公司赔付的车损款可以用于本单位的公务用车购置，并提出了将其纳入下年度公务用车购置预算的申请。会议决定同意丁单位将车损赔偿款留用，并纳入其下年度公务用车购置预算。

假定不考虑其他因素。

要求：

根据行政事业单位国有资产管理、政府采购等相关规定，逐项判断上述会议形成的决议（1）~（6）是否正确；如不正确，分别说明理由。

解析：

1. 决议（1）不正确。

理由：添购设备合同金额超过原采购合同采购金额的 10%，不符合采用单一来源方式采购的条件。

2. 决议（2）正确。

3. 决议（3）不正确。

理由：采用询价方式采购成立的询价小组成员中的评审专家人数不得少于总数的 2/3。

4. 决议（4）不正确。

理由：除需要采购的货物在中国境内无法获取或者无法以合理的商业条件获取等法定情况外，政府采购应该采购本国货物。

5. 决议（5）不正确。

理由：除法律另有规定外，行政单位不得用国有资产对外担保。

6. 决议（6）不正确。

理由：事业单位国有资产处置收入属于国家所有，应当按照政府非税收入管理的规定，实行“收支两条线”管理。

【例 9 - 9】 甲单位为一家新设立的省级事业单位。为加强单位内部控制，2021 年 1 月甲单位召开内部控制建设与评价专题工作会议，就单位内部控制体系建设与评价相关问题进行研究。会后形成的会议纪要部分内容如下：

（1）关于工作方案。

会议指出，制定内部控制体系建设与评价工作方案是加强单位内部控制的基础工作，有助于单位上下统一思想认识、阐明工作思路。

会议认为，内部控制体系建设与评价工作方案应明确工作目标、工作内容与范围、组织领导、任务分工、成果应用、时间要求等，具体内容应由单位领导班子集体审定。

（2）关于工作目标。

内部控制目标是单位建立和实施内部控制所要达到的目的。会议强调，单位内部控制目标应与单位总体目标相一致，具体包括五个方面：合理保证单位经济活动合法合规、确保单位资产安全和完整、合理保证单位财务信息真实完整、有效防范舞弊和预防腐败以及提高公共服务的效率和效果。

会议指出，单位内部控制建设工作需要经过梳理各类经济活动业务流程、明确业务环节、系统分析经济活动风险、确定风险点、选择风险应对策略、建立健全控制措施和内部管理制度并督促相关人员执行等一系列程序，工作节点清楚。

（3）关于内容与范围。

会议认为，现阶段单位的经济活动主要包括五大类：预算业务、收支业务、政府采购业务、资产管理以及合同管理。单位内部控制体系建设仅需针对五大类经济业务予以展开。

（4）关于组织领导。

会议要求，各部门要在认真学习单位内部控制建设相关文件精神的基础上，积极参与单位内部控制体系建设工作。

为加强内部控制建设工作的组织领导，会议进一步明确：单位成立内部控制体系建设领导小组，组长由分管财务工作的行政副职担任，并由其全面负责单位内部控制体系的建设与有效实施工作；财务处是内部控制体系建设组织实施工作的牵头部门，负责组织协调单位内部控制体系建设日常工作；行政综合办公室、人事处、内部审计处、纪委监察处、政府采购办公室、资产管理处、规划建设处、信息中心等部门为领导小组成员单位，按其职能分工负责相应的内部控制体系建设工作。

（5）关于风险评估。

为了准确查找和及时发现风险，会议要求，单位应建立经济活动风险定期评估机制，对经济活动存在的风险进行全面、系统和客观评估，必要时，也可以委托专业中介咨询机构开展风险评估工作。

会议明确，经济活动风险评估应当形成书面报告并及时提交单位内部控制体系建设领导小组组长，作为建立和完善单位内部控制的依据。

会议决定，单位经济活动风险评估每 3 年进行一次。

（6）关于评价与监督。

会议认为，内部控制的评价与监督是确保单位内部控制建设不断完善并有效实施的重要环节，内部控制评价与监督包括自我评价和内部监督两个层面。会议决定，单位内部控制的自我评价和内部监督均由内部审计处负责。

假定不考虑其他因素。

要求：

根据《行政事业单位内部控制规范（试行）》《关于开展行政事业单位内部控制基础

性评价工作的通知》等相关规定，逐项分析判断会议纪要内容（1）~（6）中是否存在不当之处；对存在不当之处的，指出不当之处，并分别说明理由。

解析：

1. 内容（1）不存在不当之处。

2. 内容（2）存在不当之处。

不当之处："确保单位资产安全和完整"的表述不当。

理由：内部控制的目标包括五个方面，其中之一应为合理保证单位资产安全和使用有效。

3. 内容（3）存在不当之处。

不当之处："单位内部控制体系建设仅需针对五大类经济业务予以展开"的表述不当。

理由：内部控制建设包括单位层面和业务层面两部分内容；业务层面共涉及六大经济业务，还应包括建设项目管理。

4. 内容（4）存在不当之处。

不当之处："组长由分管财务工作的行政副职担任，并由其全面负责内部控制体系建设与有效实施工作"的表述不当。

理由：单位负责人应对本单位内部控制的建立健全和有效实施负责。

5. 内容（5）存在不当之处。

不当之处一："经济活动风险评估报告提交单位内部控制规范体系建设领导小组组长"的表述不当。

理由：经济活动风险评估报告应提交单位领导班子。

不当之处二："经济活动风险评估每3年进行一次"的表述不当。

理由：经济活动风险评估至少每年进行一次。

6. 内容（6）存在不当之处。

不当之处："内部控制评价与监督包括自我评价和内部监督两个层面"的表述不当。

理由：内部控制评价与监督包括自我评价、内部监督和外部监督三个层面。

【例9-10】 甲单位是某省级行政单位，已实行国库集中支付并执行政府会计准则制度。2021年6月，同级审计部门对甲单位2021年上半年财务收支及预算执行情况进行审计，发现以下事项：

（1）2021年初，甲单位办公用房修缮项目经费预算为330万元，计划用于其办公用房修缮。由于各种原因，该项目未能按申报计划实施。为加快预算执行进度，甲单位于2021年5月将330万元下拨给其下属单位用于业务用房的修缮。

（2）2021年4月，甲单位一栋业务用房装修，经过公开招标与A公司签订了装修工程合同，合同价款200万元。同年6月，甲单位基于A公司有较好的社会声誉，双方又签订了补充协议，增加了职工食堂装修工程，协议价款20万元。

（3）甲单位办公室工作人员王某因开展专业业务活动需要，于2021年3月购买了一批电脑耗材5 000元，通过公务卡结算并已通过财政授权支付结算方式办理报销还款手续。2021年4月王某使用该批耗材时发现其存在质量问题。经协商，供货方同意退货并退回全部货款，并将5 000元退回王某公务卡。王某将收到的退款5 000元交财务部门办理相关手续。甲单位财务人员将此笔资金存入单位实有资金基本存款账户。

（4）甲单位于2021年5月报废本单位一辆公务用车，已经进行报废的相关处理。但没有向上级单位报告，也未在车管所履行报废手续，而是为了支持下属单位开展业务活动，将车辆交由其下属单位使用，截至审计日，该辆公务用车仍在其下属单位使用。

（5）甲单位办公室主任兼任财务负责人，单位所有原始票据报销的审批人及有关合同的签字人均为办公室主任，办公室主任出差报销，也由其自己签字审批。

（6）甲单位2021年将其所属非独立核算的信息中心，设立登记为独立核算的国有事业法人单位。鉴于信息中心改制后，财政不再安排日常经费，甲单位为了扶持信息中心的发展，2021年6月报经财政部门批准，向信息中心无偿划拨一栋办公楼。该栋办公楼账面原价600万元，已经提取折旧400万元，无偿划拨过程中未进行资产评估。

（7）甲单位经批准将闲置库房出租，2021年6月取得出租收入10万元。甲单位财务部门将收到的10万元租金收入存入实有资金基本存款账户，并经单位领导班子集体研究同意作留用处理。

假定不考虑其他因素。

要求：

根据国家部门预算管理、行政事业单位国有资产管理、行政事业单位内部控制等相关规定，逐项判断甲单位对事项（1）~（7）的处理是否正确；如不正确，分别说明理由。

解析：

1. 事项（1）不正确。

理由：项目资金应按规定用途使用，不得自行调整。如房屋修缮项目预算执行过程中确需调整用途的，甲单位必须按照规定的程序报财政部批准，并进行预算调整。

2. 事项（2）不正确。

理由：职工食堂修缮项目与业务用房修缮项目不属于同一公开招标项目，应按照政府采购相关规定单独进行采购。

3. 事项（3）不正确。

理由：财务部门应将收到的5 000元还款及时存入本单位零余额账户，并恢复零余额账户用款额度5 000元。

4. 事项（4）不正确。

理由：车辆报废属于虚假报废，处置国有资产应当严格履行审批手续，未经批准单位不得自行处置。

5. 事项（5）不正确。

理由：单位经济活动的决策、执行、监督应相互分离、相互制约。

6. 事项（6）正确。

7. 事项（7）不正确。

理由：行政单位国有资产处置收入按照政府非税收入管理的规定，扣除相关税费后及时、足额上缴国库。

【例9-11】 甲单位为一家省级行政单位，乙单位和丙单位为甲单位所属事业单位，均已实行国库支付并执行政府会计准则制度。2021年6月，甲单位按照财政部门要求对本单位及其所属事业单位上半年预算及资产管理工作进行检查，发现了以下事项：

（1）甲单位2021年初经财政批复的A信息化工程项目，预算支出包括设备费500万元、环境改造费100万元、其他费用10万元。2021年5月，为弥补单位人员经费不足，甲单位将1~5月增加的临时用工人员工资15万元，在A信息化工程项目专项经费中列支。

（2）乙单位2021年经财政批复的B设备购置项目经费为180万元，经公开招标，C公司以176万元的价格中标。乙单位依据合同在设备到货验收后向C公司支付了176万元的设备款。为减少项目结余资金，甲单位将4万元的项目结余资金用于日常经费开支，购置了4万元办公耗材。

（3）丙单位是一家从事管理类高端人才培训的基地，自身具有较强的面向市场创收能力，近几年以“线上+线下”方式组织开展了多批次、大规模的领导能力素质培训。截至2020年末，丙单位实有资金存量规模较大。2021年第一季度，丙单位取得的定期存款利息收入为312万元，未纳入单位预算。

（4）乙单位业务培训楼建造工程2016年立项，一次性申请项目建设经费预算2 800万元。该业务培训楼2016年12月开始建造，已经于2018年12月完工并投入使用。但截至检查日，该改造工程尚未办理竣工财务决算。

（5）甲单位为避免资产闲置，提高存量资产管理收益，缓解财务收支矛盾，2021年初，经单位领导班子集体研究决定，直接将3 000平方米房产委托给新成立的会议中心管理公司（法人企业）对外经营。截至检查日，甲单位已经累计取得租金收入50万元并留作自用。

（6）丙单位为支持下属科创企业D公司增加研发投入，增强核心竞争力，实现更好发展，2021年4月，经单位领导班子集体研究决定，直接向D公司无偿出借资金1 000万元。

假定不考虑其他因素。

要求：

根据国家部门预算管理、行政事业单位国有资产管理、行政事业单位内部控制等相关规定，逐项判断事项（1）~（6）的处理或做法是否正确；如不正确，分别说明理由。

解析：

1. 事项（1）的处理不正确。

理由：项目经费应按照批复的预算执行，单位不得自行调整。

2. 事项（2）的处理不正确。

理由：项目结余资金原则上由财政收回，单位不得自行安排使用。

3. 事项（3）的处理不正确。

理由：单位全部收入都应当纳入预算管理。

4. 事项（4）的处理不正确。

理由：已完工且投入使用的工程项目应当及时办理竣工财务决算。

5. 事项（5）的处理不正确。

理由：出租资产应当履行报批手续，租金收入应当按照政府非税收入管理的规定，在扣除相关税费后及时、足额上缴国库。

6. 事项（6）的处理不正确。

理由：出借资金应当履行报批手续。

【例 9－12】 某市文化局及其所属事业单位（该局及其所属事业单位按市财政局要求，执行中央级行政事业单位部门预算管理规定）已实行国库集中支付并执行政府会计准则制度。李某是该市文化局新任分管财务工作的副局长。2021 年 6 月底，李某召集本单位及所属甲、乙、丙三家事业单位财务负责人参加的工作会议，听取了关于近期各单位预算管理、资产管理、政府采购、内部控制工作情况的汇报。有关资料如下：

资料 1：关于资产管理和政府采购。

（1）2021 年 1 月，甲单位计划开展某国际合作项目，但因自有资金不足，项目一直未能实施。为支持下属单位开展业务，2021 年 4 月，市文化局局长办公会研究决定，以本局一栋闲置旧办公楼为甲单位提供银行贷款担保。

（2）2021 年 2 月，甲单位用非财政补助资金安排设备购置预算，拟购置一批实验设备（属于集中采购目录范围）。资产采购部门认为，同等价格的进口设备较国产设备在性能和使用寿命上更优。在报经单位领导同意后，甲单位资产采购部门向接受委托的集中采购代理机构提出了购买进口设备的要求。

（3）2021 年 2 月，乙单位使用财政资金购入的 5 台精密分析仪器有 2 台尚未安排使用。为了避免资产闲置，提高资产使用率，经单位领导班子集体研究决定，直接将 2 台精密分析仪器对外出租，租金收入用于弥补本单位日常公用经费缺口，并要求相关部门尽快联系承租方。

（4）丙单位三年前通过实施公开招标采购（不属于集中采购目录范围），向 A 供应商采购了一套价值 60 万元的管理信息系统。由于管理需要，2021 年 3 月，丙单位预算安排 5 万元拟对该管理信息系统进行升级。资产采购部门决定继续从 A 供应商处进行采购并同A供应商签订了购买合同。

（5）2021年3月，丙单位正常使用的一辆公车发生交通事故报废，收到保险公司根据保险合同赔付的车损款18万元。丙单位领导班子集体研究决定，直接使用收到的车损款18万元以及本单位非财政补助资金20万元，购置一辆价值38万元的公车，并要求相关部门尽快办理车辆购置手续。

资料2：关于预算管理。

（6）2021年3月，市文化局收到财政部门批复的年度预算，其中人员经费16 000万元，公用经费14 000万元。由于增编增员因素导致年度人员经费预算安排不足，财务处建议动用本年度公用经费预算300万元弥补人员经费缺口，并将这一情况报同级财政部门备案。

（7）2021年5月，甲单位因1～4月纳入财政专户管理的非财政补助收入超收较多，财务处建议将非财政补助收入超收部分中的100万元用于安排下半年对附属单位的补助支出。

（8）甲单位上年度财政批复的国有资产管理信息平台建设项目（财政授权支付结算方式）于2021年3月30日前完成，项目资金已按合同完成结算，形成财政项目结余资金6万元。2021年4月，财务处建议将项目结余资金直接用于项目建设人员的日常培训经费支出。

（9）乙单位行政楼改造项目（财政授权支付结算方式）原计划于2021年1～5月实施，财政批复的项目预算为160万元。由于该项目是在改造方案尚存争议的情况下完成申报的，论证不充分，项目一直未能实施。2021年5月，为加快预算执行进度，财务处建议将项目资金用于职工食堂改造。

（10）2021年3月，丙单位因业务规模扩大导致临时用工数量增加，预计本年度人员经费同年初预算相比有80万元的资金缺口。4月，财务处结合年度经费预算批复情况，建议动用上年度基本支出结转资金中的人员经费80万元弥补本年度人员经费缺口，待市文化局批准后报同级财政部门备案。

资料3：关于内部控制。

（11）2021年1月，市文化局召开专门会议部署推进内部控制建设与评价工作。会议明确：行政事业单位内部控制，是指单位为实现控制目标，通过制定内部控制制度、实施内部控制措施和执行内部控制程序，对经济活动的风险进行防范和管控。行政事业单位内部控制的目标主要包括：合理保证单位经济活动合法合规、资产安全和使用有效、财务信息真实完整、有效防范舞弊和预防腐败、提高公共服务的效率和效果。本系统各单位要认真领会内部控制相关文件要求。各单位负责人对本单位内部控制的建立健全和有效实施负责。

（12）2021年2月，市文化局召集由财务、内部审计、纪检监察、政府采购、基建、资产管理等部门负责人参加的工作会议，讨论如何开展单位层面的风险评估。财务处认为：进行单位层面风险评估，单位应当重点关注内部控制工作的组织情况、内部控制机制的建设情况、内部管理制度的完善情况、内部控制关键岗位工作人员的管理情况、财务信息的编报情况等。对内部管理制度完善情况的评估，就是评估单位的内部管理制度是否健全。对内部控制关键岗位工作人员管理情况的评估，就是评估单位是否建立了工作人员的培训、评价、轮岗等机制。

（13）2021年2月，甲单位为了推进本单位内部控制建设与评价工作，成立了内部审计部门并明确内部审计部门具体负责单位内部控制制度评价与监督工作。为提高单位内部各部门沟通效率，甲单位决定由分管财务工作的行政副职同时分管单位的内部审计工作。

（14）2021年3月，甲单位根据单位内部控制评价工作反馈，进一步规范了政府采购预算资金支出审批流程和授权审批额度，其中采购合同金额在5万元（含5万元）以下的，由单位资产管理处处长审批；采购合同金额5万元以上、20万元（含20万元）以下的，由分管采购业务的行政副职审批；采购合同金额超过20万元的，由行政一把手审批。

（15）2021年4月，乙单位修订后的《内部控制规范工作手册（试行）》规定：单位应当加强对外投资的管理，确保对外投资的可行性研究与评估、对外投资决策与执行、对外投资处置的审批与执行等不相容职务相互分离；另外，为了更好地防范投资风险，不管对外投资金额大小，均由单位一把手审批决定。

（16）2021年5月，丙单位修订后的《内部控制规范工作手册（试行）》在货币资金支出管理方面规定：单位负责人个人名章、财务专用章、支票由出纳统一保管；支出应当由单位负责人审批、会计审核后出纳再办理资金支付；为提高工作效率，会计外出期间出纳可以凭单位负责人审批的报销凭单直接办理资金支付。

假定不考虑其他因素。

要求：

根据国家部门预算管理、行政事业单位资产管理和政府采购、行政事业单位内部控制规范等相关规定，回答下列问题：

1. 结合资料1，对事项（1）~（5）逐项判断其做法是否正确；如不正确，分别说明理由。

2. 结合资料2，对事项（6）~（10）逐项判断财务处的处理建议是否正确；如不正确，分别说明理由。

3. 结合资料3，对事项（11）~（16）逐项指出其是否存在不当之处；如存在不当之处，分别指出不当之处并说明理由。

解析：

1. 关于资料1中的事项（1）~（5）。

事项（1）的做法不正确。

理由：除法律另有规定外，行政单位不得用国有资产对外担保。

事项（2）的做法不正确。

理由：除需要采购的货物在中国境内无法获取或者无法以合理的商业条件获取等法定情况外，政府采购应当采购本国货物。

事项（3）的做法不正确。

理由：事业单位国有资产对外出租应经主管部门审核同意后，报同级财政部门审批。

事项（4）的做法正确。

事项（5）的做法不正确。

理由：保险理赔收入属于国有资产处置收入，应当上缴国库。

2. 关于资料2中的事项（6）~（10）。

事项（6）的建议不正确。

理由：财政批复的基本支出预算项目之间不得调剂，确需调剂使用的，应报同级财政部门审批。

事项（7）的建议不正确。

理由：基本支出预算执行中发生的非财政补助收入，原则上不安排当年的基本支出，可报财政部门批准后安排项目支出或结转下年使用。

事项（8）的建议不正确。

理由：甲单位项目支出结余资金原则上由财政收回，单位不得动用。因特殊情况需要在预算执行中动用项目支出结余资金的，应报财政部门审批。

事项（9）的建议不正确。

理由：项目资金应专款专用，预算执行中确需调整用途的，应报财政部门审批。

事项（10）的建议正确。

3. 关于资料3中的事项（11）~（16）。

事项（11）不存在不当之处。

事项（12）存在不当之处。

不当之处一：内部管理制度完善情况的评估，就是评估单位的内部管理制度是否健全。

理由：内部管理制度完善情况的评估，包括内部管理制度是否健全、内部管理制度的执行是否有效。

不当之处二：对内部控制关键岗位工作人员管理情况的评估，就是评估单位是否建立工作人员的轮岗机制。

理由：对内部控制关键岗位工作人员管理情况的评估，就是评估单位是否建立工作人员的轮岗机制以及工作人员是否具备相应的资格和能力。

事项（13）存在不当之处。

不当之处：分管财务工作的行政副职同时分管单位的内部审计工作。

理由：违背了不相容职务相分离的原则，内部审计工作的独立性无法得到保证。

事项（14）存在不当之处。

不当之处：采购合同金额超过20万元的，由行政一把手审批。

理由：大额资金支付应当实行集体决策或联签制度。

事项（15）存在不当之处。

不当之处：不管对外投资金额大小，均由单位一把手审批决定。

理由：单位对外投资应当由领导班子集体研究决定。

事项（16）存在不当之处。

不当之处一：单位领导个人名章、财务专用章、支票由出纳统一保管。

理由：严禁一人保管收付款项所需的全部印章。

不当之处二：出纳可以凭单位负责人审批的报销凭单直接办理资金支付。

理由：应由会计岗位审核的必须加强支出审核控制。

【例9－13】某市环保局及其所属事业单位（该局及其所属事业单位按市财政局要求，执行中央级行政事业单位部门预算管理规定）已实行国库集中支付并执行政府会计准则制度。王某是新上任的环保局分管财务工作的副局长。2021年5月，王某召集由本单位及所属四家事业单位甲、乙、丙、丁的财务负责人参加的工作会议。在听取了各单位的工作汇报后，王某要求环保局财务处成立检查组对环保局本级及所属单位的预算管理、资产管理、内部控制等情况进行检查。检查组经过近一个月的深入工作，发现以下事项：

1. 关于预算管理。

（1）2021年2月，依据本单位增员增编实际情况及省政府有关事业单位人员增资政策，环保局局长办公会研究决定，直接动用以前年度基本支出结转资金中的人员经费200万元弥补增资缺口，并将这一情况报同级财政部门备案。

（2）2021年3月，甲单位收到财政部门批复的基本支出预算，其中工资福利支出15 000万元、对个人和家庭的补助支出6 000万元、商品和服务支出20 000万元。为了提高离退休人员的待遇，甲单位领导集体研究决定，将对个人和家庭的补助支出预算调整为7 000万元，相应调减商品和服务支出预算1 000万元。

（3）2021年4月，因1～3月纳入财政专户管理的非财政补助收入超收较多，甲单位领导集体研究决定，将非财政补助收入超收部分用于发放职工补贴。截至检查日，甲单位已经累计向职工发放超过省政府规定标准的各项补贴200万元。

（4）乙单位由财政批复的一设备购置项目（授权支付结算方式）于2021年4月30日前完成，项目资金已按合同完成结算，形成财政项目支出结余资金6万元。2021年5月，单位领导集体研究决定，将项目结余资金直接用于弥补本年度设备维修费不足。

（5）丙单位一软件购置项目（授权支付结算方式）原计划于2021年3～6月实施，财政批复的项目预算为60万元。丙单位已收到60万元授权支付额度，并于2021年3月同供货商签订了合同。合同约定在合同签订首日付款30万元，5月软件系统安装调试验收合格后支付30万元。由于供货商负责该项目的人员工作变动致使软件开发项目一直处于停滞状态，合同无法如期实施。2021年5月18日，丙单位为加快预算执行进度，将项目剩余资金全部支付给供货商。

(6) 2021 年 4 月，丙单位召开中层干部扩大会议，研究部署如何应对重大公共环境安全事件。为避免基本支出预算超支，单位领导集体研究决定，将发生的会议费 13 万元直接在空气质量检测实验室建设专项中列支。但财政批复的该项实验室建设支出预算仅包括设备购置费、安装调试费、材料费和差旅费。

(7) 丙单位的科研楼改造修缮工程项目 2020 年立项，由于该项目是在改造方案尚存争议的情况下完成申报的，论证不充分，项目一直未能实施，致使该项目经费 600 万元不仅上年度未使用，而且 2021 年执行进度缓慢。截至检查日，丙单位仍未启动科研楼改造项目实施工作。

(8) 由于丁单位只有少量的财政补助，环保局一直未将其纳入部门预决算编制范围。

2. 关于资产管理。

(9) 2021 年 1 月，局长办公会研究决定，直接以环保局的两台精密测试仪器与 A 公司共同出资，设立本市第一家室内空气质量检测服务中心，环保局占有 35% 的股份。

(10) 2021 年 1 月，甲单位资产管理部门根据单位领导集体研究决议，用日常公用经费 10 万元购置了 6 台笔记本电脑，以备单位主要领导外出工作考察时使用。截至检查日，6 台笔记本电脑尚未启用。

(11) 甲单位 2021 年政府采购项目经费预算购置专用实验设备一台（不属于集中采购目录范围）。该设备国内供货商有 3 家，其中本省有 1 家，另外两家供货商在偏远地区。为节约费用、提高效率，2021 年 4 月，甲单位资产采购部门直接联系本省供货商采购了该设备。

(12) 2021 年 5 月，经市环保局审批，并报市财政部门备案，乙单位使用自筹资金购置了 300 万元（规定限额以上）的一批急用环保设备。

(13) 丙单位 2021 年一政府采购项目申报购买一批大气质量分析仪器（不属于集中采购目录范围），财政批复的预算为 1 200 万元。由于丙单位资产采购人员对该仪器的市场情况不熟悉，采购部门委托与单位有过业务合作关系、信誉度高、具有政府采购代理机构资格的代理商选择 2 家企业作为调查对象，开展政府采购需求调查。

(14) 2021 年 1 月，丁单位承接一合作项目，但因受经营场地限制，项目一直没有实施。为支持下属单位开展业务，2021 年 2 月，局长办公会研究决定，将环保局的一栋闲置办公楼出借给丁单位。

3. 关于内部控制。

(15) 2021 年 4 月，市环保局召开专门会议研究如何进一步加强本市环保系统各单位的内部控制建设工作。会议指出：行政事业单位内部控制的目标是有效防范舞弊和预防腐败，提高公共服务的效率和效果；环保系统各单位要认真学习内部控制相关文件，通过不断完善内部控制制度，实现对业务活动风险的有效防范和管控；单位负责人对本单位内部控制的建立健全和有效实施负责。

(16) 2021 年 5 月，甲单位召集由财会、内部审计、纪检监察、政府采购、基建、资产管理等部门负责人参加的会议，研究落实上级部门关于加强单位内部控制的要求。甲单位认为：加强单位内部控制制度建设应抓重点，只要关注重要业务事项和高风险领域，并采取必要的控制措施，确保不存在重大缺陷即可；当前应重点加强对外投资项目的风险控制，所有对外投资项目必须由单位一把手决定。

（17）乙单位在物资采购合同管理方面规定：采购合同金额在10万元（含10万元）以下的，由单位资产管理处处长审批；采购合同金额10万元以上、30万元（含30万元）以下的，由分管物资采购业务的行政副职审批；采购合同金额超过30万元的，由行政一把手审批。乙单位资产管理处有处长1名、采购管理人员5名，他们长期负责单位资产采购工作。由于分管采购业务的行政副职和单位行政一把手经常外出，资产管理处处长多次将采购合同分拆进行审批。

（18）2021年2月，丙单位自筹资金200万元对办公楼进行装修。在启动装修工程的前期准备工作中，丙单位基建处长郭某收集了3家施工单位的资质介绍，比较后选择了其中2家向主管基建工作的行政副职做了汇报。鉴于行政正职当时正在外地出差，行政副职直接让郭某选择了1家施工单位并与其签订了施工合同。截至检查日，合同已经开始执行，办公楼装修工程正在实施。

（19）在货币资金管理工作中，丁单位规定：现金由各业务科室收取，定期上缴财务；支取现金凭单位领导签字批准的借款单、领款单或报销凭单，出纳张某直接办理支付；单位领导个人名章、财务专用章、支票由责任心强的张某统一保管。

假定不考虑其他因素。

要求：

根据国家部门预算管理、行政事业单位资产管理、行政事业单位内部控制规范等相关规定，回答下列问题：

1. 对事项（1）~（8）逐项指出其是否存在不当之处，如存在不当之处，分别说明理由。

2. 对事项（9）~（14）逐项判断其是否正确；如不正确，分别说明理由。

3. 对事项（15）~（19）逐项分析有关的内部控制要求或做法是否存在缺陷；如存在缺陷，分别说明理由。

解析：

1. 关于预算管理事项（1）~（8）。

事项（1）不存在不当之处。

事项（2）存在不当之处。

理由：基本支出预算一经批复，预算单位要严格执行，人员经费和公用经费之间不得调剂。

事项（3）存在不当之处。

理由：基本支出预算执行中发生的非财政补助收入超收部分，原则上不安排当年的基本支出，可报财政部门批准后安排项目支出或结转下年使用。

事项（4）存在不当之处。

理由：项目支出结余资金原则上由财政收回，单位不得动用；因特殊情况需要在预算执行中动用项目支出结余资金安排必须支出的，应报财政部门审批。

事项（5）存在不当之处。

理由：丙单位将项目剩余资金全部支付给供货商，没有严格按合同约定支付。

事项（6）存在不当之处。

理由：项目资金应严格按批复的预算和用途使用，单位不得自行调整（或：项目资金应专款专用，不得在项目经费中列支基本支出）。

事项（7）存在不当之处。

理由：丙单位对申报的项目未进行充分的可行性论证和严格审核，违反了项目支出预算的科学论证原则。

事项（8）存在不当之处。

理由：预算单位的全部收支都应列入部门预算。

2. 关于资产管理事项（9）~（14）。

事项（9）不正确。

理由：行政单位不得以任何形式用占有、使用国有资产对外投资或者举办经济实体。

事项（10）不正确。

理由：甲单位应当按照科学规范、从严控制、保障工作需要的原则合理配置资产。

事项（11）不正确。

理由：甲单位所采购设备存在多个供应商，不符合采用单一来源方式采购的条件。

事项（12）正确。

事项（13）不正确。

理由：面向市场主体开展政府采购需求调查时，选择的调查对象一般不少于3个，且应当具有代表性。

事项（14）不正确。

理由：未经同级财政部门批准，行政单位不得将占有、使用的国有资产对外出借。

3. 关于内部控制事项（15）~（19）。

事项（15）存在缺陷。

理由：《行政事业单位内部控制规范（试行）》规定，内部控制的主要目标除有效防范舞弊和预防腐败，提高公共服务的效率和效果外，还包括合理保证单位经济活动合法合规、资产安全和使用有效、财务信息真实完整。

《行政事业单位内部控制规范（试行）》规定，内部控制是对经济活动的风险进行防范和管控。

事项（16）存在缺陷。

理由：内部控制应当在兼顾全面的基础上，关注重要业务事项和高风险领域，并采取必要的控制措施，确保不存在内部控制空白点和重大缺陷。

根据《行政事业单位内部控制规范（试行）》规定，对外投资项目应当由甲单位领导班子集体研究决定。

事项（17）存在缺陷。

理由：乙单位应当根据《行政事业单位内部控制规范（试行）》的规定，对负责资产采购管理的人员进行定期岗位轮换。

资产管理处处长应在授权范围内进行审批，不得超越审批权限。

事项（18）存在缺陷。

理由：丙单位应当建立与建设项目相关的议事决策机制，严禁任何个人单独决策单位应当依据国家有关规定的组织建设项目招标工作，并接受有关部门的监督。

事项（19）存在缺陷。

理由：现金应由财务部门统一收取；现金支付应由会计审核后出纳员再办理支付；丁单位应加强对支票及银行预留印鉴的管理，单位领导个人名章、财务专用章、支票必须分开保管，严禁一人保管支付款项所需的全部印章。

【例9-14】甲单位为一家新设立的中央级事业单位。2021年12月甲单位召开专题工作会议，就组织开展内部控制基础性评价相关问题进行了研究。会后形成的会议纪要部分内容如下：

（1）关于工作实施方案。

会议指出，制订内部控制基础性评价工作实施方案，是实施单位内部控制基础性评价的首要环节和基础工作，有助于单位上下统一认识、明确工作思路与步骤。会议认为，内部控制基础性评价工作实施方案应阐明工作目标、工作原则、组织领导、工作成果与时间要求等。

（2）关于工作目标。

会议指出，单位已于2021年1月初步建立了内部控制制度体系，相关内部控制制度已经开始执行。会议认为，组织开展内部控制基础性评价工作，旨在进一步明确单位内部控制的基本要求，有重点地建立健全单位内部控制体系。

（3）关于工作原则。

会议明确，内部控制基础性评价应当贯穿于单位的各个层级，确保对单位层面和业务层面各类经济业务活动的全面覆盖，综合反映单位的内部控制基础水平。会议指出，内部控制基础性评价应当在全面评价的基础上，重点关注重要业务事项和高风险领域，特别是涉及内部权力集中的重点领域和关键岗位，着力防范可能产生的所有风险。会议要求，内部控制基础性评价应当针对单位内部管理薄弱环节和风险隐患，特别是已经发生的风险事件及其处理整改情况。会议强调，要以量化评价为导向，严格按照财政部门规定的评价指标及评分依据和标准，开展单位内部控制基础性评价工作。

（4）关于组织领导。

会议决定，单位成立内部控制基础性评价工作领导小组，组长由分管财务工作的副主任担任，并由其直接领导单位内部控制基础性评价工作，财务处、办公室、人事处、资产管理处、审计处等部门为领导小组成员单位。

（5）关于评价报告。

会议要求，单位内部控制建设的牵头部门应将包括评价得分、扣分情况、特别说明项及下一步工作安排等内容在内的，内部控制基础性评价报告向内部控制基础性评价工作领导小组组长汇报，以明确下一步单位内部控制建设的重点和改进方向，不断提高内部控制水平和效果。

会议认为，内部控制基础性评价报告是决算报告的重要组成部分，但为保持内部控制制度的相对稳定，单位内部控制基础性评价工作每2年进行一次。

假定不考虑其他因素。

要求：

根据财政部发布的《关于开展行政事业单位内部控制基础性评价工作的通知》相关规定，逐项分析判断会议纪要内容（1）~（5）中表述的观点是否存在不当之处；对存在不当之处的，指出不当之处，并分别说明理由。

解析：

1. 内容（1）不存在不当之处。

2. 内容（2）存在不当之处。

不当之处："旨在进一步明确单位内部控制的基本要求，有重点地建立健全内部控制体系"的观点不当。

理由：组织开展内部控制基础性评价，有助于进一步明确单位内部控制的基本要求和重点内容，旨在发现单位现有内部控制基础存在的不足之处和薄弱环节，从而有针对性地建立健全内部控制体系。

3. 内容（3）存在不当之处。

不当之处："着力防范可能产生的所有风险"的观点不当。

理由：内部控制基础性评价应遵循重要性原则，着力防范可能产生的重大风险。

4. 内容（4）存在不当之处。

不当之处："组长由分管财务工作的副主任担任，并由其直接领导单位内部控制基础性评价工作"的观点不当。

理由：应在单位主要负责人直接领导下组织开展内部控制基础性评价工作。

5. 内容（5）存在不当之处。

不当之处一："内部控制基础性评价报告向内部控制基础性评价工作领导小组组长汇报"的观点不当。

理由：内部控制基础性评价报告应向单位主要负责人汇报。

不当之处二："单位内部控制基础性评价工作每2年进行一次"的观点不当。

理由：单位内部控制基础性评价工作至少每年进行一次。

【例9-15】甲单位是一家中央级行政单位，李某是该单位分管财务工作的副局长。按照年度工作计划，2021年6月李某召集由甲单位及所属乙、丙、丁等事业单位财务负责人参加的工作会议。会议分析了2021年上半年预算执行情况，并就以下事项提出了处理建议：

（1）甲单位经财政批复的2021年培训费预算为30万元。2021年6月，甲单位根据年度培训任务及计划，按规定程序组织业务部门参加各类专项业务工作培训，发生各项培训费共计17万元。因预计完成后续培训任务及计划所需经费支出较大，为避免甲单位年度培训费超预算，会议建议将此次发生的17万元培训费在乙单位列支。

（2）乙单位经财政批复的"M设备购置"项目于2021年6月10日前完成，项目资金已按合同及相关规定完成结算，形成项目支出结余资金10万元（财政授权支付额度）。为避免"M设备购置"项目剩余资金被财政收回，会议建议将剩余资金中的6万元用于尚存资金缺口的"W设备购置"项目。

（3）丙单位经财政批复的"跨区域水环境综合治理"项目预算为100万元，项目实施周期为1年。2021年3月，丙单位收到100万元授权支付额度。由于项目实施工作进展缓慢，截至2021年6月30日，预算执行率仍不足5%。为加快预算执行进度，会议建议将项目剩余资金全额拨付给丙单位下属A公司。

（4）2021年1~6月，丁单位取得的非财政补助收入累计超出预算300万元。丁单位根据上半年非财政补助收入实际超收数额，申请调整增加下半年人员经费基本支出预算中的对个人和家庭补助支出300万元。会议建议丁单位直接使用超收的非财政补助收入安排下半年对个人和家庭补助的预算支出。

（5）2021年3月，丁单位收到财政以授权支付方式批复的"计算机房改造"项目经费180万元，项目实施周期1年。该项目原计划于2021年3~6月实施，但由于计算机房改造方案存在较大争议，项目实施工作处于停滞状态，且未发生资金支出。2021年6月，丁单位决定提前终止该项目。会议建议将该项目资金作为结余资金处理。

（6）丁单位通过实施政府公开招标采购，从B公司购买了一台专用设备，设备价款190万元。2021年6月，丁单位需要为该专用设备添购专门配套设备，经财政批复的政府采购预算为50万元。为满足服务配套要求和提高采购工作效率，会议建议直接从B公司添购该批设备。

假定不考虑其他因素。

要求：

根据部门预算管理与政府采购相关规定，逐项判断事项（1）~（6）中的处理建议是否正确；如不正确，分别说明理由。

解析：

1. 事项（1）不正确。

理由：甲单位发生的培训费不应在下属乙单位列支。

2. 事项（2）不正确。

理由：项目结余资金原则上由财政收回，未经财政批准不得使用。

3. 事项（3）不正确。

理由：项目资金应严格按批复的预算执行，不得自行调整使用。

4. 事项（4）不正确。

理由：预算执行中发生的非财政补助收入原则上不再安排当年的基本支出，可报财政部门批准后，安排项目支出或结转下年使用。

5. 事项（5）正确。

6. 事项（6）不正确。

理由：该项目添购金额超出前一合同采购金额的10%，不符合采用单一来源采购方式的规定。

【例9－16】甲单位为一中央级事业单位，已实行国库集中支付并执行政府会计准则制度，未实行内部成本核算。2021年初，甲单位总会计师组织召开了由财务处、国有资产管理处、后勤管理处、规划建设处负责人参加的工作会议，就如何更好实施全面预算绩效管理进行沟通。有关人员的发言要点如下：

（1）总会计师：实施全面预算绩效管理有助于更好增强单位预算绩效意识，将“花钱必问效、无效必问责”落到实处，但同时也对单位提出了不少挑战，需要财务处及相关部门通力合作。财务处要按照全面实施预算绩效管理有关政策要求，结合单位实际，从建立完善相关预算绩效管理制度办法入手，做好全面实施预算绩效管理的建章立制工作。国有资产管理处要提高资产管理绩效，从资产购置、使用、处置等环节强化绩效意识，盘活存量资产，落实“过紧日子”要求，从严控制新增固定资产购置，借助信息化手段实现资产实物管理与价值管理、资产管理与预算管理、资产管理与绩效管理、资产管理与财务管理的无缝对接。后勤管理处要进一步提升后勤保障各类支出的绩效管理意识和能力，厉行节约，减少跑冒滴漏，杜绝浪费，加强与财务处的沟通，明确预算支出绩效管理相关各方的责权利。规划建设处要重点关注单位基本建设项目的产出绩效，合同签订、付款条件、合同进度管理等均要与绩效挂钩，要实现工程项目全过程绩效管理，不拖欠中小企业施工方的工程款。

（2）财务处处长：全面实施预算绩效管理相关政策明确规定，各级各类预算单位都要建立健全预算绩效管理制度，做到预算绩效管理的全覆盖，事前、事中、事后全过程体现，业务部门、财务部门、审计部门要协同发力。各部门都需要树立预算绩效观念，在建立完善预算绩效管理制度的同时，优化内部业务办理流程，重视预算绩效管理结果应用。为落实做细预算绩效管理工作，建议：①尽快委托第三方专业机构对单位如何有效实施预算绩效管理进行培训和指导；②自2021年1月起，在预算申报环节，所有财政拨款项目必须按要求设置项目支出绩效目标，非财政拨款项目暂不作要求；③财政拨款项目支出绩效指标设置要结合项目建设内容，对照项目工作任务清单，反映项目工作任务的全部产出，不得遗漏，从而完整呈现项目的产出绩效。

（3）国有资产管理处处长：单位现有存量固定资产规模较大、种类较多。资产管理信息化基础比较薄弱，借助信息化手段实现资产实物管理与价值管理、资产管理与预算管理、资产管理与绩效管理、资产管理与财务管理的无缝对接还有一定难度。2021 年新增固定资产购置预算金额近 6 000 万元，资产购置与管理任务繁重。全面实施预算绩效管理，从资产管理角度，重点是提高固定资产使用效率和使用效益，建议：①加强对新增固定资产购置的前期论证，确有必要购置的，在绩效目标设置上要体现前瞻性和挑战性；②强化存量资产归口管理部门绩效责任，量化产出绩效，明确产出责任，完善考评机制，提高存量资产的使用效率和使用效益；③简化资产处置程序，对使用效率低下，甚至长期闲置的资产，无论是否达到报废年限，均可直接作报废处理。

（4）后勤管理处处长：单位后勤保障支出主要涉及物业费、水电费、维修费、供暖费等四大类。作为单位基本运行经费，如何量化支出绩效，并确保绩效指标合理、可考核，还需要对历史数据进行分析，参照同类预算单位的先进做法，结合行业标准，综合分析确定。建议：①物业管理合同期限调整为 2021 年 1 ~ 12 月，细化物业服务内容和标准，物业服务质量按月考核，考核合格后按季度结算物业费。②水电费为按月计量按月结算，仅需关注单位产出的能耗变化。③供暖协议期限调整为 2021 年 11 月至 2022 年 3 月，重点关注供暖设备设施正常运行和室内温度达标情况，同时在 2021 年 11 月一次性支付供暖协议期内的全部供暖费，以提高预算执行率。④维修费应按项目管理，各维修工程子项目要明确产出的工程量、工程进度及工程质量验收标准。

（5）规划建设处处长：2021 年单位基本建设项目预算金额为 19 500 万元，合同已经签订，合同约定的基本付款条件为施工完成的工程量（工程进度）、工程质量以及第三方审计意见。鉴于基本建设项目投资金额大，且实际建设成本可能超出投资预算，从加强预算绩效管理角度，建议：①必须在确保施工质量的同时严控成本和防范资金支付风险；②在达到基本付款条件后即可直接向施工企业支付工程款，对小额基建工程款支付可以不履行授权审批程序；③工程完工验收直接委托监理方组织，由监理方出具验收意见即可。

假定不考虑其他因素。

要求：

根据国家部门预算管理、行政事业单位资产管理、行政事业单位内部控制、预算绩效管理等相关规定，回答下列问题：

1. 总会计师的发言是否存在不当之处；如存在不当之处，指出不当之处并说明理由。

2. 分别判断财务处处长所提的建议是否正确；如不正确，分别说明理由。

3. 分别判断国有资产管理处处长所提的建议是否正确；如不正确，分别说明理由。

4. 分别判断后勤管理处处长所提的建议是否存在不当之处，对存在不当之处的分别说明理由。

5. 分别判断规划建设处处长所提的建议是否正确；如不正确，分别说明理由。

解析：

1. 总会计师的发言不存在不当之处。

2. 财务处处长的建议①正确。

建议②不正确。

理由：预算绩效管理应覆盖全部预算资金，既包括财政拨款，也包括非财政拨款。

建议③不正确。

理由：项目绩效指标设置应选取能够体现项目主要产出和核心效果的指标，突出重点任务和核心产出。

3. 国有资产管理处处长的建议①正确。

建议②正确。

建议③不正确。

理由：已达使用年限仍可继续使用的国有资产应当继续使用；资产报废应当履行必要的审批程序，单位不能自行决定。

4. 后勤管理处处长的建议①不存在不当之处。

建议②存在不当之处。

理由：还应关注水电正常保障情况，并设置相应的绩效指标。

建议③存在不当之处。

理由：预算资金支付与供暖绩效实现程度应当保持同步，须按供暖进度分期支付供暖费。

④不存在不当之处。

5. 规划建设处处长的建议①正确。

建议②不正确。

理由：对达到基本付款条件的工程项目应当严格履行授权审批程序后，再办理工程款支付。

建议③不正确。

理由：工程完工验收应当由甲单位作为建设方组织，负责勘察、设计、施工、监理以及政府有关行业主管部门等相关各方参与，共同出具验收意见。

【例9－17】 甲单位为一家中央级事业单位，乙单位、丙单位为甲单位的下属事业单位，均已实行国库集中支付并执行政府会计准则制度。李某是甲单位新上任的负责财务工作的总会计师。2021年3月5日，李某召集由本单位及所属乙、丙两家事业单位的财务负责人参加的工作会议，针对近期本单位及所属单位预算管理、资产管理、内部控制等方面的工作进行沟通和讨论，有关事项如下：

（1）关于预算管理。甲单位年初经财政批复的A实验室建设项目预算200万元，项目建设内容为购置1台大型专用实验设备，但由于实验室建设项目负责人已经调离甲单位，该专用设备购置后将出现闲置。为此，甲单位实验室管理部门负责人建议：①为完成项目建设内容、加快预算执行，应尽快履行设备购置相关手续，可以暂不考虑项目预算绩效目标预期实现程度；②为避免A实验室建设项目所购实验设备闲置，也可以将A实验室建设项目经费200万元，直接用于B实验室建设项目。

（2）关于政府采购。乙单位政府采购项目活动的实施由其采购中心负责，因2021年上半年采购项目多、工作量大，采购中心认真分析了各采购项目需求，力争缩短采购时间，提高采购工作效率。为此，乙单位采购中心建议：①采购的货物或服务具有特殊性、只能从有限范围的供应商处采购的，可以采用邀请招标方式采购；②只能从唯一供应商处采购的，可以采用单一来源方式采购。

（3）关于资产管理。2021年初，丙单位对资产使用情况进行了摸底调查，发现存在资产使用和保管责任不清、部分大型仪器设备使用效率不高、资产处置程序不清晰、资产账实不符等问题。为此，丙单位资产管理部门负责人建议：①应当明确资产使用和保管责任人，落实资产使用人在资产管理中的责任；②应当按照国有资产处置管理规定，明确资产处置的程序；③应当加强资产使用的动态管理，提高大型仪器设备使用效率，将使用率不高的大型仪器设备直接对外出租；④应当定期清查盘点资产，确保账实相符。

假定不考虑其他因素。

要求：

根据国家部门预算管理、预算绩效管理、政府采购、行政事业单位国有资产管理、行政事业单位内部控制等有关规定，回答下列问题：

1. 分别判断资料（1）中实验室管理部门负责人的建议①和建议②是否正确；如不正确，分别说明理由。

2. 分别判断资料（2）中采购中心的建议①和建议②是否正确；如不正确，分别说明理由。

3. 分别判断资料（3）中资产管理部门负责人的建议①~④是否存在不当之处；对存在不当之处的，分别说明理由。

解析：

1. 资料（1）中的建议：

建议①不正确。

理由：预算执行中单位应对资金运行状况和绩效目标预期实现程度开展绩效监控。

建议②不正确。

理由：项目资金应当严格按批复的预算执行，单位不得自行调整。

2. 资料（2）中的建议：

建议①正确。

建议②正确。

3. 资料（3）中的建议：

建议①不存在不当之处。

建议②不存在不当之处。

建议③存在不当之处。

理由：事业单位对外出租资产应当履行报批程序。

建议④不存在不当之处。

【例9-18】甲单位为一家中央级事业单位，已实行国库集中支付并执行政府会计准则制度。2021年7月5日，甲单位分管财务工作的领导主持召开了由财务处、资产管理处相关人员参加的工作会议，听取近期工作汇报。部分事项如下：

（1）甲单位经财政部门批复的A设备购置项目任务已于2021年6月30日前完成，项目资金按合同以财政授权支付方式及相关规定完成了结算，形成项目支出结余资金5万元。为解决B设备购置项目（与A设备购置项目支出功能分类不同）资金不足问题，财务处李某建议：将项目支出结余资金5万元直接用于B设备购置项目。

（2）甲单位2021年初制定并实施的项目经费预算绩效管理办法规定，在预算编制环节，各二级预算单位申请项目经费必须如实编报支出绩效目标，且绩效目标设置应指向明确、细化量化、合理可行、相应匹配。为做好2022年"一上"预算编报工作，财务处张某建议：在编报2022年项目经费预算时，应加强对拟入库项目的绩效目标审核，审核符合要求后方可纳入项目库管理。

（3）2021年6月，甲单位采用公开招标方式采购一批仪器设备（未纳入集中采购目录范围，但达到政府采购限额标准和公开招标数额标准）。投标文件接收截止日后，只有两家供应商投标，因而出现废标。如果继续采用公开招标方式采购，仍然可能出现废标。为此，资产管理处刘某建议：对该仪器设备直接采用竞争性谈判或其他非招标采购方式进行采购。

（4）甲单位C信息化建设项目财政批复的预算为600万元，计划于2021年8月起执行，拟采用公开招标方式进行采购。考虑到项目预算额度比较充足，为防止供应商低价中标影响项目建设质量，资产管理处孙某建议：在公开招标公告中，应根据建设项目的价格测算情况设定最低限价。

假定不考虑其他因素。

要求：

根据国家部门预算管理、行政事业国有资产管理、政府采购等相关规定，逐项分析判断事项（1）~（4）中的建议是否正确；如不正确，分别说明理由。

解析：

1. 事项（1）的建议不正确。

理由：项目支出结余资金原则上由财政部收回，单位不得自行安排使用。

2. 事项（2）的建议正确。

3. 事项（3）的建议不正确。

理由：废标后需要采用其他方式采购的，应当在采购活动开始前，获得政府采购监督管理部门批准。

4. 事项（4）的建议不正确。

理由：采购人根据价格测算情况可以设定最高限价，但不得设定最低限价。

【例9-19】甲单位是一家中央级事业单位，已实行国库集中支付并执行政府会计准则制度。2022年4月，甲单位内部审计部门对本单位2021年预算与财务管理情况开展专项检查，发现以下事项：

（1）2021年甲单位所属事业单位A研究所和B培训中心，共发生收入1 500万元、支出1 460万元。鉴于A研究所和B培训中心与同级财政不存在拨款关系，甲单位2021年部门预决算仅反映本级收支，未将所属两家事业单位纳入部门预决算管理。

（2）2021年甲单位经财政批复的C土壤环境监测项目，绩效目标仅论述了项目的必要性，未按规定全面反映当年项目预计完成的主要工作任务。在项目预算与2020年存在较大差异的情况下，照搬上年度目标，绩效目标设定与实际情况不符。项目产出缺乏细化、量化的绩效指标，难以评价执行结果。

（3）2021年甲单位应急抢险排水设备购置项目，财政批复的设备采购预算为850万元。考虑到新组建的应急抢险队伍工作经验不足，经单位领导班子集体研究同意，采购部门直接与中标供应商签订了包括800万元设备采购和50万元应急抢险队伍培训的合同，且合同已经执行完毕，实际采购应急抢险排水设备800万元。

（4）甲单位2021年会议计划申报并获批的D国际会议，计划参会人员300人，经费预算50万元。2021年10月，甲单位筹备组织会议过程中，为提高会议国际影响力，经单位领导班子集体研究同意后，直接放宽参会条件、扩大参会人员范围，实际参会人数达到460人，会议费预算实际支出76万元。

（5）2021年甲单位为支持所属事业单位A研究所尽快转型实现高质量发展，经单位领导班子集体研究同意后，直接向A研究所无偿出借资金500万元，用于A研究所科技成果转化落地的临时性周转。截至检查日，出借资金500万元尚未收回。

（6）2021年甲单位采用公开招标方式采购物业管理服务，因招标过程中存在投标人串标，致使出现废标。废标后，为尽快确定物业管理供应商，确保物业服务不断档和无缝衔接，经单位领导班子集体研究同意后，甲单位后勤部门直接与上年度物业管理供应商签订了采购合同，合同金额400万元。

（7）2021年12月，甲单位成立资产清查工作小组并开展资产清查，清查发现甲单位经报批同意已处置的500平方米房产仍挂在固定资产账上。该房产账面价值302万元，处置收入200万元。截至检查日，甲单位财务部门对该房产未做销账处理，资产处置收入尚未上缴国库。

（8）2021年初经财政批复的W改造工程项目，预算资金300万元已经到位，因前期准备不足，主要改造任务无法实施，相关工作推进极为缓慢。2021年10月，经单位领导班子集体研究决定，将W改造工程项目预算资金300万元，直接用于已经完工但仍存在资金缺口的E改造工程项目。

假定不考虑其他因素。

要求：

根据国家部门预算管理、行政事业单位国有资产管理、政府采购、预算绩效管理、行政事业单位内部控制等相关规定，分别判断事项（1）~（8）的处理或做法是否存在不当之处；对存在不当之处的，分别说明理由。

解析：

1. 事项（1）的处理存在不当之处。

理由：单位预算应当反映本单位的全部支出。

2. 事项（2）的做法存在不当之处。

理由：项目绩效目标设置应当指向明确、合理可行、细化量化、相应匹配。

3. 事项（3）的处理存在不当之处。

理由：项目采购预算应当严格按照批复的内容执行，单位不得自行调整。

4. 事项（4）的处理存在不当之处。

理由：会议费预算应当严格按照批复的内容执行，单位不得自行调整。

5. 事项（5）的做法存在不当之处。

理由：未经批准，不得出借资金。

6. 事项（6）的做法存在不当之处。

理由：未履行采购方式变更报批程序，不符合单一来源采购条件。

7. 事项（7）的做法存在不当之处。

理由：对已处置资产应当及时销账确保账实相符，资产处置收入应当及时上缴国库。

8. 事项（8）的做法存在不当之处。

理由：项目预算应当严格按照批复的内容执行，专款专用，单位不得自行调整。

【例 9－20】 甲单位为一家中央级事业单位（非研究开发机构和高等院校），已实行国库集中支付并执行政府会计准则制度。2022 年 5 月甲单位审计处对该单位 2021 年预算执行、资产管理等情况进行审计时，关注到如下事项：

（1）2021 年 3 月，甲单位收到以财政授权支付方式拨付的“M 实验室建设”项目经费 300 万元，该项目实施周期为一年，财政批复的项目支出预算包括设备费、会议费和专家咨询费。截至 2021 年 10 月末，该项目预算执行率为 9%，实施工作进展缓慢。为加快预算执行进度，经领导班子集体研究同意后，甲单位于 2021 年 11 月使用该项目资金 100 万元用于另一实验室建设项目新增设备购置。

（2）2021 年 4 月，甲单位收到以财政授权支付方式拨付的“业务办理大厅改造”项目经费 400 万元，项目实施周期为 2 年。甲单位按规定程序实施公开招标，并于 2021 年 6 月同中标公司签订了 400 万元的施工合同，合同约定工程款按施工进度支付。2021 年 6 ~ 12 月，甲单位根据该工程施工进度 50%，累计支付工程款 200 万元。2021 年末，经领导班子集体研究同意后，甲单位将改造项目尚未列支的预算资金 200 万元作为结转资金处理。

（3）2021 年 8 月，按规定程序报经批准后，甲单位以公开招租形式对外出租闲置办公楼，经领导班子集体研究同意后，甲单位确定该闲置办公楼的年出租价格不低于 350 万元，出租期限与承租人协商确定。通过公开招租，A 公司以年租金 380 万元的最高价格获得承租权，甲单位随后按程序与 A 公司签订了 10 年期的办公楼租赁协议。

（4）甲单位闲置的一套大型专用设备，账面原值为 1 900 万元，已提取折旧 1 300 万元，账面价值为 600 万元。2021 年 9 月，经领导班子集体研究同意后，甲单位随即与具有战略合作关系的乙事业单位签订了捐赠协议，并将该套大型专用设备捐赠给乙事业单位。

（5）2021 年 10 月，甲单位按规定采用竞争性谈判方式采购一套大型专用设备，并成立了由 1 名本单位采购代表、6 名资格符合要求的评审专家共 7 人组成的竞争性谈判小组。甲单位 2021 年 11 月 10 日发出谈判文件后 5 个工作日内，共有 6 家符合相应资格条件的供应商提交响应文件。2021 年 11 月 20 日，考虑到 6 家供应商都属于按财政部要求确定的供应商库中的企业，甲单位从中随机选取了 2 家供应商参与竞争性谈判，并随后按相关规定程序确定了成交供应商。

假定不考虑其他因素。

要求：

根据部门预算管理、政府采购、国有资产管理等国家有关规定，逐项判断事项（1）~（4）中甲单位的处理是否正确，如不正确，分别说明理由；指出事项（5）中甲单位处理存在的不当之处，并说明理由。

解析：

1. 事项（1）的处理不正确。

理由：项目支出预算一经批复，单位应严格执行，未经批准不得自行调整。

2. 事项（2）处理正确。

3. 事项（3）处理不正确。

理由：资产出租期限一般不得超过 5 年。

4. 事项（4）处理不正确。

理由：一次性处置账面原值在 1 500 万元以上的国有资产，应经上级主管部门审核同意后报财务部当地监管局审核，审核通过后报财政部审批。

5. 事项（5）的处理存在的不当之处：随机抽取了 2 家供应商参与竞争性谈判。

理由：应随机抽取不少于 3 家供应商参与竞争性谈判。

【例 9－21】 甲单位为一家中央级事业单位，乙单位和丙单位为甲单位的下属事业单位。甲、乙、丙单位均已实行国库集中支付并执行政府会计准则制度，且有企业所得税缴纳义务。2021 年 8 月甲单位总会计师李某召集由本单位有关部门负责人参加的工作会议，就近期甲单位预算管理、预算绩效管理、政府采购、资产管理、内部控制等相关工作进行沟通和讨论。与会人员的发言要点如下：

（1）财务部门负责人：近年来，国家颁布了一系列关于全面实施预算绩效管理的文件。2021 年 7 月，本单位被上级部门确定为整体支出绩效评价试点单位。为推动试点工作有序开展，甲单位目前需要制订整体支出绩效评价试点工作实施方案。为此建议：①重点加强财政资金预算绩效管理工作，对已纳入部门预算的非财政资金，不纳入整体支出绩效评价范围。②提高部门预算支出执行进度，将本年度无法实施的项目预算统筹调整用于新增项目，并按规定履行报批手续。③未按要求设定绩效目标的新增项目支出先纳入项目库管理。④构建全过程预算绩效管理闭环系统，加快推进预算绩效管理信息化建设，促进本单位业务、财务、资产等信息互联互通。

（2）采购部门负责人：受政府采购归口管理部门调整影响，2021 年 1 ~ 7 月甲单位政府采购预算执行进展缓慢，绝大部分政府采购项目刚刚启动招标工作，需要进一步加强政府采购执行管理，提高政府采购执行效率。为此，建议：①对于允许采用分包方式履行合同的，应当在采购文件中明确可以分包履行的具体内容、金额或者比例。②对于满足合同约定支付条件的，应当自收到发票后，45 日内将资金支付到合同约定的供应商账户。

（3）内部控制部门负责人：2021 年 6 月甲单位成立工作组，对乙单位 2020 年内部控制建设情况进行专项检查。检查发现：①2020 年 1 月，乙单位制定了本单位货币资金授权审批控制措施，明确了各业务部门负责人须在授权范围内进行审批，并规定大额资金直接由分管财务工作的领导班子副职审批后即可办理支付。②2020 年 3 ~ 6 月，乙单位财务部门负责人，根据本单位 2019 年内部控制建设工作实际情况及取得的成效，以能够反映内部控制工作基本事实的相关材料为支撑，按照统一报告格式编制完成内部控制报告，经乙单位分管财务工作的领导班子副职审批后直接上报甲单位。

（4）审计部门负责人：根据年度审计工作计划，已完成对丙单位 2021 年上半年资产管理工作检查。检查发现：①丙单位在自有房产 2 000 平方米对外出租（租期即将结束）的情况下，经领导班子集体研究决定，于 2021 年 1 月以更高价格直接从某民营企业承租房产 1 000 平方米，并签订了 10 年期的租赁合同。②丙单位下属全资企业 A 电子商务中心 2021 年 1 月购置 3 辆公务用车，并聘用 3 名公务用车专职司机，但上半年 3 辆车总计使用 18 次。③丙单位经领导班子集体研究，同意其控股企业 C 公司增资扩股，致使丙单位于 2021 年 5 月丧失了对 C 公司的控股地位。④丙单位财务部门有关工作人员根据 E 银行理财产品的销售宣传，2021 年 6 月直接将到期银行定期存款 2 000 万元，用于购买 E 银行理财性质产品。

假定不考虑其他因素。

要求：

根据国家部门预算管理、预算绩效管理、政府采购、行政事业单位国有资产管理、行政事业单位内部控制的相关规定，回答下列问题：

1. 分别判断资料（1）中财务部门负责人的建议① ~ ④是否存在不当之处；对存在不当之处的分别说明理由。

2. 分别判断资料（2）中采购部门负责人的建议①和建议②是否存在不当之处；对于存在不当之处的，分别说明理由。

3. 根据资料（3）中乙单位发生的事项①和事项②，分别判断乙单位的规定或做法是否存在不当之处；对于存在不当之处的，分别说明理由。

4. 根据资料（4）中丙单位发生的事项①～④，分别判断丙单位的做法是否存在不当之处；对存在不当之处的，分别说明理由。

解析：

1. 建议①存在不当之处。

理由：整体支出预算绩效评价应覆盖纳入部门预算的所有资金。

建议②不存在不当之处。

建议③存在不当之处。

理由：未按要求设定绩效目标的项目支出，不得纳入项目库管理。

建议④不存在不当之处。

2. 建议①不存在不当之处。

建议②存在不当之处。

理由：对于满足合同约定支付条件的，应当自收到发票后30日内将资金支付到合同约定的供应商账户。

3. 事项①的规定存在不当之处。

理由：大额资金支付审批，应当实行集体决策。

事项②的做法存在不当之处。

理由：内部控制报告应经单位主要负责人审批后对外报送。

4. 事项①的做法存在不当之处。

理由：租赁价格不公允，且租赁期过长。

事项②的做法存在不当之处。

理由：资产使用效率和资金使用效益低下。

事项③的做法存在不当之处。

理由：对外投资未履行必要的报批程序，导致对外投资失控。

事项④的做法存在不当之处。

理由：未履行“三重一大”决策程序，存在资产损失风险。

【例9－22】 甲单位为一家中央级事业单位，已实行国库集中支付并执行政府会计准则制度。2021年7月25日，单位总会计师组织召开由财务处、采购中心、资产管理处等部门负责人参加的工作会议，与会人员就近期工作进行了交流。有关资料如下：

（1）关于预算管理。甲单位2021年经批复的财政项目均设定了项目绩效目标，其中食品安全政策研究项目的绩效目标主要是编写完成《食品安全政策研究报告》。该项目预算60万元（含数据采集费25万元、差旅费20万元、劳务费15万元），实施周期一年

(2021年1月1日至12月31日)。截至本次会议召开之日，项目实施进展缓慢，且预算仅支出劳务费5万元。为加快项目执行，项目负责人提出将项目剩余资金55万元全部用于购置食品安全数据分析监测设备。为此，财务处建议：①项目预算执行中，应对绩效目标实现程度和预算资金支付状况实行监控，发现问题及时纠正，力保绩效目标如期实现。②同意将项目剩余资金55万元用于购置食品安全数据分析监测设备，会后立即开始采购。

（2）关于政府采购。甲单位对政府采购活动实施归口管理，由采购中心负责。因下半年采购项目多，工作量大，采购中心认真分析了各采购项目需求，力争缩短采购时间，提高采购工作效率。为此，采购中心建议：①采购的货物或服务具有特殊性，只能从有限范围的供应商处采购的，可以采用邀请招标方式采购。②必须保证原有采购项目一致性的服务或配套服务要求，需要继续从原供应商处添购的，无论添购金额大小，均可以采用单一来源方式采购。

（3）关于资产管理。2021年6月，甲单位在资产清查中对存量资产进行了盘点，并对所有资产使用情况进行了摸底调查，发现存在资产使用和保管责任不清、部分资产盘亏、大型仪器设备使用效率不高的问题。为此，资产管理处建议：①应当明确资产使用和保管责任人，落实资产使用和保管责任人在资产管理中的责任。②应当保证资产账实相符，对盘亏资产做销账处理，并由财务处立即确认资产盘亏损失。③应当加强资产使用环节的动态管理，提高大型仪器设备使用效率。

（4）关于内部控制。2021年6月，上级部门对甲单位的内部控制建设情况进行了检查，检查发现甲单位议事决策的执行存在缺陷。具体表现在：2020年11月经领导班子集体研究，甲单位决定对单位食堂燃气安全控制系统进行更新改造，责成后勤部门提出更新改造方案并尽快实施，但后勤部门一直未开展相关工作，安全隐患依然存在。为此，财务处提出整改建议：加强对决策执行的追踪问效，注重决策落实，尽快实施单位食堂燃气安全控制系统更新改造相关工作，消除安全隐患。

假定不考虑其他因素。

要求：

根据国家部门预算管理、预算绩效管理、政府采购、行政事业单位国有资产管理、行政事业单位内部控制的相关规定，回答下列问题：

1. 分别判断资料（1）中财务处的建议①和建议②是否存在不当之处；对存在不当之处的，分别说明理由。

2. 分别判断资料（2）中采购中心的建议①和建议②是否存在不当之处；对存在不当之处的，分别说明理由。

3. 分别判断资料（3）中资产管理处的建议①～③是否存在不当之处；对存在不当之处的，分别说明理由。

4. 判断资料（4）中财务处提出的整改建议是否正确；如不正确，说明理由。

解析：

1. 建议①不存在不当之处。

建议②存在不当之处。

理由：项目应当按照批复的预算实施，执行中不得自行调整。

2. 建议①不存在不当之处。

建议②存在不当之处。

理由：还须满足添购资金总额不超过原合同金额10%，才符合单一来源采购条件。

3. 建议①不存在不当之处。

建议②存在不当之处。

理由：财政部门批复，备案前的资产损失单位不得自行进行账务处理。

建议③不存在不当之处。

4. 建议正确。

【例9-23】 甲单位是一家中央级事业单位，已实行国库集中支付并执行政府会计准则制度。2022年3月，甲单位总会计师召集由本单位及下属乙、丙、丁三单位财务、资产、采购、审计等部门负责人参加的工作会议，就2022年近期预算管理、资产管理、采购管理、内部控制等方面的工作进行沟通和研究。部分与会人员的发言要点如下：

（1）甲单位财务部门负责人：认真落实过紧日子要求，盘活存量，降低结转结余资金规模，控制增量，强化绩效导向，持续提升预算资金效益。建议：①作为预算管理一体化试点单位，应按照预算管理一体化建设要求，将预算项目作为预算管理的基本单元。除人员经费外，其他预算支出应以预算项目形式纳入项目库，实施全生命周期管理。②加强项目支出结转资金管理，如果项目支出结转资金2021年决算批复数与2022年预算批复数不一致的，可暂以2022年预算批复数作为结转资金执行依据。③加强预算绩效管理，不断健全预算编制有目标、预算执行有监控、预算完成有评价、预算结果有反馈、反馈结果有应用的全过程预算绩效机制。

（2）乙单位政府采购部门负责人：乙单位2022年的政府采购预算中，有多个预算金额在1 000万元以上、与新基建配套的采购项目，且采购内容复杂，任务量较大，需要妥善做好此类项目的采购工作。建议：①加强采购项目需求管理，在确定采购需求前，通过咨询、论证、问卷调查等方式开展需求调查，了解相关产业发展、市场供给、同类采购项目历史成交信息，可能涉及的运行维护、升级更新、备品备件、耗材等后续采购，以及其他相关情况。②面向市场主体开展需求调查时，选择的调查对象应当具有代表性，且一般不少于2个。③评标委员会由采购人代表和评审专家组成，成员人数应当为5人以上单数，其中评审专家不得少于成员总数的2/3。

（3）丙单位资产管理部门负责人：丙单位为2021年整体划转至甲单位的国家设立的研究开发机构，丙单位近期经批准将本单位持有的W科技成果有偿转让给国有全资企业A公司，并要求资产管理部门负责制定具体转让工作方案。建议：①确定转让价格前，必须委托具有资产评估资质的资产评估机构对 W 科技成果进行资产评估；②通过协议定价方式确定的 W 科技成果交易价格，应当在本单位进行公示；③经单位领导班子集体研究确定的 W 科技成果转让方案，必须报有关部门审批或备案后方可实施；④W 科技成果转化所获得的收入由单位领导班子集体研究自主分配。

（4）丁单位审计部门负责人：年初经单位领导班子集体研究决定聘请第三方机构对 2021 年的单位内部控制进行评价，从评价反馈看，单位内部控制还存在一些薄弱之处，需要各部门予以重视并及时整改。建议：①建立多部门多岗位，尤其是重要部门和关键岗位的联动机制，定期分析评估单位内部控制风险表现，提出相应控制措施；②应重视年度内部控制报告的编制、报送与结果应用，财务负责人对内部控制报告的真实性和完整性负责；③应定期开展对内部控制报告质量的监督检查，提高内部控制报告的质量；④积极探索推进内部控制报告的适当公开。

假定不考虑其他因素。

要求：

根据国家部门预算管理、预算绩效管理、政府采购、行政事业单位国有资产管理、行政事业单位内部控制等有关规定，回答下列问题：

1. 分别判断资料（1）中甲单位财务部门负责人的建议①～③是否存在不当之处；对存在不当之处的，分别说明理由。

2. 分别判断资料（2）中乙单位政府采购部门负责人的建议①～③是否存在不当之处；对存在不当之处的，分别说明理由。

3. 分别判断资料（3）中丙单位资产管理部门负责人的建议①～④是否存在不当之处；对存在不当之处的，分别说明理由。

4. 判断资料（4）中丁单位审计部门负责人的建议①～④是否存在不当之处；对存在不当之处的，分别说明理由。

解析：

1. 甲单位财务部门负责人的建议①存在不当之处。

理由：预算项目是预算管理的基本单元，全部预算支出都应当以预算项目形式进行管理。

建议②存在不当之处。

理由：应当以 2021 年决算批复数作为结转资金执行依据。

建议③不存在不当之处。

2. 乙单位政府采购部门负责人的建议①不存在不当之处。

建议②存在不当之处。

理由：面向市场主体开展需求调查时，选择的调查对象一般不少于 3 个，并应当具有代表性。

建议③存在不当之处。

理由：评标委员会由采购人代表和评审专家组成，成员人数应当为 7 人以上单数。

3. 丙单位资产管理部门负责人的建议①存在不当之处。

理由：确定转让价格前，对W科技成果可以不进行资产评估。

建议②不存在不当之处。

建议③存在不当之处。

理由：不需报有关部门审批或备案即可实施。

建议④不存在不当之处。

4. 丁单位审计部门负责人的建议①不存在不当之处。

建议②存在不当之处。

理由：单位主要负责人应当对内部控制报告的真实性和完整性负责。

建议③不存在不当之处。

建议④不存在不当之处。

【例9-24】甲单位是一家中央级事业单位，已实行国库集中支付并执行政府会计准则制度。2022年2月，甲单位委托某会计师事务所对本单位及下属乙、丙、丁三家单位2021年度的预算管理、资产管理、采购管理、内部控制等工作进行为期3个月的检查。2022年5月，甲单位总会计师召集由本单位及下属乙、丙、丁三家单位财务、资产、采购、审计等部门负责人参加的工作会议，听取某会计师事务所对检查过程中发现问题所做的反馈。部分事项如下：

（1）甲单位财务部门在编制2021年预算时，根据预算编报日的单位实有人员数和2021年度单位计划招聘人员数申请人员经费预算，在人员招聘未到位的情况下，多申请人员经费预算80万元，并于2021年将其用于实际在职人员的经费支出。

（2）2021年11月，甲单位经批准报废一批办公家具，该批办公家具的资产处置手续已经办理完毕，但甲单位财务部门提供的2021年末固定资产账以及2021年决算报表中仍然包括该批办公家具，致使资产账实不符100万元。

（3）2021年12月，甲单位后勤部门按照公务用车当月预计运行公里数和2022年1～3月预计运行公里数，计算确定加油卡充值额，总计通过银行转账方式支付12万元加油费。甲单位财务部门据此在2021年12月将12万元加油费全部计入当年预算支出。

（4）2021年1月，乙单位通过公开招标方式采购2021年度物业服务，招标及竞标文件均明确物业服务按月提供、按月验收，物业费根据验收结果按季度支付。甲单位采购部门与中标方A公司签订物业服务政府采购合同时，修改了招标文件中已确定的付款条件、付款期限、付款比例等事项，物业费结算在合同签订时预付50%，年末进行一次物业服务质量验收，再支付剩余的50%。

（5）乙单位经公开招标并同中标方B公司签订了一批设备采购合同，B公司按合同约定于2020年12月支付给乙单位10万元的履约保证金。2021年8月，采购合同履行完毕，乙单位采购部门向B公司退还10万元履约保证金，并将10万元履约保证金在2021年获批的财政专项C采购项目结余资金中列支。

（6）丙单位为增强某项特殊任务安保力量于2021年初临时聘用3名安保人员，聘期6个月。特殊任务完成后，丙单位财务部门将累计发生的临时聘用安保人员经费支出8万元，在高层次人才计划专项资金中列支。

（7）丙单位2021年经财政批复的D科技推广专项项目计划开展的工作任务主要包括：对相关行业调研并撰写调研报告、开展科技成果推广宣传活动、同重点企业洽谈合作并签订合作意向书。D科技推广专项项目的绩效目标为形成1份调研报告和开展3场科技成果推广宣传活动。截至2021年底，D科技推广专项项目绩效目标全部完成，项目资金也已全部支出。丙单位财务部门牵头组织对D科技推广专项项目的绩效自评为满分。

（8）丁单位办公大楼修缮工程于2021年8月完工并通过验收投入使用。办公大楼修缮过程中已经领用且计入工程成本的剩余石料50万元由乙单位资产管理部门单独存放。2021年9~12月乙单位资产管理部门共计发生剩余石料保管费0.8万元。

（9）2021年7月，经单位领导班子集体研究同意后，丁单位资产管理部门直接将1 000平方米房产、2 000平方米农产品养殖大棚等构筑物及2套设备设施对外出租给民营企业使用。截至检查日，丁单位资产管理部门尚未收取2021年7~12月的租金。

（10）丁单位使用财政资金60万元建成的某信息平台，于2021年10月通过验收。丁单位据此支付了全部合同价款。但自该信息平台建成以来，丁单位资产管理部门未将其在单位资产管理系统中登记，直接委托下属企业实际控制并无偿使用。

假定不考虑其他因素。

要求：

根据国家部门预算管理、预算绩效管理、政府采购、行政事业单位国有资产管理、行政事业单位内部控制等有关规定，回答下列问题：

1. 分别判断事项（1）~（3）中甲单位财务部门的做法是否存在不当之处；对存在不当之处的，分别说明理由。

2. 分别指出事项（4）~（5）中乙单位政府采购部门的做法或处理存在的不当之处，并说明理由。

3. 分别判断事项（6）~（7）中丙单位财务部门的处理是否正确；如不正确，分别说明理由。

4. 分别判断事项（8）~（10）中丁单位资产管理部门的做法是否存在不当之处；对存在不当之处的，分别说明理由。

解析：

1. 事项（1）中甲单位财务部门的做法存在不当之处。

理由：人员经费预算编报的基础数据不真实，且超标准支付人员经费。

事项（2）中甲单位的做法存在不当之处。

理由：资产处置后应当及时办理销账手续。

事项（3）中甲单位的做法存在不当之处。

理由：本年度列支了应当属于下年度的预算支出。

2. 事项（4）中乙单位政府采购部门的做法存在的不当之处：修改了招标文件中已确定的付款条件、付款期限、付款比例等事项。

理由：同中标方签订合同时不得对竞标文件作实质性修改。

事项（5）中乙单位政府采购部门的处理存在的不当之处：将10万元履约保证金在2021年获批的财政专项C采购项目经费结余中列支。

理由：10万元履约保证金应当从实有资金基本存款户中支付，项目经费结余资金原则上应由财政收回。

3. 事项（6）中丙单位财务部门的处理不正确。

理由：项目经费应当严格按照批复的预算执行，单位不得自行调整。

事项（7）中丙单位财务部门的处理不正确。

理由：项目产出绩效未涵盖项目主要实施内容，相关资金支出未能全面反映项目绩效情况；绩效自评结果未准确反映实施实际效果，绩效自评依据不充分。

4. 事项（8）中丁单位资产管理部门的做法存在不当之处。

理由：工程成本不实，且形成账外资产。

事项（9）中丁单位资产管理部门的做法存在不当之处。

理由：出租资产应当履行报批程序，且应当实行公开竞价招租，租金纳入单位预算管理。

事项（10）中丁单位资产管理部门的做法存在不当之处。

理由：应当将建成的信息平台纳入单位资产管理；信息平台由下属企业实际控制并无偿使用应当履行报批程序。

第十章　金融工具会计

【例 10－1】甲公司系在上海证券交易所上市的企业。注册会计师在对甲公司 2021 年度财务报表进行审计时，关注到甲公司 2021 年度下列有关金融工具业务及其会计处理事项：

（1）2021 年 1 月 8 日，甲公司购入 A 公司股票，不具备对 A 公司实施控制、共同控制或重大影响；A 公司股票具有活跃市场。甲公司将购入的 A 公司股票指定为以公允价值计量且其变动计入其他综合收益的金融资产。2021 年 12 月 31 日，甲公司仍持有该股票投资。对此，甲公司将该股票投资的公允价值变动及当年应收的现金股利均计入了所有者权益。

（2）2021 年 10 月 14 日，甲公司因急需周转资金，与某商业银行签订了应收账款保理合同。甲公司将应收 S 公司货款 3 000 万元转移给该商业银行，取得货币资金 2 600 万元。根据合同约定，该商业银行到期无法从 S 公司收回全部货款时，有权向甲公司追偿。对此，甲公司终止确认了对 S 公司的应收账款。

（3）2021 年 10 月 31 日，甲公司以 50 000 元购入一项债券投资组合，初始确认为以摊余成本计量的金融资产。2021 年 12 月 31 日，考虑到该债券组合公允价值持续下跌至 49 000 元，甲公司将该债券投资重分类为以公允价值计量且其变动计入其他综合收益的金融资产。

（4）2021 年 12 月 31 日，甲公司根据客观证据判断所拥有的某长期应收款项发生了减值。该长期应收款项系甲公司于 2021 年 10 月 8 日取得，收款期为 18 个月，且金额重大；取得该长期应收款项时，经计算确定的实际利率为 5%。2021 年 12 月 31 日，与该长期应收款项特征类似的债权的年化市场利率为 5.6%。对此，甲公司采用市场利率 5.6% 对该长期应收款项的未来现金流量予以折现确定现值，并将该现值与 2021 年 12 月 31 日该长期应收款项的账面价值之间的差额确认为减值损失，计入当期损益。

（5）2021 年 12 月 31 日，甲公司综合考虑相关因素后，判断其生产产品所需的某原材料的市场价格将在较长时期内持续上涨。对此，甲公司决定对 3 个月后需购入的该原材料采用卖出套期保值方式进行套期保值，并与有关方签订了正式协议。

假定不考虑其他因素。

要求：

1. 根据资料（1）~（4），逐项判断甲公司的会计处理是否正确；对不正确的，分别说明理由。

2. 根据资料（5），判断甲公司采用的套期保值方式是否恰当，并说明理由。

解析：

1. 资料（1）的会计处理不正确。

理由：应将当年应收的现金股利作为投资收益处理，不应计入所有者权益。

资料（2）的会计处理不正确。

理由：对于附追索权的应收账款保理业务，转出方仍保留该金融资产所有权上几乎所有的风险和报酬，不应当终止确认所持该金融资产。

资料（3）的会计处理不正确。

理由：根据金融工具会计准则的规定，企业只有在改变其管理金融资产的业务模式时，才对受到影响的金融资产进行重分类。

资料（4）的会计处理不正确。

理由：该长期应收款的未来现金流量现值，应按取得长期应收款项时实际利率的5%折现确定。

2. 甲公司采用的套期保值方式不恰当。

理由：卖出套期保值是为了回避价格下跌的风险，买入套期保值是为了回避价格上涨的风险（或：甲公司应当采用买入套期保值的方式）。

【例10－2】 甲公司为一家在上海证券交易所挂牌交易的金融类上市公司。甲公司在编制2021年度财务报告时，内审部门关注到以下有关金融工具业务的相关处理：

（1）2021年2月，甲公司与A金融资产管理公司签订协议，甲公司将其划分为次级类、可疑类和损失类的贷款共100笔打包出售给A资产管理公司，该批贷款总金额为9 000万元，原已计提减值准备为1 500万元，双方协议转让价为7 000万元，转让后甲公司不再保留任何权利和义务。2021年2月22日，甲公司收到该批贷款出售款项。当日，甲公司终止确认了该项打包出售的贷款。

（2）2021年4月1日，甲公司将其持有的一笔划分为以公允价值计量且其变动计入其他综合收益的金融资产的国债出售给B公司，售价为200万元，年利率为3.5%，出售时账面价值为180万元（其中成本为160万元，公允价值变动为20万元）。同时，甲公司与B公司签订了一项回购协议，3个月后由甲公司将该笔国债购回，回购价为回购日的公允价值。当日，甲公司终止确认了该项国债，并将所转移金融资产形成的损益20万元计入投资收益。2021年7月1日，甲公司将该笔国债购回。

（3）2021年8月1日，甲公司与C商业银行签订一笔贷款转让协议，甲公司将该笔贷款90%的收益权转让给C银行，该笔贷款公允价值为220万元，账面价值为200万元。假定不存在其他服务性资产或负债，转移后该部分贷款的相关债权债务关系由C银行继承，当借款人不能偿还该笔贷款时，也不能向甲公司追索。当日，甲公司终止确认了该笔贷款90%的收益权，并确认了其他业务收入18万元。

（4）2021年11月12日，甲公司将其持有的账面价值为630万元的交易性金融资产出售给D公司，款项650万元已于当日收存银行。该交易性金融资产初始入账价值为600万元，已确认公允价值变动30万元。同时，甲公司与D公司签署协议，约定于次年1月13日按该交易性金融资产当日市场价格购回。甲公司于11月12日将实际收到的出售价款650万元确认为一项负债，计入卖出回购金融资产款，但未终止确认交易性金融资产。

要求：

根据资料（1）~（4），逐项判断甲公司的会计处理是否正确，并分别说明理由；对于不正确的，请说明正确的会计处理。

解析：

1. 资料（1）的会计处理正确。

理由：由于甲银行将贷款转让后不再保留任何权利和义务，贷款所有权上的风险和报酬已经全部转移给乙公司，甲银行应当终止确认该组贷款。

2. 资料（2）中终止确认出售给B公司的国债的会计处理正确，但金融资产转移计入投资收益的金额不正确。

理由：此项出售属于附回购协议的金融资产出售，回购价为回购时该金融资产的公允价值，该笔国债几乎所有的风险和报酬都转移给了丙公司，甲公司应终止确认。

正确的处理：金融资产转移应确认的投资收益 = 200 - 160 = 40（万元）。

3. 资料（3）的会计处理正确。

理由：由于甲公司将贷款的一定比例转移给C银行，并且转移后该部分的风险和报酬不再由甲公司承担，甲公司也不再对所转移的贷款具有控制权，符合金融资产转移准则中规定的部分转移的情形，也符合将所转移部分终止确认的条件。

4. 资料（4）的会计处理不正确。

理由：甲公司将交易性金融资产转移给D公司后，同时与D公司签订协议，约定在次年1月13日以当日市场价格购回该交易性金融资产，表明与该交易性金融资产所有权有关的风险和报酬已经转移给D公司，甲公司没有保留与交易性金融资产所有权有关的风险和报酬。因此，甲公司应当终止确认该交易性金融资产。

正确的处理：甲公司应当终止确认该交易性金融资产，将实际收到的出售价款650万元与该交易性金融资产账面价值630万元的差额20万元计入当期损益。

【例10-3】 甲公司为一家在上海证券交易所上市的企业，其股东大会能够自主决定普通股股利的支付，且多年来均支付普通股股利。根据国内优先股有关法律法规，甲公司拟非公开发行优先股。按照公司管理层的部署，甲公司财务部门组织有关人员对草拟中的非公开发行优先股预案进行了专题研究，预案暂定的主要条款和有关人员的发言要点如下：

1. 优先股发行预案的主要条款。

（1）期限：无到期期限。

（2）发行价格：每股票面金额为100元，共1亿元，按面值发行。

（3）股息及派息：

①优先股派息优先于普通股。

②股息率为基准股息率4%加浮动股息率。

③分派股息不予累积。

④如果甲公司不派发当期优先股股息，则不得派发普通股股息（即“股息制动机制”）。

⑤公司股东大会有权决定每年是否支付优先股股息，并以基准股息率作为参照向优先股股东支付股息。

（4）回售权/赎回权：本次发行不设回售条款；在获得监管机构批准的情况下，甲公司自发行日起期满5年后首次有权赎回，且在首次赎回日及其之后的每个股息支付日，甲公司有权全部或部分赎回。赎回方式为现金赎回，赎回价格为面值加上当期股息。

2. 有关人员的发言要点。

赵某：从该优先股的法律形式和名称来看，应当划分为权益工具，相关的股利分配应当作为利润分配进行处理，今后若回购，应当作为权益的变动处理。

孙某：公司股东大会有权决定每年优先股是否支付股息，即没有强制付息义务。但是，考虑到股息制动机制，优先股派息仍然是公司的合同义务，即甲公司有“向其他方交付现金或其他金融资产的合同义务”，因此该优先股应当划分为金融负债。

李某：尽管公司多年来均支付普通股股利，但对普通股的股利支付是公司根据相应的议事机制自主决定的，进而对优先股的股息支付也是自主决定的。综合考虑预案的主要条款，该优先股应当划分为权益工具。

要求：

根据上述资料，逐项判断甲公司有关人员发言的观点是否存在不当之处；对存在不当之处的，分别指出不当之处，并逐项说明理由。

解析：

1. 赵某的发言存在不当之处。

不当之处：从该优先股的法律形式和名称来看，应当划分为权益工具。

理由：企业发行各种金融工具，应当按照该金融工具的合同条款及所反映的经济实质而非仅以法律形式，运用金融负债和权益工具区分的原则，正确地确定该金融工具或其组成部分的会计分类和进行会计处理，而不能仅仅依据监管规定或工具名称来判断。

2. 孙某的发言存在不当之处。

不当之处：该优先股应当划分为金融负债。

理由：虽然甲公司在向优先股股东完全支付约定的股息之前，不得向普通股股东分配利润，但该“股息制动机制”本身不会导致相关金融工具被分类为金融负债，优先股股息的支付完全取决于公司的自主决定，并不形成公司的合同义务。

3. 李某发言不存在不当之处。

【例 10－4】2021 年 10 月，甲公司发行了一项年利率为 7%、无固定还款期限、可自主决定是否支付利息的不可累积永续债，该永续债发行总额 1 亿元。根据债券募集说明书，有关的主要条款如下：

（1）该永续债嵌入了一项看涨期权，允许甲公司在发行第 5 年及之后以面值回购该永续债。

（2）如果甲公司在第 5 年年末没有回购该永续债，则之后的票息率增加至 10%（即具有“票息递增”特征）。

（3）该永续债票息在甲公司向其普通股股东支付股利时必须支付（即“股利推动机制”）。

此次系甲公司首次发行永续债。甲公司根据其议事机制能够自主决定普通股股利的支付，且在发行该永续债之前多年来均支付普通股股利。

要求：

根据上述资料，判断甲公司在对该永续债进行会计处理时应当划分为金融负债还是权益，并简要说明理由。

解析：

甲公司应当将该永续债划分为权益工具。

理由：尽管甲公司多年来均支付普通股股利，但由于甲公司能够根据相应的议事机制自主决定普通股股利的支付，并进而影响永续债利息的支付，所以对甲公司而言，该永续债利息并未形成支付现金或其他金融资产的合同义务；尽管甲公司有可能在第 5 年年末行使回购权，但是甲公司并没有回购的合同义务，因此该永续债应整体被分类为权益工具。

【例 10－5】北方公司是 A 股上市公司，主要从事黑色金属冶炼和加工，所需原料铁矿石主要依赖国外进口，产品主要在国内市场销售。面对铁矿石价格总体上涨趋势，北方公司董事会决定通过境外衍生品市场开展套期保值业务，以有效锁定铁矿石采购价格，并责成公司经理层做好相关准备工作。为此，北方公司总经理杨某于近日召集有关人员进行了专题讨论，相关人员发言要点如下。

总经理杨某：第一，应当充分认识通过境外衍生品市场开展套期保值业务的必要性和复杂性；第二，应当充分了解境外衍生品市场运行特点，认真研究境外衍生品市场相关交易规则和管理制度；第三，应当建立健全相关组织机构和管理制度，成立套期保值业务管理委员会和套期保值业务工作小组，建议由总会计师朱某牵头负责。

总会计师朱某：第一，完全同意总经理杨某的意见；第二，公司应当在符合国家相关法律法规的前提下，积极利用境外衍生品市场对进口铁矿石进行套期保值；第三，考虑到公司目前对境外衍生品市场尚不熟悉，建议对境外衍生品投资进行决策时寻求专业第三方支持；第四，考虑到铁矿石价格总体呈上涨趋势，建议采用卖出套期保值方式对进口铁矿石进行套期保值。

财务部经理王某：第一，赞同总会计师朱某的意见；第二，鉴于企业会计准则要求采用公允价值计量衍生品投资，而公司目前尚无这方面技术力量，因此，建议有关业务只作表外披露，待结清时再记入表内；第三，鉴于公司开展套期保值业务的主要目的是锁定铁矿石采购价格，因此，应当作为公允价值套期，并在符合企业会计准则规定条件的基础上采用套期会计方法进行处理。

风险管理部经理胡某：第一，开展套期保值业务应当坚持衍生品市场和现货市场买卖商品方向相同原则；第二，公司应当建立健全境外衍生品交易业务前台、中台、后台风险管理机制；第三，公司应当建立健全境外衍生品交易业务报批程序，但在市场发生特殊变化时可先交易后补办报批手续；第四，公司应当建立健全突发事件应急处理机制。

假定不考虑其他因素。

要求：

根据上述资料，逐项判断北方公司总经理杨某、总会计师朱某、财务部经理王某、风险管理部经理胡某的观点是否存在不当之处；对存在不当之处的，分别指出不当之处，并逐项说明理由。

解析：

1. 总经理杨某的发言不存在不当之处。

2. 总会计师朱某的发言存在不当之处。

不当之处：采用卖出套期保值方式对进口铁矿石进行套期保值。

理由：卖出套期保值主要防范价格下跌风险。买入套期保值（或：多头套期保值；或：买期保值）才能防范价格上涨风险。

3. 财务部经理王某的发言存在不当之处。

(1) 不当之处：衍生品投资业务只作表外披露，待结清时再记入表内。

理由：衍生品投资属于金融工具，应当在表内列示。

(2) 不当之处：开展套期保值业务锁定铁矿石价格作为公允价值套期。

理由：开展套期保值业务的主要目的是锁定铁矿石价格，属于对预期交易进行套期保值，应当作为现金流量套期。

4. 风险管理部经理胡某的发言存在不当之处。

(1) 不当之处：开展套期保值业务应当坚持衍生品市场和现货市场买卖商品方向相同原则。

理由：坚持方向相同原则无法在期货和现货市场建立盈亏冲抵机制，达到套期保值目的。

或：应当坚持衍生品市场和现货市场买卖商品方向相反原则。

(2) 不当之处：在市场发生特殊变化时可先交易后补办报批手续。

理由：境外衍生品交易应当按照相互制衡原则，在具体操作前应当履行必要的报批手续。

【例10-6】甲集团为国有大型钢铁企业。近年来，国内钢铁行业产能过剩，国际铁矿石价格居高不下，产品市场价格不断下跌，企业经济效益持续下滑。

（1）为充分利用期货市场管理产品价格风险，甲集团决定开展套期保值业务，由总经理主持专题办公会进行部署。有关决议如下：

①开展套期保值业务应以效益最大化为目标。为应对当前螺纹钢市场价格不断下跌的不利形势，要求有关部门准确研判宏观经济形势，科学把握期货市场行情，利用期货市场开展套期保值业务，务求经济效益最大化。

②集团总会计师全权负责套期保值业务。鉴于集团总会计师负责会计核算、财务管理等相关工作，为减少协调工作量、提高工作效率，授权集团总会计师全权负责套期保值的决策及组织实施。

③集团风险管理部门应加快制度建设。套期保值业务相关风险较大，应当建立健全涉及前台、中台、后台等管理制度，制订涉及止损警示及处理等应急预案，以有效应对市场价格出现对套期保值头寸的不利变化。

④开展套期保值业务要勇于创新。集团发展得益于创新，开展套期保值也要努力创新。集团开展套期保值业务时，买卖期货合约的规模可以根据具体情况，扩大到现货市场所买卖的被套期保值商品数量的2~3倍。

⑤套期保值业务要遵循企业会计准则进行处理。要结合公司开展套期保值业务的具体情况，将套期保值业务作为公允价值套期，并在符合企业会计准则规定条件的基础上，采用相应的公允价值套期会计方法进行处理。

（2）按照上述决议，甲集团开展了如下套期保值业务：

2021年3月23日，螺纹钢现货市场价格为4 650元/吨，期货市场价格为4 620元/吨。为防范螺纹钢价格持续下跌给集团带来重大损失，甲集团在期货市场卖出期限为3个月的期货合约100 000吨作为套期保值工具，对现货螺纹钢100 000吨进行套期保值。6月20日，螺纹钢现货市场价格为4 570元/吨，期货市场价格为4 550元/吨；当日，甲集团在现货市场卖出螺纹钢100 000吨，同时在期货市场买入100 000吨螺纹钢合约平仓。

假定不考虑其他因素。

要求：

1. 根据资料（1），逐项判断甲集团①~⑤项决议是否存在不当之处；对存在不当之处的，分别指出不当之处，并逐项说明理由。

2. 根据资料（2），计算甲集团开展套期保值业务在现货和期货两个市场盈亏相抵后的净值（不考虑手续费等交易成本，要求列出计算过程）。

解析：

1. 决议①存在不当之处。

不当之处：开展套期保值业务应以效益最大化为目标。

理由：企业开展套期保值的目的是利用期货市场规避现货价格风险，套期保值方案设计及操作管理要遵循风险可控原则。

决议②存在不当之处。

不当之处：集团总会计师全权负责套期保值业务。

理由：套期保值业务中重大决策应实行集体决策或联签制度。

决议③不存在不当之处。

决议④存在不当之处。

不当之处：买卖期货合约的规模可以扩大到现货市场所买卖的被套期保值商品数量的2~3倍。

理由：开展套期保值业务所遵循的原则之一就是"数量相等或相当"，即在做套期保值交易时，买卖期货合约的规模必须与套期保值者在现货市场所买卖商品或资产的规模相等或相当。

决议⑤存在不当之处。

不当之处：应将套期保值业务作为公允价值套期。

理由：套期保值业务按照业务性质可以划分为三类：公允价值套期、现金流量套期和境外经营净投资套期，应根据不同情况采用不同的会计处理方法。

2. 现货市场损失 =（4 570 - 4 650）×100 000 = -8 000 000（元）

期货市场盈利 =（4 620 - 4 550）×100 000 = 7 000 000（元）

净值 = -8 000 000 + 7 000 000 = -1 000 000（元）

【例10-7】 甲公司为一家境内国有控股大型油脂生产企业，原材料豆粕主要依赖进口，产品主要在国内市场销售。为防范购入豆粕成本的汇率风险，甲公司董事会决定尝试开展套期保值业务。

（1）2021 年 11 月 15 日，甲公司组织有关人员进行专题研究，主要观点如下：

①开展套期保值业务，有利于公司防范风险、参与市场资源配置、提升竞争力。公司作为大型企业，应建立套期保值业务相关风险管理制度及应急预案，确保套期保值业务零风险。

②公司应专门成立套期保值业务工作小组。该工作小组内分设交易员、档案管理员、会计核算员、资金调拨员和风险管理员等岗位，各岗位由专人负责。

③前台交易员应紧盯世界主要外汇市场的汇率波动情况。鉴于外汇市场瞬息万变，为避免贻误商机，前台交易员可即时操作，但事后须及时补办报批手续。

④公司从事汇率套期保值业务，以防范汇率风险为主要目的，以正常生产经营需要为基础，以具体经营业务为依托；在有利于提高企业经济效益且不影响公司正常经营时，可以利用银行信贷资金从事套期保值。

（2）根据公司决议，甲公司开展了如下套期保值业务：

2021 年 12 月 1 日，甲公司与境外 A 公司签订合同，约定于 2022 年 2 月 28 日以每吨 500 美元的价格购入 10 000 吨豆粕。当日，甲公司与 B 金融机构签订了一项买入 3 个月到期的远期外汇合同，合同金额 5 000 000 美元，约定汇率为 1 美元 = 6.28 元人民币；该日即期汇率为1美元=6.25元人民币。2022年2月28日，甲公司以净额方式结算该远期外汇合同，并购入豆粕。此外，2021年12月31日，1个月美元兑人民币远期汇率为1美元=6.29元人民币，2个月美元兑人民币远期汇率为1美元=6.30元人民币，人民币的市场利率为5.4%；2022年2月28日，美元兑人民币即期汇率为1美元=6.35元人民币。

假定该套期保值业务符合套期会计准则所规定的运用套期会计的条件。甲公司在讨论对该套期保值业务具体如何运用套期会计处理时，有如下三种观点：

①将该套期保值业务划分为公允价值套期，远期外汇合同公允价值变动计入资本公积。

②将该套期保值业务划分为现金流量套期，远期外汇合同公允价值变动计入资本公积。

③将该套期保值业务划分为境外经营净投资套期，远期外汇合同公允价值变动计入当期损益。

假定不考虑其他因素。

要求：

1. 根据资料（1），逐项判断甲公司①~④项观点是否存在不当之处；对存在不当之处的，分别指出不当之处，并逐项说明理由。

2. 根据资料（2），分别判断甲公司对该套期保值业务会计处理的三种观点是否正确；对不正确的，分别说明理由。

3. 根据资料（2），分别计算该套期保值业务中远期外汇合同在2021年12月1日、2021年12月31日的公允价值。

解析：

1. 观点①存在不当之处。

不当之处：确保套期保值业务零风险。

理由：套期保值的主要作用在于有效防范风险，但期货市场本身就存在风险，因此无法确保零风险。

观点②无不当之处。

观点③存在不当之处。

不当之处：前台交易员可及时操作、事后补办报批手续。

理由：按照相互制衡原则，套期保值业务在具体操作前应当履行必要的报批手续。

观点④存在不当之处。

不当之处：公司利用银行信贷资金从事套期保值。

理由：公司开展套期保值的目的是利用期货市场防范汇率风险，公司须具有与外汇套期保值保证金相匹配的自有资金，不得利用银行信贷资金从事套期保值。

2. 观点①的处理不正确。

理由：按照套期会计准则的规定，对外汇确定承诺的套期既可以划分为公允价值套期，也可以划分为现金流量套期。该套期保值业务如划分为公允价值套期，应将远期外汇合同公允价值变动计入当期损益。

观点②的处理正确。

观点③的处理不正确。

理由：按照套期会计准则的规定，对外汇确定承诺的套期既可以划分为公允价值套期，也可以划分为现金流量套期，但是不能划分为境外经营净投资套期。

3. 2021 年 12 月 1 日远期外汇合同的公允价值 = 0

2021 年 12 月 31 日远期外汇合同的公允价值 = (6.3 − 6.28) × 5 000 000 ÷ (1 + 5.4% × 2/12) = 99 108.03 （元）

【例 10－8】 2021 年 6 月 16 日，某地国标四级菜籽油现货价格为 8 800 元/吨，当地榨油厂甲企业每月产菜籽油 2 000 吨。由于菜籽油价格已处于历史高价区，甲企业担心未来数月菜籽油销售价格可能难以维持高位。为了规避后期现货价格下跌的风险，甲企业决定在菜籽油期货市场进行套期保值交易。当日，9 月菜籽油期货合约价格在 8 900 元/吨附近波动，甲企业当天即以 8 900 元/吨卖出 400 手（1 手 = 5 吨）9 月菜籽油期货合约进行套期保值。

之后，正如甲企业所料，随着油厂加快菜籽压榨速度和菜籽油的大量上市，菜籽油价格开始下滑。7 月 16 日菜籽油期货 709 合约和现货市场价均跌到 8 000 元/吨，此时甲企业在现货市场上以 8 000 元/吨的价格抛售了 2 000 吨菜籽油，同时在期货市场上以 8 000 元/吨的价格买入 400 手 9 月菜籽油合约平仓。

要求：

根据上述资料，对甲公司开展套期保值业务的结果进行分析。

解析：

甲企业在现货市场的盈亏变化 = (8 000 − 8 800) × 2 000 = −160 （万元）

甲企业在期货市场的盈亏变化 = (8 900 − 8 000) × 400 × 5 = 180 （万元）

甲企业盈亏变化状况 = 期货盈亏变化 + 现货盈亏变化 = 180 − 160 = 20 （万元）

因此，甲企业通过卖出套期保值，规避了现货价格变动的风险，锁定了未来的销售利润。

【例 10－9】 甲公司是一家专门从事网络信息技术开发的股份有限公司。近年来，该公司引进了一批优秀的管理、技术人才。为了实现公司战略规划和跨越式发展，2019 年 12 月，甲公司决定实施股权激励计划。主要内容为：

1. 激励对象：高级管理人员 5 人和技术骨干 15 人，共计 20 人。

2. 激励方式：

方式一：虚拟股票计划。

（1）虚拟股票设置的目的：着重考虑高级管理人员的历史贡献和现实业绩表现，只要在本计划所规定的岗位作出了贡献并实现了设定的业绩，就有资格获得虚拟股票。

（2）虚拟股票的授予：虚拟股票依据所激励岗位的重要性和本人的业绩表现，从2020年1月1日开始，于每年年底公司业绩评定之后授予，作为名义上的股份记在高级管理人员名下，以使其获得分红收益。虚拟股票的授予总额为当年净利润的10%。

方式二：股票期权计划。

（1）股票期权设置的目的：着重于公司的未来战略发展，实现技术骨干的人力资本价值最大化。

（2）股票期权的授予：依据每位技术骨干的人力资本量化比例，确定获授的股票期权数。2020年1月1日，甲公司向其15名技术骨干授予合计10万份股票期权；这些技术骨干必须从2020年1月1日起在甲公司连续服务3年，服务期满时才能以每股10元的价格购买10万股甲公司股票。

该股票期权在授予日（2020年1月1日）的公允价值为每股30元。2020年没有技术骨干离开甲公司，估计2021～2022年离开的技术骨干为3人，所对应的股票期权为2万份。

假定不考虑其他因素。

要求：

1. 根据上述资料，分别指出甲公司两种激励方式的特征。

2. 计算2020年甲公司股票期权计划计入资本公积的金额（要求列出计算过程）。

解析：

1. （1）虚拟股票的特征：

①是一种享有企业分红权的凭证（或：激励对象对虚拟股票没有所有权和表决权，也不能转让和出售，且在离开公司时自动失效）。

②本质上是将奖金延期支付，其资金来源于公司的奖励基金。

③激励对象可以在公司效益好时获得分红。

（2）股票期权的特征：

①是公司授予激励对象在未来一定期限内以预先确定的价格（行权价）和条件购买公司一定数量股票的权利。

②最终价值体现为行权时的价差（或：获得股票的资本利得）。

③风险高回报也高。

④适合于成长初期或扩张期的企业。

2. 根据股份支付会计准则的规定，对于权益结算的股份支付，在等待期内每个资产负债表日，应当以可行权权益工具数量的最佳估计为基础，按照权益工具在授予日的公允价值，将当期取得的服务计入相关资产成本或当期费用，同时计入资本公积。因此，2020年甲公司计入资本公积的金额＝（100 000－20 000）×30×1/3＝800 000（元）。

【例10－10】 A公司和B公司均为境内非国有控股上市公司。A公司主要从事新环保技术开发，股本总数为5 000万股。B公司主要从事原油、天然气勘探，股本总数为7 000万股。2019年7月，A公司、B公司分别经股东大会批准，实行股权激励制度，其中A公司采用股票期权方式，B公司采用业绩股票方式。与股权激励制度有关的资料如下：

（1）A公司、B公司的激励对象均包括公司所有董事、监事、高级管理人员以及核心技术人员。

（2）为加大激励力度，A公司、B公司本次全部有效的股权激励计划所涉及的股票数量分别为600万股、650万股。

（3）考虑到近期股票市场低迷，A公司、B公司股价均较低，价值被低估，拟全部以回购股份作为股权激励的股票来源。

（4）A公司2018年度财务会计报告被注册会计师出具了保留意见的审计报告，符合实行股权激励计划的条件。

（5）A公司明确了与股权激励相关的会计政策，对于权益结算的股份支付，在等待期内的每个资产负债表日，以可行权权益工具数量的最佳估计为基础，按照权益工具在资产负债表日的公允价值，将当期取得的服务计入相关资产成本或当期费用，同时计入负债。

假定不考虑其他因素。

要求：

逐项判断资料（1）~（5）是否存在不当之处；对存在不当之处的，分别指出不当之处，并逐项说明理由。

解析：

1. 资料（1）存在不当之处。

不当之处：A公司、B公司的激励对象包括公司所有董事、监事。

理由：根据证券监管部门的规定，股权激励计划的激励对象不应包括独立董事，上市公司监事不得成为股权激励对象，由国有控股上市公司的控股股东单位以外的人员担任的外部董事，暂不纳入股权激励计划。

2. 资料（2）存在不当之处。

不当之处：A公司本次全部有效的股权激励计划所涉及的股票数量为600万股。

理由：根据证券监管部门的规定，对于一般上市公司，全部有效的股权激励计划所涉及的标的股权总量累计不得超过股本总额的10%。A公司股权激励计划所涉及的股票数量占总股本的12%。

3. 资料（3）存在不当之处。

不当之处：拟全部以回购股份作为股权激励的股票来源。

理由：根据《中华人民共和国公司法》等有关规定，上市公司可以回购不超过公司已发行股份总额的10%用于员工持股计划或者股权激励。

4. 资料（4）不存在不当之处。

5. 资料（5）存在不当之处。

不当之处：按照权益工具在资产负债表日的公允价值，将当期取得的服务计入相关资产成本或当期费用，同时计入负债。

理由：对于权益结算的股份支付，在等待期内的每个资产负债表日，以可行权权益工具数量的最佳估计数为基础，按照权益工具在授予日的公允价值，将当期取得的服务计入相关资产成本或当期费用，同时计入资本公积。

【例 10－11】甲公司为一家从事电子元件生产的非国有控股上市公司。为了促进公司持续健康发展，充分调动公司中高层管理人员的积极性，甲公司拟实行股权激励计划。

（1）2019 年 8 月，甲公司就实行股权激励计划作出如下安排：

①2019 年 9～10 月，总经理牵头组织人事部门及财务部门拟订股权激励计划草案。

②2019 年 11 月 1 日，召开董事会会议审议该股权激励计划草案。如获通过，将于 11 月 29 日公告董事会决议、股权激励计划草案摘要和独立董事意见。

③2019 年 11 月，聘请注册会计师就股权激励计划是否履行了法定程序、是否符合国家有关规定等发表专业意见，并出具意见书。

④2019 年 11 月 29 日，召开股东大会审议该股权激励计划。如获通过，即着手准备实施。

（2）2019 年 11 月 29 日，甲公司股东大会批准了该股权激励计划。甲公司随即开始实施如下计划：

①激励对象：5 名中方非独立董事、45 名中方中高层管理人员、1 名外籍董事和 15 名外籍高层管理人员，共计 66 人。

②激励方式分为两种：

一是向中方非独立董事和中方中高层管理人员每人授予 10 000 份股票期权，涉及的股票数量占公司当前股本的 0.5%。这些激励对象自 2020 年 1 月 1 日（授予日）起，连续服务 3 年后，可按每股 5 元的价格购买 10 000 股公司股票；该股票期权应在 2023 年 12 月 31 日之前行使。

二是向外籍董事和外籍高层管理人员每人授予 10 000 份现金股票增值权。这些激励对象自 2020 年 1 月 1 日（授予日）起，连续服务 3 年后，可按行权时股价高于授予日市价的差额获得公司支付的现金；该增值权应在 2023 年 12 月 31 日之前行使。

（3）2020 年，没有激励对象离开甲公司；2020 年 12 月 31 日，甲公司预计 2021 年至 2022 年有 5 位中方中高层管理人员和 1 位外籍高层管理人员离开。

2020 年 1 月 1 日，甲公司股票的市价为每股 12 元，股票期权的公允价值为每份 7 元，股票增值权的公允价值为每份 6 元；2020 年 12 月 31 日，甲公司股票的市价为每股 15 元，股票期权的公允价值为每份 9 元，股票增值权的公允价值为每份 8 元。

假定不考虑其他因素。

要求：

1. 根据资料（1），逐项判断甲公司①～④项计划是否存在不当之处；对存在不当之处的，分别指出不当之处，并逐项说明理由。

2. 根据资料（2）和资料（3），分别计算甲公司在两种激励方式下就股权激励计划在2020年度应确认的服务费用，并指出两种股权激励计划分别对甲公司2020年度利润表和2020年12月31日资产负债表有关项目的影响。

解析：

1. 计划①存在不当之处。

不当之处：甲公司股权激励计划草案由总经理和人事部门及财务部门拟订。

理由：根据证券监管部门的规定，上市公司董事会下设的薪酬与考核委员会负责拟订股权激励计划草案。

计划②存在不当之处。

不当之处：甲公司在股权激励计划草案经董事会审议通过后4周才公告董事会决议、股权激励计划草案摘要和独立董事意见。

理由：根据证券监管部门的规定，上市公司应当在董事会审议通过股权激励计划草案后，及时公告董事会决议、股权激励计划草案、独立董事意见及监事会意见。上市公司实行股权激励计划依照规定需要取得有关部门批准的，应当在取得有关批复文件后的2个交易日内进行公告。

计划③存在不当之处。

不当之处：甲公司聘请注册会计师对股权激励计划出具意见书。

理由：根据证券监管部门的规定，上市公司应当聘请律师事务所对股权激励计划出具法律意见书。

计划④无不当之处。

2.（1）根据股份支付会计准则的规定，对于权益结算的股份支付，在等待期内每个资产负债表日，应当以可行权权益工具数量的最佳估计为基础，按照权益工具在授予日的公允价值，将当期取得的服务计入相关资产成本或当期费用，同时计入资本公积。

因此，2020年度股票期权计划应确认的服务费用 $=(5+45-5)\times10\ 000\times7\times1/3=$ 1 050 000（元）。

增加甲公司管理费用1 050 000元，增加甲公司所有者权益（资本公积）1 050 000元。

（2）根据股份支付会计准则的规定，对于现金结算的股份支付，在等待期内每个资产负债表日，应当以对可行权情况的最佳估计为基础，按照企业承担负债的公允价值，将当期取得的服务计入相关资产成本或当期费用，同时计入负债，并在结算前的每个资产负债表日和结算日对负债的公允价值重新计量，将其变动计入损益。因此，2020年度股票增值权计划应确认的服务费用 $=(15+1-1)\times10\ 000\times8\times1/3=400\ 000$（元）。

增加甲公司管理费用400 000元，增加甲公司负债（应付职工薪酬）400 000元。

【例 10－12】 甲公司系国有控股境内上市公司。2019 年 7 月 22 日，为了引进和留住高端技术和管理人才，甲公司董事会下设的薪酬委员会召开专题会议，研究实施股票期权激励计划的有关问题。会议要点如下：

（1）目前甲公司有董事 11 人，其中独立董事 4 人、其他外部董事 1 人。董事会成员构成符合实施股票期权激励计划的有关条件。

（2）上市公司主要采用两种方式解决股票期权激励计划的股票来源，即向激励对象发行股份和回购公司自己的股份。在未经公司股东大会特别决议批准的情况下，个人获授的股份总量不得超过公司股份总额的 2%。

（3）甲公司作为国有控股上市公司，首次授权授予的股票期权数量应控制在公司发行总股本的 1% 以内。

（4）甲公司实行股票期权激励计划时，股票期权行权价格应不低于下列价格较高者：股权激励计划草案摘要公布前 1 个交易日的公司股票交易均价的 50%；股权激励计划草案摘要公布前 90 个交易日内的公司股票交易均价。

（5）甲公司如果实施股票期权激励计划，应按以下原则进行会计处理：在等待期内的每个资产负债表日，以可行权股票期权数量的最佳估计数为基础，按照股票期权在授予日的公允价值，将当期取得的服务计入相关资产成本或当期费用，同时计入应付职工薪酬。

假定不考虑其他因素。

要求：

逐项判断甲公司资料（1）~（5）内容是否存在不当之处；对存在不当之处的，分别说明理由。

解析：

1. 资料（1）存在不当之处。

理由：甲公司是国有控股境内上市公司，根据有关规定，公司实施股票期权激励计划，外部董事（含独立董事）应占董事会成员半数以上。甲公司实际外部董事 5 人，不符合股权激励的条件。

2. 资料（2）存在不当之处。

理由：上市公司任何一名激励对象通过全部有效的股权激励计划获授的本公司股权，累计不得超过公司股本总额的 1%，经股东大会特别决议批准的除外。

3. 资料（3）无不当之处。

4. 资料（4）存在不当之处。

理由：股票期权行权价格原则上不得低于下列价格较高者：（1）股权激励计划草案公布前 1 个交易日的公司股票交易均价；（2）股权激励计划草案公布前 20 个交易日、60 个交易日或者 120 个交易日的公司股票交易均价之一。

5. 资料（5）存在不当之处。

理由：在等待期内的每个资产负债表日，应以可行权股票期权数量的最佳估计数为基础，按照股票期权在授予日的公允价值，将当期取得的服务计入相关资产成本或当期费用，同时计入资本公积。

【例10-13】甲公司是一家在深圳证券交易所上市的非国有控股高科技公司，总股本为10 000万股，全部为发行在外普通股。甲公司主要从事网络通信产品研究、设计、生产、销售及服务等。由于公司决策层善于把握市场机会，通过强化研发适时推出适应市场需求的新产品，公司近年来实现了快速增长，但公司目前面临着因奖金水平过低而导致优秀人才流失的困扰。

为实现公司的长期战略规划，并解决目前所遇到的问题，甲公司拟于2019年引入股权激励制度，公司拟按照回购前市价的110%回购流通在外的普通股，公司回购前每股净资产为5元，每股市价为15元。

2019年1月1日，为奖励并激励高管，甲公司与其管理层成员签署股份支付协议，规定如果管理层成员在其后3年中都在公司任职服务，并且公司股价年均提高10%以上，管理层成员共100人可以18元的价格购买10 000股的本公司股票。

甲公司以期权定价模型估计授予的此项期权在授予日的公允价值为600万元（100人×10 000股×6元，授予日每份期权的公允价值为6元）。

2019年1月1日，甲公司估计3年内管理层离职的比例为15%；2019年12月31日，将公司离职率调整为10%；2020年12月31日，公司调整其估计离职率为5%；2021年12月31日，甲公司实际离职率为6%。

要求：

1. 如果甲公司将拟回购股份作为股权激励的股票来源，请计算甲公司回购股份的上限。

2. 若回购前股票的市价为每股15元，计算回购后甲公司的每股净资产。

3. 若甲公司在等待期内取消股权激励方案，说明是否需要进行相应的会计处理；如果是，简要说明应如何处理。

4. 如果甲公司在2019年12月31日将公司对每人授予的期权数量调整为8 000股，说明该项调整是否影响2019年报表损益；如果是，简要分析其影响。

解析：

1. 根据规定，甲公司回购股份数量不得超过公司已经发行股份的5%，所以上限是10 000×5%=500（万股）。

2. 回购后的净资产总额=10 000×5-100×15×110%=48 350（万元）

回购后的每股净资产=48 350÷(10 000-100)=4.88（元）

3. 甲公司需要进行会计处理。

根据股份支付准则的规定，企业在等待期内取消股权激励方案，应当将取消作为加速行权处理，立即确认原本应在剩余等待期内确认的金额。

4. 该项调整会影响甲公司2019年报表损益。

由于本次修改属于不利修改，按照股份支付准则的规定，如果修改减少了授予的权益工具的数量，企业应当将减少部分作为已授予的权益工具的取消来进行处理。因此每人减少的2 000股作为取消来处理。甲公司应当将取消作为加速可行权处理，立即确认原本应在剩余等待期内确认的金额。因此，2019年除了要确认180万元（600×90%×1/3）管理费用以外，还需额外确认取消的每人2 000股在剩余等待期的损益72万元（0.2×100×90%×6×2/3）。因此，甲公司2019年应确认的管理费用为252万元（180+72）。